SUSANNE KIPPENBERGER

Die Kunst der Großzügigkeit

Geschichten einer
leidenschaftlichen Schenkerin

Hanser Berlin

1. Auflage 2020

ISBN 978-3-446-26791-6
© 2020 Hanser Berlin in der
Carl Hanser Verlag GmbH & Co. KG, München
Umschlag und Illustration: © Leanne Shapton
Satz: Sandra Hacke, Dachau
Druck und Bindung: Friedrich Pustet, Regensburg
Printed in Germany

MIX
Papier aus verantwor-
tungsvollen Quellen
FSC® C014889
FSC
www.fsc.org

Für
meine Mutter,
Lore Kippenberger,
die großzügig in jeder Beziehung war,

und
Esther Kogelboom und Julia Prosinger,
ohne die es dieses Buch nicht gäbe

Inhalt

Bei Nichtgefallen Gefühle zurück
MK

Einführung

Ich hatte mal die Motten. Sie steckten überall, im Müsli, im Mehl, in allen Ecken, ich wurde sie einfach nicht los. In meiner Verzweiflung rief ich die Kammerjäger. »Sie backen aber gerne!«, rief der eine durchaus bewundernd aus der Speisekammer heraus. »Die Frau kauft einfach gerne ein«, erwiderte sein Kollege nüchtern.

Ich fürchte, er hat recht. Das habe ich von meiner Mutter geerbt.

Mit zwölf hatte sie den Höhepunkt ihrer sportlichen Laufbahn erreicht: Als sie beim Hochsprung die Ein-Meter-Marke knackte. Damit hatte niemand gerechnet. Die Lehrerin war so entzückt, dass sie ihr eine Tafel Schokolade schenkte. Was für ein Luxus! Seit ihre eigene, ebenso großzügige wie gastfreundliche Mutter gestorben war, wurde sie mit Präsenten nicht eben verwöhnt. Der größte Ehrgeiz der Haushälterin, die jetzt für die Kinder zuständig war, hieß sparen.

Hiermit war der sportliche Ehrgeiz meiner Mutter erschöpft. Höher, weiter, schneller, ein solcher Wettkampf interessierte sie nicht. Ihr Sport hieß fortan: schenken. Mochten andere wandern oder Tennis spielen, meine Mutter trabte los, Präsente kaufen.

Wann immer sie was Interessantes sah, ob im Schlussverkauf oder auf Reisen, schlug sie zu. Fing es in den großen Ferien in Holland an zu regnen, bekämpfte sie Anflüge von schlechter Laune mit Ausflügen zu De Bijenkorf, dem bienenkorbgleichen Kaufhaus in Amsterdam, und breitete am Abend ihre Beute selig vor uns aus. Hatte jemand Geburtstag oder war ein Dankeschön fällig, musste sie nur noch in die Geschenkekiste greifen.

So mache ich es auch. Ich bin zum Hamster geworden, nur dass ich statt der Backen die Taschen vollstopfe – ich reise grundsätzlich mit großem Gepäck. In Schubladen und Truhen horte ich dann, worüber B sich freuen könnte, was ich für I beim letzten Londonbesuch besorgt habe.

Denn Schenken braucht Aufmerksamkeit und langen Atem. Hinweise, die fallengelassen werden, müssen aufgefangen, gespeichert und rechtzeitig umgesetzt werden. Nichts ist schlimmer, als auf Kommando einzukaufen: P hat heute Geburtstag, was kann ich da zwischen Dienstschluss und Dinnerparty noch besorgen? Bestimmt nichts Persönliches.

Schenken ist Einkaufen mit gutem Gewissen. Ist ja für andere. Man muss die Fundstücke nur im passenden Moment zücken können. Auch das habe ich von meiner Mutter geerbt: Schenken war ihre Leidenschaft, Ordnung nicht ihre Stärke. Weihnachtspräsente, im Sommer erstanden, versteckte sie so gut, dass sie diese im Advent nicht mehr wiederfand. Auch ich muss dauernd suchen. Manchmal entdecke ich ein halbes Jahr zu spät, dass ich für das Geburtstagskind längst was besorgt hatte. Egal, bald ist Weihnachten.

Meine Mutter war eine fröhliche Schenkerin. Eine Christin, weniger fromm als sozial, die gerne gab. In unserer Familie ist das Schenken – mehr noch als das Beschenktwerden – eine einzige Freude, von außen betrachtet vielleicht auch ein Spleen.

Doch als ich anfing, darüber nachzudenken, merkte ich, dass es mehr als eine persönliche Macke ist. Ich entdeckte, wie viele Seiten das Schenken hat, noch eine und noch eine, es wollte gar kein Ende nehmen, und plötzlich stellte ich fest: Es gibt gar kein Ende. Jeder tut es, jeder empfängt es, und zwar sein Leben lang. Von der Geburt bis zum Tod, ja, darüber hinaus. In den USA fängt es mit der Baby Shower noch vor der Niederkunft an. Und wenn der Mensch dann gestorben ist, werden ihm zum Abschied Blumen gereicht, spendet man in seinem Sinne und Andenken Geld. Das Leben geht weiter. Das Schenken auch.

Fast scheint es ein Instinkt zu sein, schon kleinste Kinder pflücken Blumen, sammeln Muscheln und Steine auf und präsentieren sie den Großen, um ihnen eine Freude zu machen. Und natürlich: Applaus zu bekommen. Jeder wichtige Umbruch im Leben wird von Präsenten begleitet, Taufe, Einschulung, Kommunion, Konfirmation, Bar-Mizwa, Volljährigkeit, Schulabschluss, Hochzeit, runde Geburtstage, eine neue Wohnung, Rentenbeginn …

Wenn ich mit anderen darüber spreche, sprudeln sie sofort mit ihren Geschichten los. Bei einer Dinnerparty erzählt ein Künstler von einem Kindheitserlebnis in Tokio, als seine französische Mutter so überfordert war von den liebevollen, aber immer größer werdenden Präsenten der japanischen Vermieter, dass sie irgendwann nicht mehr wusste, wie sie diese Freundlichkeit erwidern konnte. Sie kapitulierte. Die Familie zog aus. Solche Gespräche habe ich viele geführt, mal zufällig, mal gezielt, in Form von Interviews wie mit dem Schriftsteller David Wagner, der über das größte Geschenk, das jemand bekommen kann, ein Organ, in seinem Fall die Leber, ein Buch geschrieben hat. Er nennt es einen Dankesbrief. Eine literarische Gabe für eine(n) unbekannte(n) Tote(n).

Dauernd gibt man dem anderen etwas von sich, so entsteht Gemeinschaft. Eine Gesellschaft ohne diesen Akt ist undenkbar. Befragt nach einem blöden Präsent, antwortete ein älterer Schauspieler: »Ich lasse mir nichts mehr schenken, ich habe alles, was ich brauche.« Der Mann hat gar nichts begriffen. Es geht hier nicht um Kochtöpfe und warme Socken. Es geht um sozialen Kitt, um Emotionen. Präsente schaffen und stärken Verbindungen, manchmal verletzen sie diese auch, zerstören sie in seltenen Fällen gar. Eine 52-Jährige erzählt von der Barbiepuppe, die sie mit zwölf bekam, von ihrer Freundin, die genau wusste, dass sie Barbiepuppen hasst. »Danach war die Freundschaft beendet.« Aber wer anderen verbietet, ihm was zu schenken, stößt sie von sich weg: Ich will nicht in deiner Schuld stehen, komme allein zurecht, vielen Dank.

Es sind so viele Gefühle involviert, Erwartungen, Enttäuschungen, Erfüllungen, Verletzungen, Demonstrationen von Machtverhältnissen, Freude, Erinnerungen. Doch im Grunde geht es immer um Liebe. Egal, wie nah man sich steht. Das liebevolle Aussuchen und Verpacken – oder das lieblose. Was sie am Schenken so mag, meint eine der von mir Befragten, ist »das Zeigen von Zuneigung«. Der symbolische Wert ist eigentlich immer wichtiger als der materielle. Wie gut kennst du mich? Oder wie schlecht. Das Gefühl, nicht gesehen, ja, verkannt zu werden, gehört zu den schlimmsten Erfahrungen, von denen Beschenkte erzählen.

Schenken ist eine soziale Tätigkeit, eine Kultur (keine Technik), eine Sprache der Gefühle. Die man lernen kann, damit es einem nicht so geht wie dem Vater einer Freundin, der seiner Frau sagte: Kauf dir was, ich geb' dir das Geld und leg' es dann unter den Tannenbaum. Natürlich gehört, wie bei allen Sprachen, auch eine Portion Begabung dazu. Das steckt schon im Wort Gabe, und noch deutlicher im englischen »gift«, das sowohl Präsent wie Begabung bedeutet. Weshalb man, um allen Missverständnissen vorzubeugen, auch nicht sagen kann, dass nur der gute Schenker ein guter Mensch ist.

Natürlich kaufe ich inzwischen doch mit schlechtem Gewissen ein, von wegen Umwelt und Klimawandel. Aber dieses Buch soll auch keine Anleitung zum Konsum sein. Schenken muss nicht kaufen heißen. Aufmerksamkeit, Zeit, selbstgekochte Marmelade, das Reparieren des kaputten Stuhls, ein gemeinsamer Ausflug, ein Essen – man kann sich so vieles einfallen lassen. Aber man sollte sich was einfallen lassen. Präsent hat etwas mit präsent sein zu tun. Umweltbewusstsein ist keine Ausrede für Faulheit. Nachhaltig sind Geschenke, über die man sich Gedanken gemacht hat. Was alle hassen, sind einfallslose Pflicht-Gaben. Und sowieso gilt hier, wie stets, Qualität geht über Quantität.

S zum Beispiel, gefragt, wann sie das letzte Mal richtig große Freude erlebt hat über ein Präsent, erzählte von ihrem Besuch, dem ersten, bei einer neuen Bekannten. S brachte ihr einen Herbststrauß aus dem eigenen Garten mit, Hortensie, Dahlie, kleine Beerenzweige in Pink. Drum herum goldenes Seidenpapier und eine Schleife aus schlichtem Strick. Eine solche Freude hatte sie nicht erwartet: »Sie war regelrecht umgeworfen von der Schönheit des Straußes, drehte ihn hin und her, benannte die Blumen und die Farben und betonte, wie das Zusammenspiel von Texturen und Farben so perfekt zur Geltung käme. Und dann holte sie ihren Mann und die Haushaltshilfe und begann ihr Gloria von neuem. Ich fand keine Worte.«

»Wirkliches Schenken«, schrieb Theodor Adorno, »hatte sein Glück in der Imagination des Glücks des Beschenkten. Es heißt wählen, Zeit aufwenden, aus seinem Weg gehen, den anderen als Subjekt denken.« Adorno war pessimistisch, er glaubte, dass dazu kaum mehr einer fähig sei. »Günstigenfalls schenken sie, was sie sich selber wünschten, nur ein paar Nuancen schlechter.«

In einer Zeit, wo es alles zu kaufen gibt, könne man das Schenken für überflüssig und das Klagen über den Verfall dieser Kultur für sentimental halten, fuhr Adorno fort, um sich selbst gleich zu widersprechen: Denn erstens »gibt es keinen heute, für den Phantasie nicht genau das finden könnte, was ihn durch und durch beglückt«. Und, was vielleicht noch wichtiger ist: Das Schenken bräuchten gerade jene, die es nicht mehr tun. »Ihnen verkümmern jene unersetzlichen Fähigkeiten, die nicht in der Isolierzelle der reinen Innerlichkeit, sondern nur in Fühlung mit der Wärme der Dinge gedeihen können.«

Nicht dass Sie mich nun für eine Adorno-Kennerin halten. Ich habe noch nie ein Buch von ihm gelesen. Aber meine Kollegin hat es getan und mich mit dieser Stelle aus *Minima Moralia* beglückt, nachdem wir uns über das Thema bei einer zufälligen Begegnung auf der Straße unterhalten hatten.

Es ist eines von vielen Präsenten, die ich im Laufe der Arbeit an diesem Buch bekommen habe und die mich von der Bedeutung und Komplexität des Schenkens überzeugt haben – das ich mein Leben lang eher arglos praktiziert habe. Dieses Buch hat viele Co-Autoren. Menschen, die mir ihre Geschichten geschenkt haben, kaum dass wir auf das Thema zu sprechen kamen. Familie, Freunde, Kollegen und Bekannte, die mir meinen Wunsch erfüllten und jene Fragen beantworteten, die am Ende des Buches nachzulesen sind. »Jetzt weißt du alles über mich«, witzelte meine Kollegin hinterher. Bei aller Ironie – es stimmt: Die Geschichten gehen tief. »Dinge, die völlig verschüttet lagen, sind wieder hochgekommen«, meinte eine Freundin zu mir. Sage mir, was und wem und wie du schenkst, worüber du dich selbst freust – und ich sage dir, wer du bist.

Geiz ist nicht geil. Großzügigkeit schon. Die, genau wie die Knausrigkeit, noch nie eine Frage des Geldes gewesen ist. Das Buch soll Lust machen. Denn, das ist wissenschaftlich erwiesen: Geben macht glücklich. Im Zeitalter des Narzissmus, der permanenten Selbstoptimierung und Achtsamkeit (für die eigenen Bedürfnisse) tut es gut, einem selbst wie der Gesellschaft, mal nicht an sich zu denken, sondern an andere. Aber Vorsicht, nicht verkrampfen, weder beim Geben noch beim Nehmen.

Marcel Mauss
und die folgenschwere Gabe

Mauss, Mauss, Mauss, was hast du nur gemacht! Hast den Menschen den Spaß am Schenken verdorben, den Glauben an das Gute daran geraubt.

Dabei ist das gar nicht seine Absicht gewesen. Fast 100 Jahre ist es her, dass der französische Gelehrte seinen berühmten Essay »Die Gabe« veröffentlichte, über »Form und Funktion des Austauschs in archaischen Gesellschaften«, wie es im Untertitel heißt. Nicht mal 200 Seiten lang, aber die Sekundärliteratur füllt ganze Regale. Es gibt wohl nur wenige Texte, die für ein einzelnes Thema so einflussreich gewesen sind. Jeder, wirklich jeder Akademiker oder Essayist, der sich mit dem Thema Schenken beschäftigt, beruft sich auf Marcel Mauss. Einige Wissenschaftler nennen sich sogar ganz offiziell Maussianer.

Abgesehen von der »Gabe« hat der Sozialanthropologe, Neffe und Schüler von Émile Durkheim, wenig veröffentlicht. Die Lehre war Mauss, der als selbstlos galt, wichtiger als die Forschung, seine Dissertation – über das Gebet – hat er nie fertigbekommen. Seine Geschenkwissenschaft betrieb er vom Schreibtisch aus, ein Feldforscher ist er nie gewesen. Er wandte sich dem Archaischen zu, vor allem Gesellschaften in Polynesien, Melanesien und Nordwestamerika, um darin nach dem Archetypischen zu fahnden.

Es ging ihm darum, zu zeigen, welche Bindungen entstehen, indem man Geschenke tauscht, anstatt etwas mit Geld zu kaufen oder für Geld zu verkaufen. Wobei natürlich auch beim Geschenkaustausch eine Form von Handel stattfindet: Gibst du mir, geb' ich dir. Geb' ich dir, will ich auch was zurück. Wenn nicht sofort, so doch später. Soll und Haben, am Ende muss die Gleichung stimmen in der Trias von Geben, Annehmen und Erwidern.

Aber Mauss machte sichtbar, welchen Stellenwert das Schenken in der sozialen Kommunikation hat. Dabei geht es in den von ihm untersuchten Gesellschaften vor allem um kollektive Präsente, die erst mal die friedliche Beziehung zwischen verschiedenen Gruppen herstellen und stärken – sozusagen ein notwendiges Vorspiel. Auch zum kommerziellen Warenaustausch.

Verblüffenderweise bleibt in den Darstellungen vieler seiner Exegeten und Schüler aber nur das Berechnende vom Schenken übrig, der Zwang zum Geben und Erwidern. Viele dieser Theoretiker leugnen jede Form von Freiwilligkeit und Individualität, von Spontanität und Originalität, die Freude auf beiden Seiten, ja, überhaupt die ganze Emotionalität und das Persönliche, die damit verbunden sind. Oft wird die Gabe als Instrument der Unterdrückung verstanden, die Großzügigkeit als reines Kalkül.

Wer nimmt, gehe eine Verpflichtung ein, werde zum Schuldner, sagt Elfie Miklautz zum Beispiel. Für sie wird das Schenken sogar zum Akt der Aggression: »Mit dem Übermitteln von Gaben wird … symbolische Gewalt ausgeübt.« Pierre Bourdieu geht kaum fröhlicher an die Sache ran. Er nennt den Gabentausch kurzerhand eine »kollektive Heuchelei«.

Es ist kurios. Durch die Konzentration auf Mauss' Vorlage, an der sich spätere Generationen abgearbeitet haben, sind die Schenkgewohnheiten in der Südsee vor 100 Jahren bis heute besser erforscht als jene, sagen wir, der Jugendlichen zu Beginn des 21. Jahrhunderts. Das Archaische wird zur zeitlosen Wahrheit erklärt.

Besonders eklatant zeigt sich das in der Auseinandersetzung mit dem von Mauss geschilderten Potlatch von Native Americans in Nordwestamerika: Häuptlinge schaukeln sich hoch mit ihren Gaben, versuchen einander zu übertrumpfen – ein regelrechter Krieg zwischen Rivalen um ihren Status, der mit der Kapitulation des einen oder der Zerstörung bis hin zum Tod des anderen endet. Von Mauss' Nachfolgern wird der Potlatch aber nicht als exzessives Extrem gedeutet, sondern als Zuspitzung, die das Eigentliche deutlich werden lässt. Das Schenken als Wettkampf, als Schlacht – ist es nicht genau das, was zu Weihnachten in der kommerzialisierten Gesellschaft passiert? Immer höher, weiter, schneller, das ist doch die Devise des Turbokapitalismus.

Dabei war Mauss selbst Sozialist und Aktivist, ein Anhänger der Genossenschaftsbewegung. Am Ende seines Essays, und den scheinen viele gar nicht oder zumindest nicht bis dahin gelesen zu haben, zeigt er auf, wie aus dem Geist des Gebens eine gerechtere Welt entstehen könnte. Für ihn ist die Geschenkökonomie die Basis unserer Gesellschaft, ein entscheidendes Mittel für ein friedliches Miteinander. Mauss spricht von der »edlen Verschwendung« und appelliert an die Reichen, sich wieder als Schatzmeister ihrer Mitbürger zu betrachten, denn die Gesellschaft brauche mehr Großzügigkeit und guten Willen, ganz konkret etwa bei Wohnungsvermietungen. Mauss forderte eine neue Moral, eine Rückkehr zu archaischen und elementaren Prinzipien, etwa die Freude am öffentlichen Geben, »das Vergnügen der Gastfreundschaft«.

Bad news are good news heißt es im Journalismus. Gute Nachrichten verkaufen sich halt schlechter. In der Wissenschaft gelten möglicherweise ähnliche Regeln. »Schenken gehört zu den eher freundlichen Seiten des Lebens«, schreibt der Kultursoziologe (und Theologe) Gerhard Schmied zu Beginn seines Buchs zum Thema. Das ist für ihn der Grund, warum seine Kollegen sich kaum mit dieser Tag für Tag praktizierten Spielart des sozialen Handelns auseinandergesetzt haben. Ein Soziologielexikon widme ihm gerade mal 14 Zeilen. Auch Schmied bezieht sich natürlich auf Mauss.

Marcel Mauss war ein Pionier, der sich als Erster dem Thema in dieser Form gewidmet hat. Aber er hat einen Essay geschrieben, keine Bibel. Gedanken kann man weiterentwickeln.

In der Fülle der Mauss-Interpretationen habe ich auch ein paar gefunden, die mir plausibler, differenzierter erscheinen als jene, die nur Zwang, Eigennutz und Kalkül in der Gabe sehen. Am sympathischsten ist mir Alain Caillé, dessen *Anthropologie der Gabe* 2008 erschienen ist. Ein echter Maussianer, wie er sich selbst nennt, Mitgründer einer MAUSS-Gruppe und einer MAUSS-Zeitschrift. Ja, Caillé ist mein Mann. Lustigerweise wieder ein Mann. Obwohl Frauen diejenigen sind, die am meisten schenken und verpacken, sind es vor allem Männer, die Bücher darüber schreiben. Die einen packen in dekoratives Papier, die anderen in gelehrte Worte.

Alain Caillé jedenfalls entdeckt im Pflichtkorsett den Spielraum. Für ihn geht es beim Schenken um mehr als ein rein mechanisches Ritual. Selbst wenn die Gabe sozial zwingend ist, gewinnt sie in seinen Augen nur in Verbindung mit Spontanität ihren Sinn. »Es soll gegeben und erwidert werden. Zweifellos. Aber wann? Und wie viel? Wem eigentlich? Mit welchen Gesten, in welchem Ton? Mit welcher Absicht?« Da bleibt für ihn selbst in streng geregelten Gesellschaften viel Raum für Eigeninitiative.

Caillé wirft einen wohlwollenderen, auch differenzierteren Blick auf seine Mitmenschen und ihre Motive, entdeckt Widersprüchliches, statt nur Eindeutiges zu sehen. Ihm geht es um »ein komplexes Wechselspiel von Interesse, Uneigennützigkeit, Pflicht und Spontaneität«. Vor allem durchbricht Caillé die rein ökonomistische Sicht auf das Schenken: Ohne eine gewisse Bedingungslosigkeit, ohne Vertrauen, sagt er, geht es nicht. »Eine rein obligatorische Gabe ist keine Gabe.«

Es gibt Menschen, die glauben, was nichts kostet, ist auch nichts wert. Ich meine, das Gegenteil stimmt. Es macht eine Sache kostbarer, wenn man sie geschenkt bekommt, statt sie sich selbst zu kaufen. So erklärt es auch Mauss: In der Gabe steckt das *hau*, die Seele des Gebenden, ein Stück von sich selbst.

Darum soll es hier gehen – um den Raum, den Spielraum, in dem sich das Schenken bewegt, mit all seinen Widersprüchen und Risiken und seiner Freude, um die Komplexität dieses Tuns. Um die Seele. Es soll um die Caillé'schen Fragen gehen: Um das Vergnügen des Schenkens – wann, wie viel, wem, mit welchen Gesten, in welchem Ton, mit welcher Absicht. Ich bin davon überzeugt, dass Gabe nicht gleich Gabe ist und die Wundertüte einer Freundin nicht das Gleiche wie die Goodiebag eines Veranstalters, der will, dass ich ihm wohlgesinnt bin.

Die Karte ist die Botschaft

Zu meinen Neujahrsresolutionen für 2019 gehörte ganz offiziell: Keine Karten mehr kaufen. Ich hab' nämlich genug davon, zweieinhalb Schubladen voll. Das reicht bis ans Ende meines Lebens. Ich hab's mir sogar in den neuen Kalender geschrieben – keine Karten kaufen! Hat auch nichts genützt. Sicher, am Anfang war ich noch diszipliniert. Wenn ich in eine schöne Papeterie kam oder einen Museumsshop, vor allem auf Reisen, habe ich mir die Bilder angeschaut, sie bewundert, die Karte in die Hand genommen, um sie noch mehr zu bewundern, und mir am Ende auf die Finger gehauen. Nein! Nein! Nein! Bald wurde ein Jein daraus. Ich kann einfach nicht widerstehen.

Wenn ich die Lebenszeit addiere, die ich mit der Suche nach der in diesem einen Moment für diesen Menschen passendsten Karte verbracht habe, komme ich auf einige Monate. Ganz zu schweigen von dem toten Kapital, das da in meinen Schubladen schlummert. Postkarten gehen nämlich ins Geld, unter einem Euro läuft gar nichts mehr. Illustrierte im Sonderformat kosten schon mal das Drei- bis Fünffache. Aber das sind sie auch wert. Gute Bilder sind ein Geschenk für sich, das man ins Regal stellen kann.

Ich brauche originelle, schöne, lustige, romantische Karten, weil mir beim Glückwünschen und zu sonstigen Anlässen nichts Originelles zu schreiben einfällt. Ha, werden Sie sagen, das Schreiben ist doch Ihr Beruf! Aber das ist was anderes. Um persönliche Worte bin ich verlegen. Also ist die Karte die Botschaft. Nicht das, was ich auf die Rückseite kritzle. Das schöne Motiv muss nämlich auch noch meine Handschrift wettmachen. Da erhalte ich regelmäßig Beschwerden.

Leider bin ich nicht Jurek Becker, mein großer Held in Sachen Karten. Der Schriftsteller konnte nämlich beides, wunderbare, knallbunte, witzige Motive entdecken (ein paar davon liegen auch in meiner Schublade) – und auf der Rückseite so schreiben, dass einem das Herz aufgeht.

Ich habe nie eine von ihm bekommen. Dafür, in sehr, sehr jungen Jahren, einmal einen Brief. Da hatte ich ihm, begeistert von der ersten Seminararbeit meines Lebens, ebendiese geschickt. Es ging um seinen Roman *Irreführung der Behörden*. Wenn ich daran denke, werde ich heute noch rot. Jurek Becker schrieb eine liebevolle Antwort.

Seine schönste Kartenpost kann man inzwischen als Buch kaufen: *Am Strand von Bochum ist allerhand los*. Allein die Anreden für seinen kleinen Sohn! Du Pudelmütze. Mein Fischbrötchen. Sehr geehrter Bratklops. Du unverhoffte Wendung. – Würde mir glatt welche davon klauen, wenn sie nicht so unverkennbar beckerisch wären. Also kaufe ich das Buch nur zur Inspiration. Und zum Verschenken. Und Anregen: Schreibt, Leute, schreibt, wo immer ihr seid, nicht nur aus dem Urlaub, zu Geburtstag und Weihnachten. So eine Postkarte, egal, ob aus Salzgitter oder Peru, aus dem exotischen Ausland oder der eigenen Stadt, im ansonsten leeren, allenfalls von Rechnungen, Mahnungen und Spendenaufrufen gefüllten Briefkasten zu finden tut der Seele gut.

Meine eigene Unfähigkeit ist im Grunde verwunderlich, denn ich komme aus einer Familie leidenschaftlicher Briefeschreiber und -empfänger. Wenn die Familienlegende stimmt, haben sich unsere Eltern sogar schreibenderweise ineinander verliebt. Mit jeder Post wurde die Beziehung inniger.

Meine Mutter, schrieb mein Vater einmal, konnte ohne sie nicht leben – Briefe, je länger, desto lieber, waren ihr Lebenselixier. Aber auch das ihrer Empfänger. Ihre Freundinnen haben die vielen handgeschriebenen Seiten bis an ihr Lebensende aufbewahrt, sich noch Jahrzehnte später darüber amüsiert.

Mein Vater hat einen ganzen Band mit Briefen aus unserer Familie herausgegeben, im Eigenverlag, auf mattes, fast antik vergilbt aussehendes Papier gedruckt, so dass auch die banalste Nachricht etwas Kostbares bekommt. »Es werden so viele Briefe geschrieben in einer Familie«, notierte er im Nachwort, »schöne Briefe, Schönschreibebriefe – Wie geht es Dir? Mir geht es gut! – Briefe, gekritzelte, von der Seele geschriebene, hingehauene Bitt- und Bettelbriefe: ›Schick mir bitte ein Päckchen mit …!‹; geschmierte, verschmierte, tintenbeklexte Jammerbriefe, sorgfältig aufgesetzte Kondolenzbriefe, Freundschaftsbriefe, liebe Grüße, bemalte Briefe, mit Zeichnungen versehene, Krakeleien mit und ohne Freimarken, teure Briefe, ehrliche Briefe, dumme Briefe, gut für den Papierkorb, einmal gelesen, nie wieder; zweimal gelesen oder noch öfter, kurze Briefe, lange Briefe, inhaltslose Briefe, leserliche und unleserliche, nüchterne, ausschweifende, liebesbedürftige Briefe, Geheimnisbriefe, Geheimbriefe, postlagernde Briefe, Einschreibbriefe, versiegelte Briefe, schlecht zugeklebte, in Hochstimmung geschriebene und wieder zerknitterte Briefe, zerrissene Briefe, duftende Briefe, schwere Briefe, leichte Briefe, Luftpostbriefe, Eilbriefe, gewöhnliche Briefe, Briefe an Bekannte und Unbekannte, Freunde und Freundinnen, Vorgesetzte und Untergebene, Kollegen, Geschäftspartner, Kunden, Auftraggeber, Lieferanten, an die Redaktion, Politiker, Parlamentsmitglieder, offene Briefe, veröffentlichte Briefe, Blumenbegleitbriefe, Gratulationen, Mitteilungen, Anzeigen, Dankesbriefe, Schuldbriefe, blaue Briefe, Zurechtweisungen, Drohungen, Erpressungen, erzieherische Briefe, Berichte, Bewerbungen, Anwerbungen, Vorladungen, Einladungen, Aufforderungen, tröstliche Briefe, aufregende Briefe, Trennungsbriefe,

Abschiedsbriefe, Empfangsbestätigungen, Lügenbriefe, Juxbriefe, Notsignale, Hilferufe, Komm-schnell-Briefe, Musterbriefe, Liebesbriefe, poetische Briefe, reizende Briefe, Rundschreiben, Briefe per Boten, per Post, in den Briefkasten geworfene Briefe, unter die Matte gelegte Briefe, durch den Türspalt geschobene Briefe, versteckte Briefe, verlorene Briefe, vernichtete Briefe, Originale, Kopien, fotografierte Briefe, Faksimiles, Briefe in Brieftaschen, Hosentaschen, Schubladen, Kassetten, Geheimfächern, Büchern, Handtaschen; liegengelassene Briefe, in eine Flasche gesteckte Briefe usw. usw.«

Die Anthologie beginnt 1618 mit einem Liebesbrief und endet 1968 mit der Litanei meiner Schwester über eine österliche Familienreise ins Bergische Land, in der sie von Herzen lästert. Unser Vater hat diese Zeugnisse – jene, die noch vorhanden, nicht verloren, vernichtet oder vor ihm versteckt worden waren – gesammelt, gesichtet und schließlich ausgewählt. WhatsApp und E-Mail-Verkehr gehörten damals noch in den Bereich der Science-Fiction. Und doch hat mein Vater vielleicht schon geahnt, dass die nächste Generation, die übernächste erst recht diese Kunst nicht mehr pflegen würde. »… *nachzulesen* …« nannte er das Buch. Er wollte etwas bewahren, das ihm kostbar erschien, bevor es auseinanderbrach. *Aus der Dokumentensammlung einer Familie* lautete der Untertitel, aber aus dieser einen wurden kurz danach zwei, als er uns verließ und eine neue gründete. Der Band war auch ein Abschied.

Nachrichten kommen heute schnell und knapp. Ein richtiger Brief, handgeschrieben, am besten mit Füller, auf feinem Papier, wo sich jemand Zeit genommen und Gedanken gemacht hat, über sich, den anderen und die Welt, ist eine Rarität. Noch dazu ein greifbares Objekt, das manche selbst bekleben und gestalten. Und hat der Umschlag, in den man das Geschriebene steckt, den man dann zuklebt, so dass er etwas Geheimnisvolles bekommt, hat der nicht etwas von einer Geschenkverpackung, die Spannung erzeugt? Als Empfänger erkennt man oft auf dem Umschlag schon eine vertraute Schrift, noch bevor man auf den Absender schaut, hat diesen gleich vor Augen, kann sich entscheiden, ob man den Brief begierig aufreißt oder eine Weile genüsslich liegenlässt und später öffnet.

Es gibt drei Menschen, von denen ich immer mal wieder solche handgeschriebene Post bekomme, interessanterweise alle drei Männer, Freunde, Familie. Keine Ahnung, ob sich daraus eine Gesellschafts- oder Gendertheorie ableiten lässt. Auf jeden Fall sind alle drei auch gute Schenker, was bei Männern gar nicht so selbstverständlich ist.

Eins kann man auf jeden Fall daraus ableiten: Am kostbarsten ist oft das, was am wenigsten kostet. Legendär die Freude meiner großen, damals noch kleinen Schwester über ein Fieberthermometer für 20 Pfennig, das sie eines Weihnachten für ihr Arztköfferchen bekam. Das Porto für einen Brief kostet 80 Cent. (Wird wahrscheinlich bald wieder erhöht.) Natürlich kann man auch mehr investieren, in edle Schreibwaren – die Zahl der urbanen Papeterien hat mit fortschreitender Digitalisierung auffallend zugenommen. Nicht in Geld zu beziffern und in keinem Laden zu kaufen: die Zeit und Hingabe, dass jemand sich hinsetzt und festhält, was er an der langjährigen Freundin so schätzt, kleine, konkrete Beobachtungen zum runden Geburtstag.

»Wir schenken uns nichts«, prahlen viele zur Weihnachtszeit. Aber man könnte sich was schreiben. Selbst wenn man unter einem Dach wohnt. So wie es die Verliebten machen, manche noch nach Jahren des Zusammenseins, kleine Botschaften, Aufmerksamkeiten, Zettelchen, um kurze oder große Distanzen zu überwinden. Überhaupt kann man von ihnen viel lernen: Keiner schenkt so aufmerksam und originell wie sie. Und freut sich so wie sie. Die Aufregung, wenn der Luftpostumschlag des fernen Geliebten im Briefkasten lag!

Worte sind Gaben. Einfach zu formulieren, was man sich vielleicht von Angesicht zu Angesicht nicht traut auszusprechen, weil man sich geniert, weil es einem zu kitschig klingt, oder schlicht, weil man sich eben mehr Gedanken macht, wenn man sich hinsetzt und in Ruhe etwas schriftlich fixiert (was auch gar nicht auf Papier sein muss): Die Bedeutung einer Beziehung, einer Freundschaft, einer Begegnung, eines Abendessens, eines Menschen.

Kein Brief ist so wichtig wie der Kondolenzbrief, wenn der Absender denn nur den Mut hat, persönlich zu werden. Es ist das Schwerste und das Schönste, was jemand zu Papier bringen kann. Nach dem Tod ihres kleinen Sohnes bedankte Jackie Kennedy sich bei Truman Capote für dessen Post mit den Worten: »Wenn alles, was Du je geschrieben hast, letztlich nur Übung gewesen wäre, um diese sieben Zeilen zu schreiben, die nur ich – und Jack – gesehen habe, dann bin ich froh, dass Du Schriftsteller geworden bist.«

Das Schlimmste ist, zu schweigen. Kein Wunder, dass Briefe wie Schätze aufgehoben werden.

Geschenksendung, keine Handelsware

Manchmal, wie bei Verliebten, liegen Briefen auch kleine Gaben bei. Fotos, mit der selbstgebauten Lochkamera aufgenommen, Müsliriegel, weil die Freundin beim letzten Treffen so unterzuckert war, ein exquisiter Stift, damit sie mehr schreibt. Bis die Beigabe zur Hauptsache und der Brief nur noch der Begleiter des Päckchens wird.

»Ich mochte gern ein Bäckchen (mit Suzikkeiten)«, schrieb meine Schwester Bine aus dem Internat, und hat es gekriegt. Auch das Päckchenpacken hat unsere Mutter mit Leidenschaft betrieben, wir Kinder durften unsere Finger auf den Knoten halten, damit er nicht zu locker ausfiel, dann schleppte sie alles zur Post, wo ein Korinthenkacker saß, wie sie ihn nannte, der ihr erklärte, dass das Bekleben des Packpapiers mit Oblaten und anderen bunten Bildchen, die sie irgendwo ausgeschnitten hatte, je kitschiger, desto lieber, verboten sei, und den sie becircte, mit Charme und selbstgemachtem Birnengelee, das in unserer Familie keiner außer unserem Großvater mochte.

Nicht nur meine Geschwister im Internat, auch die Freundinnen unserer Mutter, vor allem jene in der »Ostzone«, wie die DDR damals genannt wurde, bekamen Post von ihr. Vor einiger Zeit habe ich einen Film gesehen, der sich allein mit dem Duft dieser Päckchen beschäftigte. Ein unvergleichlicher Duft! Nach Waschpulver und Vanillepudding, Jacobs Krönung und 4711. Vorsichtig öffnen die Menschen im Film noch einmal die Schnur – damals hat man Päckchen noch mit Kordel verknotet –, das Packpapier und schließlich den Karton, bis es ihnen in voller Wucht entgegenströmt. Noch mal schnuppern, einsaugen, strahlen. Ja, *genau so* hat es gerochen! Nach weiter Welt, wie ein früherer DDR-Bürger sagt.

Der Duft des Westpakets heißt der Film, der diesem Phänomen nachspürt, gedreht von Maja Stieghorst (West) und Brit-Jeannette Grundel (Ost). Er verbindet fröhliche Erinnerungen und traurige Geschichte mit einer Art Reenactment. Für die Dokumentation haben die Protagonisten nämlich nicht nur noch mal Päckchen wie damals gefüllt und geöffnet, sie versuchten auch, den Geruch in Gläsern zu fangen.

Es gibt nur wenige Menschen über vierzig, egal von welcher Seite des Eisernen Vorhangs, die keine Erinnerungen an diesen kleinen Grenzverkehr hätten. »Geschenksendung, keine Handelsware« musste auf den Päckchen stehen.

Als wenn es so einfach wäre. Das hatten wir ja schon: Wer gibt, will was kriegen, wer kriegt, muss was geben. Nur was? DDR-Bürger fühlten sich unter Druck. Etwas, das es im Westen nicht gab, Erzgebirgsfiguren. Oder Stollen, manchmal gebacken mit Zitronat aus dem Westpaket. Unsere Mutter, die Bücher nicht las, sondern verschlang, bekam von ihren Freundinnen original DDR-Literatur. Vor allem spannende DDR-Bückware: Jurek Becker, Christa Wolf, Günter de Bruyn. Kein schlechter Tausch.

Das Westpaket (das bei uns Ostpaket hieß) ist mehr als Folklore. Es fungierte als Leim, hielt die Deutschen miteinander in Verbindung. So schrieb man sich wenigstens, was man so trieb. Das war von nationalstaatlicher Bedeutung, weshalb die Bundesregierung das Schicken der Geschenksendungen auf Plakaten und Flyern propagierte. Erst recht nach dem Mauerbau. Im darauffolgenden Jahr wurden sagenhafte 53,5 Millionen Päckchen von West nach Ost geschickt.

Nach dem Fall der Mauer trat eine gewisse Ernüchterung, ja, Entzauberung ein. Die Brüder und Schwestern aus dem Osten mussten feststellen, dass der kostbare Bohnenkaffee ein billiges Aldiprodukt war. Absender aus dem Westen fühlten sich enttäuscht, weil die Dankbarkeit der Verwandtschaft jetzt schnell bröckelte. Nicht selten brach der Kontakt ab. Die einen fühlten sich im Rückblick gedemütigt, die anderen ausgenutzt.

In der Dokumentation von Stieghorst und Grundel steht dagegen die glückliche Reminiszenz im Mittelpunkt. Getrübt wird das Gefühl allenfalls durch die staatlichen Langfinger, die die Pakete massenhaft öffneten und plünderten. Den Film zu machen war für die beiden ein Herzensprojekt, an dem sie fünf Jahre lang arbeiteten. Die Zuschauer dankten es ihnen mit eigenen, lebhaften Erinnerungen. Die vielleicht gerade deshalb so intensiv sind, weil Nutella und Jeans was ganz Besonderes waren.

So schildert es Wolfgang Thierse, den wohl niemand verdächtigt, die Mauer wiederhaben zu wollen. Ein leicht wehmütiges Bedauern schwingt in seiner Stimme mit, als er sagt: »Die Sehnsucht nach dem, was man nicht hat, ist weg. Es war eine Freude, die es so nicht mehr gibt.«

Und doch, selbst im Zeitalter des Onlinehandels, da der Paketbote jeden Tag zweimal klingelt und die Post sich quasi selbst abgeschafft hat, nur noch als Bank mit ein paar Extraschaltern existiert oder als Außenstelle im Schreibwarenladen, ja, trotz alledem hat das Geschenkpäckchen sich bis heute seinen Zauber bewahrt. Es ist die Magie der Wundertüte. Man weiß nicht, was einen erwartet in all dem raschelnden Papier. Ein Geburtstagskuchen, eine Tischdecke, ein Roman …

Sag's mit Petersilie

Wenn Sie wüssten! Wenn Sie wüssten, wie viel Freude Blumen auslösen, Sie würden den nächsten Floristen stürmen oder, noch besser, die nächste Wiese leerpflücken. Nie wieder würden Sie lästern über diese Form des Präsents. Von wegen, Verlegenheitsmitbringsel, Fantasielosigkeit! Rosen, Kornblumen, Nelken (ja, auch die, von meiner Mutter geliebt, von den meisten gehasst, erleben ein Revival) sind das perfekte Geschenk: gerade weil sie nichts Nützliches haben, keinen praktischen Zweck erfüllen. Außer dem, schön zu sein und zu duften. Zu erfreuen. Manchmal auch zu trösten, Hoffnung zu geben. Nicht nur bei einer Beerdigung. Eine Freundin aus Berlin hat ihrer Mutter in Konstanz während deren Chemotherapie regelmäßig einen Strauß geschickt. Sie hatten beide ihre Freude dran.

Als die Schriftstellerin und Kafka-Freundin Milena Jesenská im KZ Ravensbrück eingesperrt war, haben Freunde ihr Blumen ins Lager geschmuggelt. Es gab vieles, was sie dringender hätte gebrauchen können, feste Schuhe, einen warmen Mantel, vor allem Essen natürlich. Der Strauß hat ihr nicht das Leben gerettet, Milena Jesenská ist in Ravensbrück umgekommen. Aber er hat Schönheit und Trost an einen unmenschlichen Ort gebracht.

Man sollte allerdings Vorlieben und Abneigungen berücksichtigen. Eine Freundin liebt elegante Teerosen, schon um des Namens willen, hat sie aber noch nie geschenkt bekommen: »denn sie sind wild und eigen«. Die andere verschenkt Hortensien, »wann immer es geht. Die sind fett und selbstbewusst, bestehen aber aus ganz vielen Einzelblüten und sehen noch toll aus, wenn sie trocknen.« Mag er's kurz und bündig oder lang und locker, knallig oder zart? Wobei – *er* trifft es nicht so. Man mag's kaum glauben, im 21. Jahrhundert, aber viele Menschen kämen nicht auf die Idee, einem Gastgeber (es sei denn, er ist schwul oder öffnet zufällig statt seiner Frau die Tür) einen Strauß zur Dinnerparty mitzubringen. Es gibt 30-jährige Männer, die tatsächlich noch nie Blumen geschenkt bekommen haben, nicht mal von ihren Freundinnen, die sich offenbar denken: Geldverschwendung, weiß er eh nicht zu schätzen. Männer, die ihrerseits allenfalls der Mutter zum Muttertag welche überreichen. Das nenne ich wahre Fantasielosigkeit. Ein Sträußchen irgendwann, ganz ohne äußeren Anlass, sagen wir: Mitte März, wenn man nach Grün und Farben lechzt – das wär's doch.

Die Ungleichheit der Geschlechter beschränkt sich übrigens nicht auf den häuslichen Bereich. Man muss sich nur mal in der Kultur umgucken: Bei Konzerten bekommt der Dirigent (in der Regel immer noch männlich) einen schönen Strauß als Dankeschön, und der hat nichts Besseres zu tun, als ihn wie eine heiße Kartoffel, so schnell wie möglich, der ersten Geigerin oder sonst einer Musikerin seiner Wahl in die Hand zu drücken. Eine demonstrative Geste der Bescheidenheit eines Kavaliers alter Schule. In der *New York Times* habe ich von einem Choreographen gelesen, der allen Tänzern des Royal Ballet in London beim Schlussapplaus Bouquets überreichen wollte, aber erst den Direktor der Kompagnie um Erlaubnis bitten musste. Einige Traditionalisten haben sich über die Geste trotzdem empört. Was, bitte schön, ist denn so unmännlich an Blüten? Die Leiterin des Berliner Hauses am Waldsee überreicht allen Musikern und Autoren, die bei ihr auftreten, einen Strauß. Bei Männern ist es ihr ein besonderes Vergnügen: »weil es sie meistens ein klein wenig

verblüfft. Dann sehe ich zu, dass die Zusammenstellung besonders unkonventionell ist.«

Wäre es nicht an der Zeit für Gleichberechtigung? Vielleicht
muss man nur hartnäckig nachhelfen. Zu wirklich jeder Gelegenheit, erzählt meine Kollegin, verschenke sie Blumen, bunte
Wiesensträuße, ungern Rosen. »Auch Männer, Portiers, Hausmeister und Elektriker bekommen welche von mir, damit müssen sie leben.«

Wobei es nicht nur Differenzen zwischen den Geschlechtern,
sondern auch ein Stadt-Land-Gefälle gibt. Auf dem Land hat jeder Natur und Garten satt, da reichen die Blumen allein nicht
aus, sie brauchen Glitzer, Lack und knisterndes Plastik, die »Per-
sonalisierung« in Form von Karten, so dass am Ende von den
Blüten nichts mehr zu sehen ist. In der urbanen Middle Class dagegen ist Natürlichkeit angesagt. Alles, was wild aussieht, auch
wenn es das nicht ist, Hauptsache saisonal und regional, wie
beim Essen, Gräser, Stauden, Rittersporn, Disteln, Mohn.

Es muss kein Riesenstrauß sein, um Freude zu bereiten. Ein
Sträußchen ist oft wirkungsvoller. Oder auch bloß eine einzelne
kostbare Blüte. »Nach einer schmerzlichen Trennung«, erzählt
eine Kuratorin, »stand eine Blume auf meinem Schreibtisch, die
ein aufmerksamer Freund dort hingestellt hatte. Das stille Zeichen dafür, dass es weitergeht und ich nicht allein bin, hat mich
sehr berührt.« Und, so weit zumindest sind wir im 21. Jahrhundert schon, man braucht nicht mehr die geheime Sprache der
einzelnen Arten zu beherrschen. Keiner muss wissen, welche
versteckte Botschaft womöglich hinter der Gladiole steckt (sei
nicht so stolz!). Allein bei Rosen sollte man vorsichtig sein.
Ansonsten gilt: Jeder kann einer Pflanze Bedeutung verleihen.
Seit der Journalist Deniz Yücel nach seiner Freilassung aus dem
türkischen Gefängnis seine Frau und gleichzeitig einen Strauß
Petersilie überglücklich im Arm hielt, weiß die Welt, dass die

Blume der Liebe viele Formen haben kann. Alles eine Frage der Fantasie.

Aber Vorsicht! Ich kenne jemanden, der betrachtet Schnittblumen als Mordopfer, vom Menschen allein aus dem egoistischen Grund der Freude abgeschlachtet.

Dabei kann man auch pflücken mit Respekt. So wie es meine Schwägerin macht, die bei jeder Gelegenheit Blumen an Menschen verschenkt, von denen sie weiß oder mindestens annimmt, dass sie es zu schätzen wissen. Zu jeder Jahreszeit geht sie in den Garten und stellt einen kleinen Strauß zusammen. Im Winter notfalls mit Zweigen, Immergrün oder Zapfen. Da Steffi sowieso mit allen Pflanzen spricht, bedankt sie sich bei ihnen und bittet um »das Einverständnis, Freude zu bereiten«.

Der Mann mit der Mordtheorie hat offensichtlich selbst nie einen bunten Tulpenstrauß bekommen. Meine Lieblingsblumen leben in der Vase fort. Sie wachsen und dehnen und biegen und öffnen und entblättern sich, jeden Tag ein neues Schauspiel. Tulpen vergehen in ganz besonderer Schönheit. Und gerade »der eingebaute Verfall« macht Blumen in den Augen des Schriftstellers David Wagner besonders attraktiv, er bringt es auf den Punkt, wenn er vom »eschatologischen Blumenstrauß« spricht.

Vermutlich ist das ein Grund, warum man Blumen immer mehr lieben lernt, je älter und zerbrechlicher man selbst wird. Natürlich auch, weil man alle praktischen Dinge des Lebens schon in der Küche stehen hat und die ganze Wohnung überquillt, man lieber reduzieren als weiter ansammeln will. Blumen verschwinden einfach wieder, sie belasten nicht. Aber eben auch, weil jemand, der sich selbst im Prozess des Welkens befindet, Schönheit und fröhliche Farbigkeit umso mehr zu schätzen weiß. Wer sich mit der Vergänglichkeit auseinandergesetzt hat, weiß, dass das Frische nicht ewig hält, ist sich ihrer Kostbarkeit bewusst. Auch sieht man den verwelkten Sträußen an, dass sie gelebt haben. Dass die Trauer die Rückseite des Lebens ist. Deswegen tröstet man sich mit Rosen und Lilien bei einer Beerdigung – und gibt dem Verstorbenen noch etwas Schönes, Lebendiges mit auf den letzten Weg, wohin auch immer er führt. Man könnte die Tradition für einen Ausdruck von Trotz halten.

Wirklich tot, wie ein kalter Leichnam, wirken auf mich nur die in Folie gepackten Sträuße, zusammengehalten von Kunststoffringelband. Nie werde ich die Bilder nach Lady Di's Tod vergessen: ein Ozean aus Sträußen vor dem Kensington Palace. Ich dachte, warum bringen die Leute denn alle frische Blumen, wenn sie sie dann in Plastik einsperren wie in einen gläsernen Sarg? Vor lauter Hülle sah man die Blüten nicht.

Als Trost für alle Anhänger der Mordtheorie zum Schluss eine gute Nachricht: Es gibt ein Leben nach dem Tod. Trockenblumen sind gerade der letzte Schrei. Gucken Sie sich mal in Zeitschriften um oder in Edel-Floristenläden. Dort hängen sie von der Decke. Topaktuell! Nachhaltig! Rosen, Tulpen, Nelken landen nicht mehr einfach auf dem Müll, sondern werden, nach dem Vorbild von Lebensmitteln, gerettet. Es bedarf allerdings eines gewissen Könnens, damit auch solch ein Strauß schön aussieht und nicht einfach nur verstaubt.

Verhüllung ist Verheißung

Widmen Sie sich Ihrem Hobby, stand gestern in meinem Horoskop. Ich habe keine Hobbys. Meine Freunde verschone ich mit Selbstgestricktem, -gebasteltem und -gehäkeltem. Und doch bin ich Stammkundin bei »Hobby Rüther«, dem Bastelladen mit der größten Dichte an Waren pro Quadratzentimeter in Berlin. Styroporkugeln, Textilfarben, Bast und all die anderen Schrecken meiner Kindheit, mit denen wir Handarbeitslehrerinnen und Patentanten erfreuen sollten, lasse ich rechts liegen und gehe schnurstracks in die Seidenpapierecke, mit einem kleinen Schlenker zur Klebeabteilung, wo ich mir doppelseitig haftenden Tesa besorge. Ich packe nämlich gerne ein.

Nackt geht gar nicht. Ein unverhülltes Geschenk ist wie Apfelkuchen ohne Sahne: Da fehlt was. Etwas Entscheidendes. Die Liebe! Und die Spannung. Das Feierliche. Das Auspackendürfen. Der Moment der Verblüffung. Warum sind denn Überraschungseier so beliebt?

»Verhüllung ist Verheißung«, sagt Christo. Und der muss es wissen, hat der Künstler doch, zusammen mit seiner Frau Jeanne-Claude, bis diese starb, vom Reichstag über die Pont Neuf bis zu einem Streifen australischer Küste und einer italienischen Insel so ziemlich alles eingepackt, von dem niemand dachte, dass man es einpacken könnte. Geschenke an die Öffentlichkeit, die dafür nie Eintritt zahlen muss. Wobei Christo einmal im Interview protestiert hat: »Es ist ein Geschenk für mich, und ich tue es gerne.«

Ich auch. Selbst wenn meine Kreationen keine Kunstwerke sind.

Soziologen würden es wohl Überhöhung nennen. Gaben von der Stange bekommen eine persönliche Note, Kleinigkeiten werden geadelt, indem man ihnen ein attraktives Kleid verpasst. Niemand weiß das besser als die Japaner, die Weltmeister auf diesem Gebiet, die selbst banale Objekte wie Äpfel oder Eier aufs Kunstvollste einwickeln – oder einwickeln lassen – und dadurch auch deren Kostbarkeit unterstreichen sowie die Wertschätzung des Menschen, für den sie bestimmt sind. Bloß auf keinen Fall in Weiß! Das ist die Farbe der Trauer. In Japan kann es gar nicht vorsichtig genug zugehen – fünf, sechs, sieben Schichten zeugen von der behutsamen Sorgfalt, die man dem Objekt und dem Beschenkten zukommen lässt. Eine Gabe unverhüllt zu überreichen gilt als Gipfel der Unhöflichkeit.

»Verpacken ist das eigentliche Geschenk«, sagt die Besucherin einer Ausstellung über japanische Verhüllungskunst. Wer würde sich diesen Akt der Verwandlung denn auch entgehen lassen! Für mich gehört es zum Schönsten am Schenken. Weswegen ich auch eher fünf Kleinigkeiten überreiche statt einer großen Sache. Die kommen dann alle noch mal in eine Papiertasche, die ich ebenfalls bekleben kann – fertig ist die Wundertüte. Weihnachten brauche ich drei Meter Wohnzimmertisch, um alle Utensilien auszubreiten. Eine Kollegin hat mir erzählt, dass sie das Einpacken als Weihnachtsaushilfe in diversen Buchläden gelernt hat: zügig und kontrolliert, aber immer mit Schleife! Ich dagegen wate im Chaos. Das kostet erheblich mehr Zeit, steigert aber das Vergnügen. Das Rascheln des Papiers klingt wie Musik in meinen Ohren.

Für die persönliche Note muss man immer selber Hand anlegen, das darf man weder der Verkäuferin überlassen noch der lieben Gattin. Auch wenn Männer, das ist anhand von Umfragen erwiesen, das gerne machen: Sie lassen einpacken. Pfui!

Offenbar haben die Herren diese Kulturtechnik noch nicht erlernt. Dabei ist sie schon mehr als 150 Jahre alt, wie man in Judith Flanders' *Christmas: A Biography* nachlesen kann. Mitte des 19. Jahrhunderts wurde das Einpacken erfunden, um die eigene Scham zu verdecken, dass man nichts Selbstgemachtes, sondern etwas Gekauftes unter den Weihnachtsbaum legt. Durch die eigenhändige Verhüllung werde die profane Ware »dekontaminiert«, wie die Kulturhistorikerin schreibt: vom Geruch des Handels und Kommerzes befreit.

Bei Victoria und Albert, dem englischen Königspaar, begeisterte Weihnachtsfeierer, lagen die Präsente anfangs noch nackt unterm Tannenbaum. Nicht mehr lange. Die Viktorianer verfielen einer generellen Verpackungswut. Allein um die Besitzgüter vor dem Ruß des Kohlefeuers zu schützen, wurde alles eingetütet und in Container jeder Art gesteckt: »Glocken aus Glas, um Blumen und Zierrat zu bedecken; Hüllen für Brillen, Taschentücher und Uhren; Abdeckungen für Streichhölzer; Taschen für Tabak; Mappen für Briefpapier; Etuis fürs Nähzeug; Beutel für die Wäsche ...« Ich würde sagen, die Dekorationswut der Zeitgenossen hat da auch eine prägende Rolle gespielt, aber egal, das Containern, wie Judith Flanders es nennt, war so verbreitet, dass es nur natürlich erschien, auch Geschenke einzuhüllen. Zumal dank des technischen Fortschritts nun auch Farbdrucke erschwinglich wurden.

Inzwischen gibt es eine Vielzahl so malerischen Geschenkpapiers, dass man sich die Bögen am liebsten an die Wand hängen würde. Das wäre auch angemessen, denn das edle Papier ist schon mal fast so teuer wie das eigentliche Geschenk. Dazu bin ich zu geizig.

Dafür beherrsche ich eine andere Kulturtechnik: das Recyceln. Als wir noch nicht mal wussten, wie man das schreibt, habe ich es in meiner Kindheit gelernt. Geschenke haben wir ganz vorsichtig ausgepackt, den Tesafilm abgeknibbelt, die Schleife entknotet. Das Papier, viel zu schade, um es nach einmaligem Gebrauch und Sekunden der Bewunderung in die Tonne zu schmeißen, hat meine Mutter dann mit sanfter Hand glattgestrichen. Schwer zerknitterte Exemplare wurden gebügelt. Das Band gleich mit.

Bei besonders schönem Papier mache ich das heute noch so. Weil der Output aber größer als der Input ist, gehe ich zu »Hobby Rüther«. Dort kaufe ich dann Seidenpapier im günstigen Dutzend, rot, grün, blau, türkis. Der perfekte Hintergrund für das Motiv, das ich daraufhefte. Mit besagtem Tesafilm. Uhu klebt bei mir immer nur da, wo es nicht soll.

Mein Vorrat an Bildern ist unerschöpflich. Gnadenlos schlachte ich Verlagsprogramme aus, nehme Museumsflyer auseinander, reiße Seiten aus Zeitschriften raus und schneide abgelaufene Kalenderblätter zurecht, passend zum Präsent und/oder dem Beschenkten. Der meist mit zarter Hand und rührendem Respekt das Päckchen öffnet. Aber es hilft alles nichts: Seidenpapier reißt. Zur Zweitverwendung ungeeignet.

Ich höre Sie schon buhen und pfeifen – Seidenpapier und Tesafilm, wie schändlich! Unverhüllt heißt in Zeiten des Klimawandels die Devise. Umweltbewusste Freundinnen verzichten ganz auf die Verpackung. Ich fühle mich schon ganz schlecht, wenn ich nur zur Rolle greife. Packscham.

Aber noch mieser fühle ich mich, wenn ich jemandem etwas wie eine Verkäuferin einfach so in die Hand drücke. Hier, haste. Das macht doch keinen Spaß. Ökologie ist keine Ausrede für Faulheit und Fantasielosigkeit, schon gar nicht für Lieblosigkeit. Braunes, weniger schädliches Packpapier zum Beispiel sieht – mit einer (ja, wiederverwertbaren) Schleife sehr elegant aus. Das kann man auch bestempeln oder mit Bildern bekleben. Wie? Ein Leser empfahl mir mal selbstangerührten Leim. Darauf verzichte ich, den muss man jedes Mal frisch anrühren, hat immer zu viel und muss den Rest dann wegwerfen.

Zeitungspapier: liegt nahe, liegt ja eh rum. Aber wenn, dann sollte man schon eins mit einem schönen Bild nehmen. Lustigerweise entpuppt sich in dieser Beziehung der Sportteil, den ich als Leserin verschmähe, als besonders ergiebig: Voller Action und Emotion. Oder einen Artikel, der den Beschenkten interessiert. Trotzdem, immer noch mit Schleife (vorm Wegschmeißen gerettet!, in diesen Zeiten werden wir alle zu Lebensrettern), vielleicht ein paar Blättern oder Zweigen, mit etwas in der Natur oder der Schublade Gefundenem.

Oder mit Küchentüchern – sehr beliebt und unter Umständen teurer als der Inhalt. Würde man sich am liebsten ebenfalls alle an die Wand hängen. Machen einige auch, im Rahmen. Inzwischen kann man auch bei uns japanische Furoshiki-Tücher kriegen. Da muss man allerdings ein bisschen üben, um den Knoten richtig hinzukriegen. Schlag nach bei Youtube. Die Tücher kann der Beschenkte waschen und für den Nächsten neu verknoten.

Wie packst du ein? *Schnell und huddelig,* sagt die eine, *bunt* die andere, *bemüht* die Dritte, *originell* die Vierte – *nicht so gern* der Fünfte. *Möglichst gar nicht. Ruiniert jedes Geschenk, wenn ich es mache,* der Sechste.

Katastrophal und mit Wonne – soll ja jeder wissen, dass ich es gemacht habe, erklärt mein kleiner Bruder. Wie? *Mit Liebe,* sagt meine Nichte. Aber *ohne Kringelband,* empfiehlt meine Schwester. Und fügt hinzu: *bloß kein Papier mit »lustigen« Motiven.*

Der Freund meiner Nichte hat mir noch einen interessanten Trick verraten: Er geht »laienhaft bis grausam« ans Werk. »Eine miserable Verpackung lässt auf ein miserables Geschenk schließen. Packt der Beschenkte dann aus, ist die Freude umso größer, wenn es wider Erwarten dann doch richtig cool ist.« Sagt's und fügt hinzu: »Es geht um Kontraste.«

So, das war der erfreuliche Teil. Jetzt kommt der knifflige. Wer einpackt, muss auch auspacken. Aber wie? Wann? Vor wem?

Ich weiß, es gibt Leute, die zelebrieren das und zwingen ihre Gäste, auch wenn diese längst müde sind und nach Hause drängen, nach dem Geburtstagsessen zu bleiben, die Auspackerin braucht ihr Publikum, wenn sie enthüllt. Die Freude wird demonstriert, jedes Präsent kommentiert und sich überschwänglich bedankt. Sie nimmt das nächste Päckchen in die Hand, rätselt, was es sein könnte …

Ich persönlich mach das lieber im Stillen, Schenken ist schließlich ein intimer Akt zwischen zwei Menschen. Dem anderen ist die Reaktion vergönnt, im besten Fall die Freude, die große Bühne braucht es nicht dafür. Wenn ich Päckchen in der Runde öffne, dann sollte sie klein und vertraut sein. Da muss ich auch nicht spielen, falls die Begeisterung mal nicht so groß ist.

Außerdem möchte ich erst mal noch ein bisschen die Verpackung genießen, bevor ich sie zerstöre. Wobei es zu den vielen Widersprüchen unserer Gegenwart gehört, dass das Einpacken zwar bei den einen verpönt ist – das Auspacken bei den anderen dagegen ein Freizeitsport. »Unboxing« nennt sich der Trend in den sozialen Netzwerken. Hat Hunderttausende von Zuschauern.

Gastfreundschaft

Schenken, so kann man im Grimm'schen Wörterbuch lesen, kommt von Einschenken: Mit der Gastfreundschaft fing alles an. Der Fremde wurde zum Gast gemacht, indem man ihm eine Erfrischung reichte, eine Begrüßung, die mehr als eine Form der Entwaffnung ist. In seinem Klassiker *Die Gabe* erzählt Lewis Hyde eine wunderbare Geschichte, die er bei Claude Lévi-Strauss gelesen hat, von Franzosen, die im Süden des Landes in günstigen Gasthäusern an langen Tischen sitzen, jeder eine Flasche einfachen Weins vor sich. Aus der schenkt man als Erstes dem Nachbarn ein, der es seinerseits genauso hält.

Nüchtern betrachtet, könnte man sagen, was für ein Quatsch: ein Nullsummenspiel, bei dem niemand was dazugewinnt, jeder dem anderen nur gibt, was der sowieso schon hat. Und doch passiert da etwas – wird ein Bund geschlossen. »Es entstand Gesellschaft, wo es vorher keine gegeben hatte.« Das Gleiche geschieht, so Hyde, wenn man einem Fremden ein Bonbon, eine Zigarette, ein paar Worte anbietet. Es bringt Menschen einander näher.

Mit der Gastfreundschaft fing es auch bei unserer Mutter an. Ihre eigene Mutter, Paula, übte diese »in einem Maße, das keine Grenzen kennt«. Dann war damit Schluss, es wurde still im Haus. Paula starb an Tuberkulose, die hatte sie sich als ehrenamtliche Krankenschwester geholt. Da war unsere Mutter acht. Jetzt kamen keine Gäste mehr, ihr Vater, Abba genannt, war nie besonders gesellig gewesen, jetzt wurde er noch zurückhaltender, ganz ernst. Der sogenannte Salon wurde nur noch zu Weihnachten und am Geburtstag genutzt. Unsere Mutter trug geerbte

Kleider, selbst zur Konfirmation. Die Geschichte hat sie uns immer wieder erzählt, und wir wollten sie immer wieder hören: dass unser liebenswerter, aber weltfremder Großvater Geld für Kinder in Indien spendete, damit sie zur Konfirmation was Schönes zum Anziehen hätten, während seine Tochter von der sparsamen Haushälterin ein Kleid aus dem alten Mantel ihrer verstorbenen Mutter geschneidert bekam.

Sie hat es später wettgemacht, mit unserem Vater ein offenes Haus geführt und rauschende Feste gefeiert. Zu unserer großen Freude. Die Gäste unserer Eltern wussten, was sich gehört. Sie brachten uns immer etwas mit, Gummibärchen und Schokolade, die wir dann, Bärchen für Bärchen, Riegel für Riegel, durch fünf teilten.

Heute ist das so einfach nicht, Süßigkeiten sollte man als Besucher tunlichst nicht mitbringen, kriegen die Kinder eh zu viel, wenn sie überhaupt noch Zucker essen dürfen. Aber auch das winzigste Gastgeschenk kommt bei den Kleinen gut an: weil sie sich gesehen fühlen. Weil da einer an sie denkt. Selbst wenn sie nicht mit am Tisch sitzen dürfen.

So karg es bei uns zu Hause im Alltag zuging – kernige Haferflocken zum Frühstück, am Abend Vollkornbrot mit Kinderkäse und dazu Himbeersirup zum Verdünnen –, so üppig wurde für Gäste aufgetischt. Es war, da bin ich mir ziemlich sicher, keine Angeberei, es war einfach Großzügigkeit. Da gab's fast exotisch anmutende Blätterteigbrötchen aus der guten Bäckerei, Cola und Fanta, deren Reste wir am nächsten Morgen austranken, deftige Buffets. Damals wurden sogar Zigaretten wie Salzstangen für die Gäste auf die Tische gestellt.

Als Gastgeber waren unsere Eltern in ihrem Element, fröhlich und entspannt. Ob sie zu Dinnerpartys, Bastelnachmittagen, Sommerferien oder großen Festen luden – sie bescherten sich damit selbst mindestens so sehr wie die anderen.

»Herberget gerne«, hatte der Pfarrer unseren Eltern bei der Trauung mit auf den Weg gegeben, aber das taten sie sowieso. Schon in seiner Studentenzeit, schrieb unser Vater, »reichten sich die Gäste an unserer Haustüre die Klinke in die Hand«.

Sie haben uns das Gastfreundschafts-Gen eingepflanzt. Und den Schrecken vor jeder Form von Knausrigkeit. Unser Vater litt an den Essenseinladungen seines Schwagers, bei dem selbst die Kartoffeln abgezählt waren. Irgendwann ging er da nicht mehr hin. Bei uns gibt's bis heute immer eher zu viel als zu wenig, nicht zuletzt aus dieser Angst aller Sprösslinge kinderreicher Familien: dass es vom Guten nicht genug geben könnte.

Ich musste nicht heiraten, um ein schönes Geschirr zu bekommen, »Alt Luxemburg« von Villeroy & Boch. Zarte blaue Blüten auf weißem Grund. Unsere Eltern fanden, dass die Utensilien der Gastfreundschaft zur Grundausstattung gehörten, und so begannen sie, uns als Teenager Geschirr zu schenken, jeder Tochter ein anderes. (Ihren Sohn ließen sie aus, wahrscheinlich ahnten sie schon, dass er nie ein festes Zuhause haben würde. Vielleicht war es aber auch nur altes Geschlechterdenken.) Ein Teller hier, eine Tasse dort, Suppenschüssel und Sauciere, peu à peu kam einiges zusammen, wenn gerade Ausverkauf war, noch ein bisschen mehr. Mein Alt Luxemburg benutze ich noch heute. Später, als meine Eltern tot waren, habe ich von anderen Nachschub bekommen, denn mit den Wohnungen wurden auch die Tafeln größer. Und diese zu decken ist, wie beim Geschenk das Verpacken, schon das halbe Vergnügen.

Als Gastfreund muss man auch nicht unbedingt eigenhändig kochen. Eine Kollegin, die es zu sehr stresst, am Herd zu stehen und gleichzeitig zu reden, lädt eher ins Restaurant ein: »Ein Abend, an dem man sich ganz aufeinander einlässt, am liebsten zu zweit und endlos lang.«

Man darf es nur nie machen wie jener Holländer, von dem meine Schwester erzählt. Ein schwedischer Bekannter von ihr hatte sich gefreut, in den Niederlanden endlich mal von einem Kollegen nach Hause eingeladen zu werden, und genoss den Abend. Am nächsten Tag bekam er vom Gastgeber eine Rechnung für seinen Anteil an Essen und Getränken serviert.

Priya Basil, Britin mit indischem Hintergrund und deutschem Pass, hat ein Buch geschrieben, das im Deutschen einfach *Gastfreundschaft* heißt. Ihr Londoner Verleger riet ihr dringend davon ab, das englische Wort im Titel zu benutzen. Er fand, dass »hospitality« zu kalt klingt. Weil der Begriff verdorben ist, nur noch in Zusammenhang mit Geschäften verwendet wird: *Hospitality* wird fast immer im selben Atemzug wie *industry* benutzt – aus Gastfreundschaft wurde Gastgewerbe, ein Service, eine Ware, denen vorbehalten, die dafür zahlen können. Basils schmales Buch trägt nun im Englischen einen ziemlich langen Titel: *Be my Guest. Reflections on Food and the Meaning of Generosity.* So viele Worte, sagt Basil, um zu beschreiben, was in diesem einen Wort steckt – Gastfreundschaft.

Für die politisch engagierte Autorin umfasst es weit mehr als einen üppig gedeckten Tisch. (Obwohl er das immer ist. Ihre eigene Familie leide an einer Krankheit, die sie Überbewirtung nennt.) Im Laufe ihrer Arbeit stieß sie darauf, dass sich in dem englischen Begriff zwei entgegengesetzte Konzepte vereinen: *hospitable*, gastfreundlich, und *hostile* – feindlich.

Womit wir wieder beim Einschenken wären – der Verwandlung des Feindes, mindestens des Fremden in einen Gast, damit hat sich auch Basil beschäftigt. Ihr wichtigster Kronzeuge ist der französische Philosoph Jacques Derrida mit seinem Konzept der bedingungslosen Gastfreundschaft: Menschen, die einem lieb sind, zum Essen einladen kann jeder. Völlig Fremde zu bewirten, die man vielleicht nicht mal mag, sei wahre Gastfreundschaft.

Derridas Utopie wurde Basil zur Messlatte, an der sie immer wieder scheitert und die sie immer wieder anstrebt. Als Gast gefallen ihr besonders die Dinnerpartys einer Freundin, die Menschen, welche sich sonst nicht begegnen würden, zusammen einlädt und darauf achtet, dass alle neben jemandem sitzen, den sie noch nicht kennen.

Denn tafeln heißt teilen: Brot und Wein, Gespräch und Genuss. Sich dem zu verweigern kommt einer Kriegserklärung gleich, so wie das kategorische Ablehnen von Geschenken: Ich will keine Beziehung mit dir. Wer so nah nebeneinandersitzt, etwas so Intimes, Körperliches miteinander teilt, verbrüdert sich fast automatisch. »Wir halten ganz andere Beziehungen zu Menschen, wenn wir mit ihnen warm gegessen haben«, meint die Wiener Psychologin Helene Karmasin. Wenn wir Besuchern statt komplexer Speisen nur Knabbergebäck servieren, »zeigen wir damit, dass wir weder eine besondere Intimität noch eine komplexe Beziehung wünschen«.

Der Gastronom Lothar Tubbesing, Besitzer eines feinen Restaurants, hat vor Jahren zusammen mit dem Pfarrer der Lübecker St.-Petri-Kirche in regelmäßigen Abständen wildfremde Menschen auf der Straße angesprochen und zum Essen an der festlich gedeckten Tafel in der Kirche eingeladen. Die einzige Regel: Niemand durfte sich selbst bedienen. Wer noch etwas Tafelspitz haben wollte, Fischragout oder Rohmilchkäse, musste darum bitten, und ein anderer gab ihm auf. Das ist das Wesen der Tafel – das ständige Geben und Nehmen. Zwei Dutzend Menschen, die einander nie begegnet waren, kamen miteinander ins Gespräch. Das begann immer etwas stockend und endete in Heiterkeit. Denn der Mensch braucht die Tafel zum Essen wie die Woche den Sonntag und der Alltag das Geschenk – als Kontrast, als Highlight, als etwas Besonderes.

Großzügigkeit

The Kindness of Strangers, so hieß der Film, der 2019 die Berlinale eröffnete (und später unter dem sentimentalen Titel *Kleine Wunder unter Fremden* in die deutschen Kinos kam). Darin geht es um eine junge Mutter, die mit ihren zwei Kindern vor dem gewalttätigen Ehemann nach New York flieht und die, ohne Geld und ohne Zuhause, an den unerwartetsten Orten von Menschen Hilfe erfährt.

The Kindness of Strangers, an den Titel musste ich denken, als ich zu Beginn des Jahres, das zum Corona-Jahr werden sollte, in einer irischen Kleinstadt in den Bus stieg, um nach Dublin zu fahren. Ich hatte den Fahrpreis, 18 Euro, nicht passend, nur 15 Euro klein und einen 50-Euro-Schein, den der Fahrer nicht wechseln konnte. Als ich mich zu den Passagieren umdrehte, ob jemand vielleicht klein machen könnte, hielt mir ein älterer Herr in der ersten Reihe schon Münzen hin, um die Differenz zu den 15 Euro zu zahlen: »Wie viel brauchen Sie?«

Es war klar, dass wir uns nie wiedersehen würden, er bot mir, der Fremden, ein Geschenk an. Die Geste hat mein Herz erwärmt. So etwas, dachte ich, würde dir in Deutschland nie passieren. In ihrem Buch *Dear Oxbridge*, in dem Nele Pollatschek über die Erfahrungen an den beiden Eliteunis berichtet, erzählt sie, das Schönste, was sie dort erlebt habe, sei diese unglaubliche *kindness* gewesen. Ein Wort, für das auch die Autorin kein deutsches Pendant finden kann. Sie habe Wärme und Güte im zwischenmenschlichen Umgang in einer Intensität erlebt, die ihr bis dahin unbekannt war. »Vielleicht wäre es am besten, *kindness* mit ›Großzügigkeit‹ zu übersetzen«, schreibt sie, »denn es ist oft eine Großzügigkeit im Umgang mit der eigenen Zeit.« Sich für den anderen, seine Fragen, Sorgen Zeit zu nehmen.

Nur zwei Monate nach meinem Erlebnis im irischen Bus, Corona in vollem Gange, das Kontaktverbot war schon in Kraft, doch zum Sport durften die Berliner noch raus, machten Freunde von mir auf dem Rückweg vom sonntäglichen Joggen beim Bäcker halt, um Frühstücksbrötchen zu kaufen, als sie merkten, dass sie gar nicht genug Geld dabeihatten für ihre Auswahl. Da legte eine Frau aus der Schlange hinter ihnen einfach die fehlenden 50 Cent auf den Teller.

Es war, als hätte der Mensch sich in jenen Tagen der Krise wieder des Menschseins besonnen. (Wenn er nicht zum Tier wurde und bei seinen Hamsterkäufen und angesichts der Vorschriften zum Schutze aller rücksichtslos bis hin zur Brutalität gegenüber anderen Einkaufenden und Supermarktmitarbeitern auftrat.) Viele Deutsche begriffen sich plötzlich als Teil einer Solidargemeinschaft, gaben spontan und undogmatisch – gaben ganz frei.

Sie benutzten die Großzügigkeit als Medizin, in der Regel, ohne das Rezept zu kennen. Christina Berndt hat es ausformuliert. In einem Artikel zur seelischen Bewältigung der Corona-Krise empfahl die Autorin eines Bestsellers über Resilienz fünf Strategien, die die Forschung als besonders nützlich für die psychische Widerstandskraft herausgefunden hatte: 1. Soziale Bindungen leben. 2. Großzügig sein und helfen. 3. Dankbar sein. 4. Routinen entwickeln. 5. Das Positive wahrnehmen.

Das verlangsamte Tempo, das war, inmitten der Katastrophe der Pandemie, etwas, was viele als positiv erlebten. Plötzlich gab's Zeit, und man nahm sie sich – um sich anderen zuzuwenden. Podcasts für die Großeltern, Briefe für alle: Das hatte die Kanzlerin in ihrer ersten großen Ansprache ans Volk empfohlen. Die Menschen schienen der Chefin zu folgen. Meinem Zeitungshändler um die Ecke, der zugleich als Postamt *en miniature* dient, gingen sogar die Briefmarken aus.

Meiner Patentochter in Seattle habe ich in diesen Wochen einen ganzen Schwung Briefe geschickt: von ihrer Mutter, die bei einem Unfall starb, als Maya fünf war. Ich hatte die Botschaften aus einer großen Umzugskiste rausgefischt, die schon monatelang rumstand und auf diesen Moment wartete. Wann, wenn nicht jetzt. Auf dem Zollschein habe ich bei »Wert« null Euro geschrieben, auch wenn die Briefe unbezahlbar sind. Ich wusste nicht, ob Trump sie ins Land lässt.

In dem Karton habe ich noch so einiges gefunden – Einladungen zum Polterabend von Ehen, die längst geschieden sind, zu Partys von Freunden, die nicht mehr leben, Ausstellungs-Ankündigungen von Galerien, die es nicht mehr gibt, Postkarten aus einer Zeit, in der im Winter noch Schnee gefallen ist. Eine Lehrstunde der Vergänglichkeit. Ich hab' den Karton schnell wieder zugemacht. Zu viel Melancholie war in jenen Wochen ungesund.

Es war Zeit, sich den Lebenden zu widmen. Nicht nur die Stunde des Briefeschreibens, auch die der Carepakete hatte geschlagen, für die Jungen so sehr wie für die Alten. Süßigkeiten, Salzigkeiten, Lektüre, Unterhaltungsprogramm – Aufmerksamkeiten aller Art. Päckchen packen konnte man schön zu Hause, in Sicherheit, das hob das eigene Gemüt. Vor der Post bildeten sich lange Schlangen.

Es wurde viel darüber geredet, dass die Krise das Schlechteste und das Beste aus den Menschen rausholt. Ich hatte das Gefühl, dass das Glas eher halb voll als halb leer ist. Natürlich habe ich keine Langzeitstudie gemacht, es ist eine Momentaufnahme, diese Zeilen schreibe ich in den Monaten März, April 2020. Ob die solidarische Stimmung anhält? Vermutlich eher nicht. Aber es wird gut sein, sich später daran zu erinnern, was in diesem Frühjahr plötzlich alles möglich war. Wie spontan, wie originell die Menschen in ihrer Großzügigkeit waren. Ich bekam Rückenwind für meinen vorsichtigen Optimismus. *Im Grunde gut*, heißt das in jenen Tagen erschienene Buch des niederländischen Autors Rutger Bregman, das nicht weniger als »Eine neue Geschichte der Menschheit« verspricht. Geschrieben hatte er es zu einer Zeit, als Corona nicht mehr als eine Biersorte war. Der Historiker, übrigens auch Aktivist für das bedingungslose Grundeinkommen, das in der Krise wieder verstärkt ins Gespräch rückte, eine besondere Form des Geschenks, übt scharfe Kritik an den Medien, die oft genug, etwa nach Hurrikan Kathrina in New Orleans, ein verzerrtes Bild der Lage in Katastrophensituationen wiedergeben würden. In den Berichten gehe es vor allem um Gewalt und Plünderei, selbst wenn Hilfsbereitschaft dominiere. *Paradise Built in Hell: The Extraordinary Communities that Arise in Desaster* heißt ein Buch der Essayistin Rebecca Solnit, aus dem Bregman zitiert, sie kommt darin zu dem klaren Schluss, dass Katastrophen Menschen vor allem zu Altruisten machen.

Die beiden Bücher passten gut in das ein oder andere Corona-Päckchen. Hoffnung schenken hieß schließlich der neue Sport, die meisten anderen Arten durfte man ja nicht mehr praktizieren. Auch der Großzügigkeitsmuskel lässt sich trainieren.

Immer wieder erlebte man in der Zeit des Shutdowns den dringenden Wunsch der Menschen, zu teilen, egal, ob Geld, Geschenke, Klopapierwitze oder Erlebnisse. Auf der Straße hielt mich ein Mann an, der fasziniert auf einen Baum starrte. »Ein Eichhörnchen!«, rief er mir zu, als wär's ein Wunder. Der Stammkunde brachte der Schöneberger Buchhändlerin einfach so einen Strauß Tulpen vorbei, meine digitalaffine Nachbarin bot mir technischen Nachhilfeunterricht an, jeder, der eine Tüte Mehl und einen Würfel Hefe ergatterte, backte Kuchen, den er dann mit den Nachbarn teilte, es wurden Spendenaktionen für Kulturschaffende gestartet, für Obdachlose Gabenzäune eingerichtet, an denen Tüten mit Kleidung, Tampons, Lebensmitteln hingen, eine Lehrerin, deren Osterurlaub ausgefallen war, bezahlte mit dem Geld die Monatsmiete einer Buchhändlerin, ein israelischer Historiker und sein Mann spendeten, nach Trumps Kündigung der WHO, der Weltgesundheitsorganisation eine Million Dollar, während ein amerikanischer Kfz-Mechaniker mit seiner Tochter in den Supermarkt ging, um die Einkäufe von dreißig Kunden zu zahlen, die nicht genug Geld hatten, ein Hamburger schenkte Familien Zeit in seinem Garten, wildfremde Menschen wünschten einem – in Berlin unerhört – einen »Guten Morgen!«, Spitzenköche bereiteten Suppen pro bono für Krankenhausmitarbeiter zu, ein New Yorker Vermieter teilte den Bewohnern seiner achtzehn Apartmentgebäude in Brooklyn per Aushang mit, dass er ihnen allen wegen der Corona-Krise die Miete für den Monat April erlassen würde: »Bleibt gesund, helft Euren Nachbarn & wascht Euch die Hände!!!« Und dafür hat er sich auch noch bedankt – »Thank you, Mario«.

Anderen, aber auch sich selbst Gutes zu tun wurde, nein, nicht zum Zwang, aber zum Drang. Wahrscheinlich wurde noch nie so viel zu Ostern verschenkt wie in diesem Jahr. Der Berliner Innensenator erlaubte es sogar ausdrücklich, dass Großeltern rausgingen, um Enkeln diese Präsente vor die Haustür zu legen. Nur umarmen durften sie sich nicht. Vermutlich waren Gaben auch nie so aufgeladen wie jetzt. Mehr denn je symbolisierten sie Gefühle, Berührungen, Beziehungen. Sogar alte Weihnachtspräsente bekamen ein neues Leben: das 2000-Teile-Puzzle, das vor Jahren schon unterm Tannenbaum lag, oder die CD des französischen Tenors, die nun Trost schenkte. Der Servierwagen aus Metall, ein Weihnachtsgeschenk meiner Schwester, den ich normalerweise zu ihrem Kummer nur zu größeren Dinnerpartys aus dem Keller hole, weil er zu gewaltig für die Küche ist und mich auch ein bisschen zu sehr an Krankenhaus erinnert – jetzt stand er in meinem Homeoffice-Arbeitszimmer und machte sich bestens als übersichtliche Büroablage.

Wie im Kleinen, so im Großen. Eine Schnapsbrennerei vom Niederrhein überließ der örtlichen Apotheke reinen Alkohol, selbst ein Luxusfabrikant stellte die Produktion von Parfüm auf Desinfektionsmittel um, das er dann Krankenhäusern gratis überließ, die Telekom schenkte ihren Mobilfunkkunden Gigabites. Klar, machten sie all das auch im eigenen Interesse. Denn es wurde schnell deutlich, dass gerade große Unternehmen spätestens am Ende der Krise daran gemessen würden, wie großzügig sie sich in dieser Zeit gaben. Oder wie geizig. Einem großen, erfolgreichen Unternehmen wie Adidas fiel die Ankündigung, keine Ladenmieten mehr zahlen zu wollen, schwer auf die Füße.

Viel Geld auszugeben hatte plötzlich nichts Frivoles mehr, sondern galt als Akt der Menschlichkeit. Nie hätte ich gedacht, dass mir dieser Satz aus dem Computer fließen würde, aber hier war er: Kauft Gutscheine, Leute!, empfahl ich unseren Zeitungslesern. Bis dahin hatte ich ein doch ziemlich ambivalentes Verhältnis zu diesen Coupons gehegt. Wie oft waren sie nur ein leeres Versprechen, das nie eingelöst wurde. Jetzt konnte man damit Existenzen retten. Auf von Profis schnell gestalteten und übersichtlich geordneten Websites fand man jede Menge Lieblingsläden und -lokale, denen man mit Gutscheinen Liquidität verschaffen konnte. Auch diese Geste war meinerseits natürlich nicht ganz uneigennützig. Ich wollte hinterher mein Berlin wiederhaben. Nicht tot, sondern lebendig!

Not macht erfinderisch, noch so eine Plattitüde, deren Wahrheitsgehalt sich in der Krise bestätigte. Wenn der Patenonkel nicht zum Kindergeburtstag kommen konnte, zündete er eben in seiner Küche eine Kerze an und schickte das Foto rüber. Freunde stellten erwachsenen Geburtstagskindern Blumen vor die Haustür, sangen ihnen von der Straße aus ein Ständchen. Selbst die Medizin, die Bundesgesundheitsminister Spahn verschrieb, kam ganz ohne negative Nebenwirkungen aus: Er forderte die Deutschen auf, der Supermarktkassiererin ein Lächeln und Geduld zu schenken.

Doch, der Muskel der Großzügigkeit wurde intensiv trainiert. Und die Menschen hatten Zeit (nicht so viel, wie behauptet wurde, da allein Kommunikation und Technik und Homeoffice und Homeschooling und das Einkaufen mit Abstandhalteschlangen und Kochen so viel davon verschlang), darüber nachzudenken, was das überhaupt bedeutet: Großzügigkeit.

Wer erst einmal anfängt mit dem Nachdenken, merkt schnell, dass sie in ganz vielen Formen daherkommen, sich sogar in Mauern und Luft äußern kann. So wurde just im Frühjahr 2020 bekannt, dass der gern als »Nobelpreis der Architektur« bezeichnete Pritzker-Preis in diesem Jahr an zwei Irinnen ging: an Yvonne Farrell und Shelley McNamara, die seit über vierzig Jahren zusammenarbeiten.

Grafton Architects heißt ihr Büro, nach der Straße in Dublin, in der ihr erstes Büro lag. Schon das war 1978 ein Paradigmenwechsel, denn meistens steht der Name eines Star-Architekten für alle. Man spricht über ein Gebäude »von Zaha Hadid« oder »von Norman Foster«, auch wenn einer aus der großen Schar ihrer Mitarbeiter das Projekt maßgeblich betreut hat.

Die Pritzker-Preis-Jury begründete ihre Auszeichnung für die beiden Frauen unter anderem mit deren »Glauben an die Zusammenarbeit« und der »Großzügigkeit gegenüber ihren Kollegen«. Die, wie die Kritikerin der *Süddeutschen Zeitung* schrieb, »beileibe nicht selbstverständlich ist in einer Branche, die in Wettbewerben fortwährend zur Konkurrenz aufruft«.

In ihrer Architektur manifestiert sich die Generosität immer wieder durch den üppigen Freiraum, den Yvonne Farrell und Shelley McNamara beispielsweise ihren lichtdurchfluteten Universitätsgebäuden lassen – riesige Innenhöfe, drinnen wie draußen, breite Treppen, um sich darauf niederzulassen, mit anderen zu reden oder nachzudenken. Eine außergewöhnliche Geste in einer Zeit, in der Investoren mit Raum geizen, weil jeder Quadratzentimeter ausgenutzt sein soll.

Mit der Unterstützung entsprechend großzügiger Bauherren praktizieren Farrell und McNamara die Überzeugung, dass alle von Architektur profitieren sollten, also nicht nur Eigentümer und Nutzer, sondern auch Passanten. Wobei es ihnen um mehr als die Ästhetik des schönen Anblicks geht, nämlich zum Beispiel um den Schutz, den ein Bau dem Vorbeilaufenden bei intensiver Sonne, Regen und Wind gewährt. Als Leiterinnen der Architekturbiennale 2018 in Venedig, deren Motto »Freespace« lautete, legten die beiden Frauen den Fokus auf die Generosität von Architektur, wie sie in einem Manifest schrieben. Im Mittelpunkt steht für sie die Qualität eines Raumes, die »eine Großzügigkeit des Geistes und ein Gefühl der Menschlichkeit« ausdrücken soll. Architektur definieren sie als Geschenk an die Nutzer, das die unausgesprochenen Wünsche von Fremden anspreche. »Freespace feiert die Fähigkeit der Architektur, unerwartete Großzügigkeit in jedem Projekt zu finden – selbst unter den privatesten, abwehrendsten, exklusivsten oder kommerziell einschränkendsten Bedingungen.«

Wie anders klingt dagegen das, was viele Akademiker, die sich mit dem Thema des Schenkens beschäftigen, in den Fokus nehmen. Immer wieder geht es vor allem um den eigenen Vorteil, den sich ein Mensch so verschafft – ein rein strategisches Verhalten im eigenen Interesse. Pessimisten sehen darin zudem die

Demonstration von Reichtum und Überlegenheit. »Aus der Perspektive des Privateigentums und unter den Bedingungen kapitalistischer Märkte«, schreibt der Soziologe Helmuth Berking, »gilt Schenken als eine ökonomisch unsinnige Handlung.« Als würde nicht gerade das Irrationale, Verschwenderische den Reiz der Freigebigkeit ausmachen.

Als ginge es nicht um so viel mehr als materielle Gaben. Großzügigkeit heißt zum Beispiel, die Fehler und Macken von anderen (und sich selbst) zu verzeihen. Zu meinen schönsten Erlebnissen auf diesem Gebiet gehört ein Besuch im Londoner Ritz Carlton zum Tea, wo ich, wie immer mit zu vielen Taschen bepackt, mit diesen gleich mal die teure Teetasse vom Tisch fegte und der Ober lächelnd sagte: »It happens to us all the time.« Das nenne ich Noblesse.

Großzügigkeit erschöpft sich auch nicht im Geben, zeigt sich ebenso im Nehmen. Präsente aus Prinzip abzulehnen ist eine Form von emotionaler Knausrigkeit. Freigebig ist es, eine Gabe zu akzeptieren, selbst von jemandem, der sie sich vielleicht gar nicht leisten kann, der einem aber eine Freude machen, sich dankbar zeigen möchte. Großzügigkeit heißt, sich über ein misslungenes Geschenk nicht aufzuregen, bedeutet, gönnen zu können. Als generös erlebe ich meine Freundinnen, die mich immer wieder mit dem Auto abholen und heimbringen und mir dabei noch das Gefühl geben, dass ich ihnen damit einen Gefallen tue, weil wir dann ja ein bisschen mehr Zeit zum Reden haben. Meine Schwester erlebt ihren angeheirateten Cousin als großzügig, der ihr nicht nur immer wieder mit dem Computer hilft, sondern auch kommt, um die Heizung zu reparieren, wenn sie plötzlich ausfällt, obwohl er eigentlich gerade gar keine Zeit hat. Egal, wann und weswegen sie ihn zu Hilfe ruft, er kommt, und er kommt mit einem Lächeln. Das ist *nett*.

Als die frühere Büroleiterin von Nordrhein-Westfalens Ministerpräsident Armin Laschet von der *Zeit* nach ihrem Ex-Chef befragt wurde, beschrieb sie diesen als *nett*. »Nett sein, das ist politisch in diesen Zeiten.« Lange galt *nett* fast als Schimpfwort. Freundlichkeit wurde unterschätzt, häufig mit Schwäche verwechselt. Das hat sich in Corona-Zeiten verändert.

Großzügigkeit bedeutet auch, über den eigenen Schatten zu springen. Seiner Frau eine Skulptur zu schenken, die man selbst scheußlich findet, von der sie aber träumt. Eine Freundin hat mir erzählt, dass sie als Studentin einmal ein Paar Stiefel entdeckte, das ihr unglaublich gut gefiel, aber fast 200 Mark kostete. »Absurd. Unerschwinglich. Aber sie waren so toll!« Eines Tages hat ihre Mutter sie besucht – und ihr die Stiefel gekauft. Normalerweise hätte diese nie so viel Geld für ein einziges Paar Schuhe ausgegeben. »Dass sie etwas gegen ihre Prinzipien getan hat, um mir eine Freude zu machen, war einfach großartig. Ich habe die Stiefel getragen, bis sie auseinandergefallen sind.«

Mit großem Herzen zu geben und zu nehmen, nicht zu rechnen und schon gar nicht aufzurechnen, das ist Großzügigkeit. Weder auf den Pfennig noch auf die Uhr zu schauen. Es gibt Menschen, viel beschäftigte, die dennoch, wenn jemand sie braucht, nie sagen würden: Ich hab' keine Zeit. Es bedeutet zuhören, trösten, sich kümmern, bewirten. Einem Bettler mal fünf Euro statt 50 Cent zu geben. Bei Geschenken auf Qualität zu achten und nicht auf den Preis. Meine Kollegin hat von ihren Eltern zum 30. einen gebrauchten Twingo bekommen, mit einer riesigen gelben Schleife drum. Für sie war es überwältigend: »Die Freiheit, immer und überallhin fahren zu können! Ich habe ihn geliebt, zeitweise sogar in ihm gewohnt – meine Konstante, über zehn Jahre lang.«

Großzügigkeit heißt, ein ordentliches Trinkgeld zu geben. Nicht nur Gastgebern was mitzubringen, sondern auch deren

Kindern. Es bedeutet, nicht ein Paar Socken zu verschenken – sondern einen ganzen Rucksack voll, wie es meine Kollegin gemacht hat. Der Rucksack war das eigentliche Geschenk, aber da ihr Liebster dauernd Socken vermisste, hat Esther ihn damit befüllt. Sie war selbst überrascht, auf wie viel Freude ihre Gabe stieß.

Großzügigkeit kann heißen, über seine Verhältnisse zu schenken, um einem anderen eine Freude zu machen. Es bedeutet nicht, andere zu überwältigen und zu demütigen, zu protzen. Im Gegenteil – eher geht wahre Generosität mit Bescheidenheit einher. Geben, ohne Aufhebens darum zu machen, ohne Hintergedanken. Wohlhabende Freunde von mir übernehmen mit der größten Selbstverständlichkeit im Restaurant die Rechnung, nehmen Freunde in den Urlaub mit, ohne einen Anteil am Ferienhaus zu verlangen. »Andere an meinem Wohlstand teilhaben zu lassen, Geld auch in größeren Beträgen zu verschenken«, das, sagt Edmund, verstehe er unter Großzügigkeit.

Wobei diese keine Frage der Finanzen ist. »Arme Leute schenken gern«, hat die Schriftstellerin Marie von Ebner-Eschenbach einmal gesagt. Wer hätte nicht Geschichten zu erzählen von Reisen in Osteuropa oder im Orient, wo Menschen, die selbst wenig bis gar nichts haben, Fremde zu sich nach Hause einladen und den Tisch decken, dass er sich biegt.

Wer hat, der sollte teilen: Zeit, Geld, Kleidung, Know-how und Begabungen. So haben wir das als Kinder gelernt. Wir sind geprägt von der Abneigung unseres Vaters gegen die abgezählten Kartoffeln seines Schwagers. Aus dem Vollen schöpfen, hieß die Devise. »Einen fröhlichen Geber hat Gott lieb«, steht bei Paulus. Großzügigkeit – meine Schwester Tina nennt sie essenziell. »Klein-klein ist das Schlimmste, was ich mir vorstellen kann. Wer geizig ist, ist auch geizig mit Gefühlen.«

»Schenken, sagt der Philosoph Wilhelm Schmid, »macht die Seele weit, Geiz macht sie eng.« Das bestätigt, in vielerlei Hinsicht, ein größeres Forschungsprojekt zum Thema Großzügigkeit, geleitet von dem Soziologen Christian Smith an der University of Notre Dame. *The Paradox of Generosity* heißt das 2014 erschienene Buch, das er zusammen mit seiner Kollegin Hilary Davidson geschrieben hat und dessen Untertitel diesen scheinbaren Widerspruch in wenigen Worten zusammenfasst: *Giving We Receive, Grasping We Loose.* Wenn wir geben, bekommen wir, wenn wir festhalten, verlieren wir. Großzügigkeit, behaupten die Forscher, wirkt stimulierend auf Körper, Seele, Geist, verstärkt positive Gefühle und reduziert die negativen. Es ist schwierig, wütend oder ängstlich zu sein, wenn man sich anderen gegenüber selbstlos verhält. Großzügigkeit löst ihrer Erkenntnis nach chemische Reaktionen im Hirn aus, die Vergnügen und Befriedigung steigern.

Zweitausend Landsleute haben die amerikanischen Wissenschaftler ausführlich befragt, mit vierzig Familien tiefer gehende Interviews geführt. Großzügigkeit bedeutet in dieser Studie vor allem, sich um andere zu kümmern, zu spenden, sich ehrenamtlich zu engagieren. Diejenigen, die sich als glücklich bezeichneten, arbeiteten im Durchschnitt 5,8 Stunden im Monat als Freiwillige. Die Unglücklichen nur 0,6 Stunden.

Es ist so verblüffend wie einleuchtend: Menschen, die »emotional zur Verfügung stehen«, gastfreundlich sind und anderen gerne helfen, scheinen tatsächlich körperlich aktiver und gesünder, haben ein größeres Geflecht an Beziehungen und erfreuen sich an einem sinnvollen Leben.

Allein schon aus ganz egoistischen Gründen sollte jeder glücksstrebende Mensch also zum Wohltäter werden. Großzügigkeit – für Smith und Davidson ist sie eine Haltung. Für die man sich entscheiden kann.

Sweet Memories

Auf die Frage: Bist du ein Hunde- oder ein Katzen-Mensch?, gibt es für mich nur eine Antwort – weder noch. Ich bin ein Menschen-Mensch. Es gibt kein anderes Wesen, das mich so interessiert und fasziniert und immer wieder überrascht.

Nicht zuletzt mit Präsenten. Können Tiere eigentlich schenken? Ich würde sagen: Nein. Was zu essen vielleicht, aber das wird dann von den Artgenossen verputzt und wieder vergessen. Und die Mäuse, die die Katze den menschlichen Hausbewohnern stolz auf die Türschwelle legt, werden schnell entsorgt. Ich weiß, ich weiß, Anthropozentrismus ist nicht mehr angesagt. Aber wer außer einem Menschen kann so individuelle, originelle, schön verpackte Präsente machen, die den Gebenden für immer mit dem Empfänger verbinden?

So was wie meinen Dackel aus braunem Glas. Ein pflegeleichtes Tier, still und stubenrein von Anfang an, steht er im Regal. Ich hab' es sehr lieb, das lustige Kerlchen. Uschi hat ihn mir geschenkt, als ich vor dreißig Jahren an die Spree zog. Als Berlin noch nicht deutsche Hauptstadt, aber deutsche Hundehauptstadt voller Tretminen war. Tütchen gab's nicht, und selbst wenn – es hätte sie niemand benutzt. Der Berliner von damals war Anarchist. Ein bisschen war Uschi das auch.

Ihr Willkommensgruß hat mich amüsiert und gerührt, wir kannten uns ja kaum, wurden erst später Freundinnen. Der Dackel steht in meinem Berlin-Regal, vor Sven Regeners *Herr Lehmann*. Das passt. Immer wenn ich den Hund sehe, und das ist jeden Morgen, auf dem Weg zum Lüften, muss ich an meinen glücklichen Umzug an die Spree und an Uschi denken, die 2010 starb.

Schenken heißt ja immer Erinnerungen schaffen, egal, ob es sich um ein Objekt oder etwas Immaterielles wie eine Reise handelt. Mit dieser Idee spielt die amerikanische Künstlerin Roni Horn in ihrem wunderbaren Fotobuch *The Selected Gifts 1974–2015*. Darin präsentiert sie auf riesigen Seiten jeweils eine Gabe, die sie bekommen hat: zwei kleine Hackbällchen in Tomatensauce, Virginia Woolfs *Orlando*, eine Kugel, ein rosa Stoffherzchen, einen Tintenfisch auf einem Bett, Familie-Feuerstein-Figuren ... Profane, was den Geldwert angeht, nichtige Dinge, die ihren Wert allein durch die Erinnerung bekommen, die Roni Horn mit ihnen verknüpft. Und die der Betrachter natürlich nicht kennt. Er muss sich seine eigenen Geschichten dazuerfinden.

Etliche der lustigen Gaben hätten auch von Uschi stammen können, die Kostümbildnerin war. Ich habe mir noch mal ihren Wikipedia-Eintrag angeguckt, und ich schwöre, ich habe nicht gewusst, was da unter der Überschrift »Trivia« zu finden ist: »Sie brachte ihren Auftraggebern und Freunden aufmerksame kleine Geschenke.« Es hat mich gefreut, dass diese ihre Gabe von wem auch immer für wert gehalten wurde, sie der Öffentlichkeit mitzuteilen. Wobei ihre Großzügigkeit nicht trivial war. Noch im Krankenhaus, unvergessen, servierte sie ihren Besuchern Bellini, venezianische Pfirsichcocktails. Uschi hatte nicht allein Witz, sondern auch Stil. Die ideale Geschenk-Kombination.

Nicht, dass sie nur Volltreffer gelandet hätte. Einmal hat sie mir einen Affen geschickt, mit dem mich keine so innige Erinnerung wie mit dem Dackel verbindet, der aber viel mehr Platz in Anspruch nimmt. Auf ihn könnte ich gut verzichten, aber Wegschmeißen bring' ich nicht übers Herz. Ist doch von Uschi. Es käme mir so vor, als würde ich sie gleich mit wegwerfen. Und so sitzt der grinsende Affe in einem anderen Regal. Gut, dass ich eine große Wohnung habe. Denn Geschenke bleiben meist länger bei einem als Dinge, die man sich einfach so gekauft hat.

Von mir für mich

Zum Schenken gehören immer zwei. Eigentlich. Aber was, wenn ich selbst der andere bin? Geht auch. Sogar bestens.

Neulich habe ich mir einen Pullover geschenkt – das klingt viel nobler als das schnöde: Ich hab' mir was zum Anziehen gekauft. Das Teil wird gleich viel kostbarer dadurch, ganz anders mit Bedeutung aufgeladen.

Ich erinnere mich zum Beispiel genau an den Schmuck, den ich mir geschenkt habe. Ist auch nicht so schwer, denn ich trage kaum welchen. Eigentlich lege ich immer nur dieselben drei Ketten um, die eine ein Geschenk meiner Schwester, die beiden anderen ein Präsent von mir an mich. Die schmale Goldkette mit den blauen Steinen habe ich vor mehr als zwanzig Jahren auf dem Kunsthandwerker-Weihnachtsmarkt im Hamburger Museum für Kunst und Gewerbe entdeckt, einer meiner Lieblingsorte in der Stadt, ja, eins meiner Lieblingsmuseen überhaupt. Eine sorgfältig arrangierte Wunderkammer: So vielfältig, so abwechslungsreich, Jugendstilzimmer und poppige Plakate, silberne Teekannen und Klassiker der Moderne, Fotografien und Plakate, Cocktailkleider und Minigeigen, antike Vasen aus China und die knallige »Spiegel«-Kantine, Vertrautes und Überraschendes – irgendwas findet jeder dort. Und sei es was zu essen. Das große alte Haus gehörte zu den ersten im Land, die verstanden, dass auch der kunstbeflissenste Besucher irdische Bedürfnisse hat, aber gerade an einem solchen Ort nicht einfach abgespeist werden möchte – dass auch Essen etwas mit Kultur zu tun hat.

Ende der achtziger Jahre habe ich zwei eher unglückliche Jahre lang in Hamburg gelebt, was nicht nur, aber auch an der Stadt lag, die ich damals als sehr verschlossen erlebte – ein Mangel an Großzügigkeit gegenüber Fremden, ganz anders als Berlin, wo ich anschließend hinzog. Das Museum für Kunst und Gewerbe aber war für mich wie eine Insel, die es ja auch ist, zwischen Hauptbahnhof und Busbahnhof gelegen, auf der sich das Gute, was die Stadt zu bieten hatte, versammelt. Zum Beispiel das Engagement der Kaufmannsfamilien. Das Museum war ein Geschenk: von Bürgern für Bürger. Es hatte von Anfang an einen großen Freundeskreis und so viele ehrenamtliche Mitarbeiter, wie ich es nur aus britischen Häusern kenne, wo die öffentlichen Zuwendungen für Kultur sehr viel sparsamer ausfallen als hierzulande.

Auch an jenem Tag im Advent standen sie überall und wiesen den Weg, weißhaarige Damen mit Perlenkette, die mangelnde Professionalität mit Eifer wettmachten. Ich schlich eine Weile um den Stand der Hannoveraner Goldschmiedin herum, schlenderte weiter, kehrte zurück. Ich hatte mich in diese sehr schmale, feine Goldkette mit den kleinen blauen Steinen verliebt. Am Ende gab ich mir einen Ruck. Ich weiß nicht mehr, was sie gekostet hat, weit mehr auf jeden Fall, als ich bis dahin je für ein Schmuckstück bezahlt hatte. Sie ist jeden Pfennig wert gewesen, ich trage sie nonstop. So oft, dass sie mir schon ein paar Mal gerissen ist. Dann schicke ich sie nach Hannover, und sie kommt wie neu wieder zurück.

Es ist interessant, was Leute antworten auf die Frage, was sie sich so selber schenken. Oft benutzen sie den Begriff, wenn sie etwas kaufen, was nicht nötig wäre, aber einfach schön ist. Ein Wiesensträußchen zum Beispiel, jeden Samstag auf dem Markt. Ein Lieblingsparfüm, ein gebundenes Buch – ein gutes Essen, ohne aufs Geld zu gucken. Eine Auszeit, ein Wellnesswochenende, ein Festivalbesuch: als Gegenstück zum Alltag. Ein Möbelstück, glitzernde Haarklammern oder eben Schmuck. Extravaganzen, die man nicht wirklich braucht oder die besonders teuer sind. Als würde das Etikett »Geschenk« die Verschwendung legitimieren, ja, adeln. Wen dabei das schlechte Gewissen plagt, der sucht sich halt einen passenden Anlass dazu. So wie meine Freundin, die sechzehn bunte Tassen auf einen Schlag erstand, einfach, weil ihr diese so gefielen. Sie überlegte, es war Mai – ah! Muttertag!

Oft geht es darum, sich selber glücklich zu stimmen. »Immer wenn ich traurig bin«, sagt eine, schenke sie sich was. Einen Pullover zum Beispiel. Nach einer ausgebliebenen Schwangerschaft ersteht eine junge Frau einen ledernen Kulturbeutel, der sie mit seiner Eleganz ein wenig trösten soll. Wenn sie einen schlechten Tag hat, gönnt sich meine Schulfreundin Blackcurrant-Weingummis aus der Apotheke – »sündhaft teuer, sündhaft lecker« –, noch dazu, wie ein richtiges Geschenk, in einer schönen Dose verpackt. Der eine leistet sich bei Frust eine Massage, der andere bestellt bei Niedergeschlagenheit Teile für sein Motorrad im Internet. Wenn die dann kommen mit der Post, fühlt es sich wie ein richtiges Geburtstagspäckchen an.

Und besonders häufig belohnt man sich mit einer Gabe an sich selbst. Für harte Arbeit oder einen guten Job, einen Abschluss oder Stress. Man glaubt, das verdient zu haben. Oder auch etwas Unangenehmes überstanden zu haben. Wie der Krebspatient, der sich nach einer mit Anspannung erwarteten Nachsorgeuntersuchung vor Erleichterung grüne Schuhe kaufte. »Die erinnern mich jetzt immer daran.«

So kam ich zu meiner anderen Lieblingskette, die ich eher am Abend anlege, ein für meine Verhältnisse geradezu ausschweifend üppiges Geschmeide, das Gegenteil des kleinen feinen Hamburger Modells. Tand, nicht teuer, ich glaube, sie hat 35 Pfund gekostet, aber es hängt viel daran, lauter verschiedene Ornamente – und Erinnerungen.

Am späten Abend war ich in Belfast gelandet, hatte ein Taxi genommen zum Bed & Breakfast, das die Touristenzentrale für mich gebucht hatte. Doch als wir an der Adresse ankamen, war das Haus dunkel und verbarrikadiert, niemand öffnete die Tür. Wir fuhren auf der Ausfallstraße zurück, zur Polizeiwache, die wie eine Festung aussah, mit Stacheldraht und Beton. Der Fahrer ging rein, während ich gefühlte Stunden lang allein in finsterer Nacht im Taxi mit laufendem Motor saß, im Gefühl, gleich springt ein IRA-Terrorist aus den Büschen und kidnappt mich.

Ich hab's überlebt.

Der Fahrer kam wieder raus, gemeinsam mit der Polizei hatte er herausgefunden, dass die Betreiber der Pension schlicht vergessen hatten, dass sie wegen Renovierung ja geschlossen hatten, aber meine freundlichen Helfer hatten mir, während ich draußen mit dem Schlimmsten rechnete, eine neue Unterkunft besorgt, gleich um die Ecke. Die Besitzerin öffnete mir im Bademantel die Tür, sie hatte schon geschlafen.

Als ich am nächsten Tag im Hellen die Straße entlanglief, sah die Polizeistation immer noch wie ein Bollwerk aus, das an die schlimmsten Tage Nordirlands erinnerte. Aber es gab auch andere Orte, die Touristen besuchten, wie dieses Lädchen, in dem ich die türkise Kette fand, die so unwahrscheinlich schien, für mich, aber auch für die Hauptstadt der »Troubles«. Immer wenn ich jetzt ein Kompliment für die Kette bekomme, antworte ich, weil es mir selbst so überraschend vorkommt, die ist aus Belfast. Was ich für mich behalte: dass ich sie mir für die überstandenen Ängste geschenkt habe.

Es kann auch einfach ein Schokoladeneis sein. An einem ganz normalen Freitagnachmittag in der Stadt, nach einem ganz und gar nicht normalen Krankenbesuch bei der Freundin, die beschlossen hat, alle Geräte abschalten zu lassen, die sie noch am Leben hielten. Erst draußen im Gewühl der Menschen wurde Steffi richtig klar, dass dies ein Abschied für immer war. »Das Bewusstwerden dieses Verlustes ging einher mit einem enormen Verlangen nach Lebendigkeit.« Auf dem Weg zum Bahnhof gönnte sie sich das erste Mal seit langem ein großes Schokoladeneis. »Die Süße, die Kühle, die Cremigkeit habe ich dermaßen genossen, dass mir die Tränen kamen.« Besondere Erlebnisse erfordern besondere Maßnahmen.

Und manchmal auch Objekte als Markierungspunkte und Erinnerungsträger, die diese Erlebnisse verkörpern. Gräfin Dönhoff kaufte sich von ihrem ersten Gehalt bei der ZEIT ein Gemälde. Sie, die auf der Flucht alles verloren hatte, fand, dass sie sich etwas Schönes verdient hatte. Ich habe mir von meinem ersten Geld als Journalistin, meinem kompletten FAZ-Hospitanten-Monatslohn (damals wurde man dort als Praktikantin richtig gut bezahlt), eine dunkelblaue Reisetasche aus Leder gekauft, die ich – es war vor der Erfindung des Rollkoffers – überallhin mitnahm. Bis sie, Jahre später, Einbrecher schnappten, um darin ihr Diebesgut aus meiner Wohnung zu schleppen.

Das einzig Wertvolle darin war der schlichte goldene Armreif, den ich, wie jede meiner Schwestern, von unserer Großmutter zur Konfirmation bekommen hatte. Die Versicherung, die mir Geld für den Gebrauchswert der ebenfalls entführten Aldi-Stereoanlage und der Reisetasche gab, verweigerte mir eine Entschädigung für das Schmuckstück, weil ich keine Rechnung dafür hatte. Wie denn! Es war ein Präsent meiner inzwischen verstorbenen Omama. Zum Trost gab mir meine älteste Schwester ihren Armring. Diese großzügige Geste habe ich nie vergessen.

»Nicht sparen, Taxi fahren«, lautete einer der Sprüche meines Bruders, der auch anderen gegenüber äußerst freigebig war. Man muss keine Selbsterfahrungsgruppe besuchen, um zu wissen, wie wichtig es ist, großzügig zu sich zu sein. Nicht nur in materieller Hinsicht. Das geht ja oft Hand in Hand. Auch Geiz ist in den seltensten Fällen eine rein finanzielle Angelegenheit. Steve Jobs zum Beispiel: Ein magerer Asket, den man nie in anderem Outfit als schwarzem Rollkragenpulli, Jeans und Turnschuhen sah und der mit allem knausrig war, Geld, Gefühlen, Anerkennung und Worten. Geschenken sowieso.

Bei ausgelaugten Marathonläufern denke ich das manchmal ebenfalls. Wer so erbarmungslos gegenüber sich selber ist – freiwillig galoppiert doch kein Körper 42 Kilometer über den Asphalt –, geht der nicht genauso mit anderen um? Trifft natürlich nicht immer zu. Einer der sympathischsten, fröhlichsten Menschen, die ich je interviewt habe, hieß George Hirsch, einer der Mitbegründer des New-York-Marathons. Ein großzügiger Genießer und Gentleman, der für den Volkssport jede Menge Zeit und Engagement und mitreißende gute Laune gab. Und selber rannte.

Viele schenken sich auch selbst was zum Geburtstag. Die Witwe kauft sich was Besonderes im Namen ihres früh verstorbenen Mannes. Eine Frau in den Siebzigern und ihre »beste Uraltfreundin« machen zu ihren runden Geburtstagen immer eine Kurzreise in ein Hilton-Hotel irgendwo in Europa – London, Prag, Amsterdam, Berlin. Wo sie zum 80. hinfahren, wissen sie noch nicht. Daniel Barenboim hat sich zum 75. Geburtstag den *Falstaff* geschenkt. Hat er gesagt. Und Lawrence Ferlinghetti, legendärer Verleger und Buchhändler der Beat-Generation und selber Dichter, schenkte sich zum 100. einen autobiographischen Roman: *Little Boy*. Es muss wunderbar sein, als Hundertjähriger noch einmal klein zu sein. Und sei es in Gedanken.

Es geht auch ohne Anlass. »Einfach so, weil mir danach ist«, wie eine Frau sagt. Spontan sind die meisten Präsente an sich selbst. Wilhelm Schmid dagegen, Bestsellerautor über die Gelassenheit und Philosoph, Verfasser des Buchs *Vom Schenken und Beschenktwerden*, sagt, dass er sich oft im Sommer schon was kauft – eine Zigarre, ein Buch –, um es sich, sogar eingepackt, Monate später unter den Tannenbaum zu legen und sich selbst zu überraschen. Das würde bei mir nicht funktionieren. Bis dahin hätte ich vergessen, wo ich es überhaupt hingelegt hätte.

Das kann man sich schenken: Ganz begriffen habe ich diese Redensart nie. Warum hat sie eine so negative Bedeutung, wo doch das Sich-selbst-Beglücken für alle, die es praktizieren, so positiv ist? Diesen Akt der Selbstermächtigung und Wunscherfüllung sollte man auf keinen Fall bleibenlassen.

Erinnerungen mitbringen

Wer Urlaub macht, ist selber schuld, der muss sich hinterher der Frage stellen: Und, hast du mir was mitgebracht? Wehe, wenn nicht.

Unsere Eltern fuhren einmal im Jahr für vier Wochen weg. Allein. Wirklichen Urlaub, das werden alle bestätigen, die selber Kinder haben, und unsere Eltern hatten fünf davon, erlebt man nur, wenn man ohne den Nachwuchs verreist. Also haben sie uns bei einer Person ihres Vertrauens geparkt, Schlafsack und Zelt in den Opel Kapitän gepackt und Europa erobert, als Europa noch eine Verlockung war. Aufgeregt kehrten sie zurück, mit einem Sack voller Geschichten, und während sie erzählten, breiteten sie ihre Mitbringsel auf dem Wohnzimmertisch aus. Einige davon, wie das schwedische Holzpferdchen oder die französische Keramikschale in Form einer Taube, stehen heute noch in meinem Regal.

In einem Artikel über ein neues Reiseportal habe ich kürzlich gelesen, die Leute von heute wollten keine Souvenirs mehr mitbringen, sondern Erlebnisse und Erinnerungen. Ich dachte immer, das sei generell der Sinn des Reisens, aber egal, jede Generation erfindet die Welt neu. Meine Meinung dazu: Das eine schließt das andere nicht aus.

Neulich war meine Freundin Nicola in England und hat mir eine Seifenschale vom Trödler mitgebracht. Weiß und oval, mit einer zarten blauen Bordüre am Rand und Initialen: F, umschlungen von G. Dabei wusste sie nicht mal, dass ich eine solche Schale brauchte, nachdem die alte kaputtgegangen war und ich bisher vergeblich nach einem Ersatz gesucht hatte, der mir gefiel.

Jedes Mal wenn ich mir jetzt die Hände wasche, muss ich an Nicola und unsere gemeinsamen Reisen und unsere Liebe zu England denken. Und überlege, wer wohl F. G. gewesen sein mag.

Souvenir, das bedeutet ja nichts anderes als Erinnerung auf Französisch. Was sowieso jedes Geschenk ist – ein Andenken an jemanden. Nur kommt hier noch der Ort hinzu. Es sind Beweisstücke: Ich war da. Und habe an dich gedacht.

Oder an mich. Souvenirs gehören zu den Geschenken, die man sich gern selbst macht. Denn wann, wenn nicht im Urlaub, hat man so viel Muße zum Einkaufen und eine solche Entspanntheit gegenüber dem Portemonnaie. So beamt mich mein zitronengelbes Sommerkleid zurück an den Comer See, das Schälchen mit dem Igel drauf aus Positano gefällt mir noch besser als damals das von Touristen überlaufene Städtchen selbst.

Es sind oft lustige Sachen, die man in der Fremde entdeckt, Kleinigkeiten, mit denen man die Daheimgebliebenen überraschen und sich selbst beglücken kann. An meinem Kühlschrank hängt ein amerikanisches Telefon, wenn man auf den Hörer drückt, was vor allem Kinder gern tun, klingelt es. Es weckt nostalgische Gefühle für jene Zeit, als in amerikanischen Städten noch öffentliche Fernsprecher standen. Man hat zwar kaum was verstanden, weil sie nach oben, unten und vorne offen waren, außerdem haben sie Unmengen von Kleingeld geschluckt. Aber egal, der kleine Magnet ist ein Denkmal für mein New York der achtziger Jahre, eine Stadt, die es nicht mehr gibt.

Das ist der Vorteil von Souvenirs wie diesem – ihre Größe. Sie müssen ja in den Koffer passen. Deswegen gehören Schälchen zu meinen Lieblingsmitbringseln, auch für mich selbst – die sind klein, schön und praktisch. Und lassen mich jeden Tag an Urlaub denken. Weshalb Menschen ja auch so gerne Muscheln und Steine mitbringen. An manchen von ihnen hängen Erlebnisse, so intensiv, dass man sie schwer mit Geld aufwiegen könnte.

Der Nachteil: Im Urlaub neigt man zu Überschwang und Verschwendung, kauft, manchmal aus Verlegenheit, Dinge, die man lieber in ihrem natürlichen Habitat lassen sollte, die man daheim verachten würde und verachten wird und zu denen die Beschenkten zu Hause dann gar keinen Bezug haben. (Wobei es zugegebenermaßen passieren kann, dass bei jemandem eine Sehnsucht nach einem fremden Land geweckt wird.)

Dahinter steht eine gewaltige Industrie, die Städte auf Wahrzeichen und Klischees reduziert. Berlin = Brandenburger Tor und Currywurst. Massenproduzierte Souvenirs leben von der Eindeutigkeit. Es soll ja was Typisches sein und für die Daheimgebliebenen sofort zu erkennen, wo es herkommt. Nicht mal die 9/11-Gedenkstätte in New York glaubt, auf diese Einnahmequelle verzichten zu können. Im Museumsshop von Ground Zero kann man Rettungshunde auf Kaffeebechern kaufen, Küchenmagneten von den Twin Towers – vorher, nachher – oder Spielzeugfeuerwehrautos.

Die Branche könnte ein paar mutige Designer gebrauchen, die mehr als Klischees reproduzieren. *I Love New York*, das war einmal ein Statement, ein trotziges Bekenntnis. Milton Glaser, ein Star unter den Grafikern, hat seiner Heimat diese Liebeserklärung geschenkt. Die Stadt, die sich heute vor Besuchern nicht retten kann, war in den Siebzigern am Boden – heruntergekommen, pleite, kriminell. Bewohner flohen, Touristen blieben weg. Das Logo für die neue Imagekampagne fiel Glaser – this is New York – beim Kritzeln im Taxi ein. Auf Honorar und alle Rechte hat er verzichtet. Ein unglaubliches Geschenk. Heute machen andere ein Geschäft damit, heute können ja auch alle alles lieben: I love Berlin, I love Madrid, I love McDonald's. Geschenkt.

»Wir produzieren Erinnerungen am Fließband«, prahlt der Berliner Marktführer in Sachen Andenken auf seiner Website.

Na, danke. Dann lieber in den nächsten Supermarkt, der an jedem Ort der Welt eine Fundgrube für originelle Mitbringsel ist. Dort gehen auch die »locals« hin, und man lernt mehr über Land und Leute als in manchem Museum. Wobei Museumsshops ebenfalls eine fruchtbare Quelle für Mitbringsel sind.

Man muss nur die eigene Begeisterung ein wenig bremsen. Das Pesto und der Wein, die im Ferienhaus so unvergleichlich schmecken, verlieren zu Hause ihren besonderen Reiz. Irgendwas fehlt da – die Luft, das Meer, die Menschen. Der Urlaub halt. Portugiesischer Vinho verde, italienische Orangenmarmelade, türkisches Gebäck – vor Ort, im dazu passenden Klima und in Urlaubsstimmung genossen, herrlich. Zu Hause – na ja. Und selbst wenn sie da noch schmecken würden: Ich bewahre die kostbaren Köstlichkeiten dann gern für einen besonderen Moment auf. So lange, bis sie nicht mehr genießbar sind.

Eine Wolldecke aus Wales hat einen längeren Haltbarkeitswert. Oder der gestreifte Schlafanzug, den meine Kollegin von ihrem – inzwischen verstorbenen – Vater aus Frankreich mitgebracht bekam. »Wunderschön! Aber das Schönste: Er sagte, es wäre cool, wenn ich ein Bein etwas hochkrempeln würde, das sehe lässig aus. Habe ich immer gemacht.« Längst ist der Pyjama zerschlissen, aber wegschmeißen kann Julia ihn nicht. »Weil ich immer an den Moment denke, wo er mir seine Trage-Vorstellung mitteilte.«

Lieber noch als Lebensmittel kaufe ich bei Albert Heijn, meinem holländischen Lieblingssupermarkt (der hat sogar nostalgisches Gratis-Geschenkpapier, mit Kaufladenmotiv), mit Schwalben verzierte Streichholzschachteln als Souvenirs. Die habe ich in Deutschland noch nirgends gesehen. Das nämlich ist das Problem in Zeiten der Globalisierung: Es gibt fast alles überall. Am Frankfurter Flughafen eine Dependance von Harrods, im KaDeWe Tee von Fortnum & Mason. Da kann man doch gleich zu Hause bleiben.

Diese Läden leben vom schlechten Gewissen der Reisenden, dem Gefühl, unbedingt noch was besorgen zu müssen. Ich mag es nicht, wenn aus der Lust Pflicht wird. Im Urlaub möchte ich finden, nicht suchen. Gibt's nichts Gutes, Lustiges, dann gibt's eben nichts.

In Japan hätte ich damit ein Problem. Dort muss man selbst von einem Tagesausflug etwas mitbringen. Bei längeren Reisen erwarten auch Nachbarn und Kollegen Gaben. *Omiyage* heißt es dort. Früchte, Süßigkeiten – oft etwas zu essen, je typischer für die Region, desto besser. Inzwischen verschweigt mancher Japaner lieber, dass er wegfährt, um nicht schon wieder etwas besorgen zu müssen.

Das schönste Urlaubssouvenir gibt es vor Ort eh nicht zu kaufen: ein Fotoalbum von der Reise, das die Begleitung einem zum nächsten Geburtstag schenkt.

Almosen oder Geschenk?

Es gibt keine Antworten, keine endgültigen auf jeden Fall. Nur Fragen. Jeden Tag von neuem, morgens, mittags oder abends, manchmal auch morgens, mittags *und* abends, in der S-Bahn zum Feierabend sogar im Dreiminutentakt. Soll ich dem Obdachlosenzeitungsverkäufer, der Bettlerin vor dem Supermarkt, der Musikantentruppe mit ihrer scheppernden Box was in den Pappbecher werfen oder nicht – und wenn ja, was und wie viel?

Gebe ich was, fühle ich mich schlecht – gebe ich nichts, erst recht. Unterstütze ich mit meinem Euro jetzt wirklich einen armen Menschen oder eine kriminelle Bande? Heize ich den Alkoholismus des Trinkers noch an? Sanktioniere ich die Faulheit? Aber mir selbst geht's doch so gut, wie kann ich da einfach vorbeilaufen und Hilfe verweigern? Der Euro tut mir nicht weh. Nur wenn mich dann der fünfte innerhalb von einer Viertelstunde mit seiner quengeligen Stimme nervt! Ich kann doch nicht jedem … Und warum fangen die einen immer so ab, vor dem Restaurant, dem Bankautomaten, da fühle ich mich echt genötigt. Ja, wo sollen sie denn sonst sitzen, in einer Ecke, an der niemand vorbeikommt? Die machen das doch nicht zum Vergnügen, stundenlang in der Kälte zu hocken.

»Bettler sind mir unangenehm«, sagt eine Freundin, die ihr Leben lang ehrenamtlich engagiert gewesen ist, der also niemand mangelndes Mitgefühl nachsagen würde. Lange Zeit saß vor meinem Supermarkt nebenan eine junge Rumänin, eine fröhliche Frau, der ich gerne was gab. Bis ich irgendwann dachte: Warum muss ich eigentlich jedes Mal was spenden, wenn ich einkaufen gehe oder einfach nur auf dem Weg zur Arbeit an ihr vorbeikomme, also Tag für Tag. Warum arbeitet sie nicht? Tu ich doch auch. Gegrüßt habe ich sie nach wie vor, aber ihr Lächeln wurde etwas dünnlippiger. Irgendwann wechselte ich die Straßenseite. Dann legte ich ihr wieder was in den Kaffeebecher.

Und was ist mit den Flaschensammlern, die meist verschämt, in bürgerlichem Outfit, im Mülleimer wühlen. Kann ich einfach zu ihnen hingehen und fragen, ob ich ihnen was geben darf? Oder ist das zu aufdringlich, zerstöre ich damit die Fassade?

Die Selbstgespräche fahren Karussell. Nicht nur in meinem Kopf. Ich kenne kaum jemanden, der sich für ein kategorisches Ja oder Nein entschieden hat, außer Muslimen vielleicht, die an keinem Bettler achtlos vorbeigehen, weil ihnen die Religion das gebietet, oder anderen Gläubigen. Dafür haben sich viele ein regelrechtes Regelwerk des Gebens zurechtgelegt, wie eine Art Rüstzeug.

Musiker zum Beispiel kriegen bei mir (auch bei anderen) immer was. Es sei denn, sie spielen zu schräg. Oder zu kurz. O Gott, ist das jetzt schon wieder zu protestantisch gedacht? Einmal habe ich einem Mann in New York was hingelegt, der vor einem Laden Gitarre spielte. Wie sich herausstellte, hat er einfach geübt. Er nahm's mit Humor.

Meine eine Kollegin gibt grundsätzlich, wenn ihre Kinder dabei sind, als Lektion in Sachen Nächstenliebe; wenn sie allein unterwegs ist, lässt Esther sich von der Stimmung treiben. Viele, auch ich, verteilen nach Sympathie, während die andere Kollegin, Julia, gerade den Unsympathischen was spendet, den Aggressiven, Hässlichen, Stinkenden: weil die es am schwersten haben. Bei einer Freundin sind es die Frauen, die jederzeit was kriegen, während ihr Mann jungen Leuten ins Gewissen redet:

Warum sie denn nicht arbeiten?! In Corona-Zeiten haben es sich viele zur Regel gemacht, jedem was zuzustecken, an dem sie vorbeikamen, eben weil der tägliche Strom der Vorbeikommenden so reduziert war.

Gräfin Dönhoff, eine für ihre extreme Sparsamkeit bekannte Ostpreußin, die sich als Herausgeberin der *ZEIT* Stullen für die Mittagspause mit in die Redaktion nahm und ihre Schuhe jahrzehntelang trug, ließ sich von ihrer Sekretärin immer Fünfmarkstücke besorgen, um sich damit vor dem Gang durch die Innenstadt die Taschen zu füllen. Bei jedem Bettler hielt sie an, gab ihm was und redete kurz mit ihm. Wenn ihr jemand sagte, die seien doch alle organisiert, erwiderte sie, damit wolle ihr Gegenüber doch nur seinen eigenen Geiz rechtfertigen. »Lieber gebe ich einem Bettler, der es nicht braucht, zu viel, als jemandem, der es braucht, nichts.«

Das gefällt mir. Vielleicht gibt es doch eine eindeutige Antwort auf alle Fragen: »Es gibt nichts Gutes, außer man tut es.« Man mag diese vielzitierten Zeilen von Erich Kästner belächeln, ihr Wahrheitsgehalt wird dadurch nicht geschmälert.

Meine Freundin Karin erzählt, dass sie Bettlern immer einen Euro gibt, mit einem Lächeln und einem »Hallo«. Was er damit macht, ist ihr vollkommen egal. »Meinetwegen soll er sich sein Bier schmecken lassen.« Einmal allerdings, ihr Sohn war damals noch klein, waren sie in Berlin zu Besuch, wo ihnen deutlich mehr Bettler als in Stuttgart begegneten. Irgendwann hatte sie genug: »Sorry, du bist jetzt der fünfte innerhalb von drei Stunden, ich muss jetzt mal stopp machen.« Ihr Sohn protestierte: Mama, gib ihm was, wir haben doch viel mehr als er. »Okay, die Mark wechselte den Besitzer, der junge Mann: Du hast echt einen klasse Sohn. Wir lachten alle drei, und schon war ich mehr beschenkt als er.«

Freundlich sein, Lächeln, dazu rät auch der Mainzer Sozialarbeiter und Arzt Gerhard Trabert, der vor 25 Jahren als erster Mediziner in Deutschland eine mobile Praxis einrichtete, mit der er zu Wohnungslosen fährt. Kommt er an einem Bettler vorbei, bleibt er stehen, grüßt, fragt, wie's geht. Das empfiehlt er generell: »Investieren Sie das Teuerste, was Sie haben – Zeit. Bleiben Sie einfach stehen, beginnen Sie ein Gespräch.«

Aber wie? Einfach so? Nicht jeder redet so unbefangen mit Fremden wie er. Alten Frauen, so scheint mir, gelingt das am leichtesten. Trabert meint: Einfach die Situation kommentieren – es ist so kalt, so heiß, wie geht's Ihnen, ich mach mir Sorgen … Er empfiehlt, sich erst mal vorzustellen, mit Namen. Zu fragen: Kann ich irgendwas Gutes für Sie tun? Haben Sie Lust auf einen Kaffee oder sonst was? Demjenigen auf jeden Fall nicht einfach irgendwas hinzustellen. Es geht, wie der Sozialmediziner betont, um Respekt, um Begegnung. Auf Augenhöhe.

Empathie, davon ist Trabert überzeugt, der sich für die Armen in Deutschland ebenso wie in Katastrophengebieten, Kriegszonen und Flüchtlingslagern in aller Welt engagiert, der also das Schlimmste erlebt hat, was Menschen einander antun können, Empathie, sagt er, steckt in uns allen. Es ist nichts, was man lernen muss. »Fürsorge, Nächstenliebe, das ist etwas originär Menschliches. Kinder sind ehrlich, empathisch, neugierig. Wir verlernen es eher. Weil es scheinbar aufhält, in dieser Leistungsgesellschaft, zu viel Zeit kostet.« Seiner Meinung nach müsse man eher darauf gucken, warum so viele es verlernen. »Wenn Sie mögen, geben Sie auch ein, zwei Euro. Bloß nicht mit dem Hinweis: Aber bitte nicht in Alkohol investieren!« Das, findet der Sozialmediziner, stehe in der Verantwortung des Empfängers. »Der soll das entscheiden.«

Einmal, in Leipzig vor dem Hauptbahnhof, habe ich einem Bettler einen Euro in den Becher geworfen, er hat draufgeguckt und mir seine Pappe noch mal entgegengestreckt: Mehr! Da war ich empört. Das ist doch ein Geschenk!

Aber ist es das wirklich?, dachte ich dann. Hier geht's nicht so wie sonst um die Stärkung persönlicher Bande – wenn, dann eher um die des Kollektivs, der Gesellschaft. Wobei es ja auch ein Band von Mensch zu Mensch ist, so flüchtig die Begegnung sein mag. Vielleicht gibt man, weil es die Religion so vorschreibt, weil man sich moralisch verpflichtet oder unter Druck gesetzt fühlt, etwa, wenn man selbst gerade groß eingekauft oder gut gespeist hat.

Bloß wenn man sich gedrängt fühlt, sinkt die Lust, etwas zu geben, und vor allem die Freude daran. Die freie Entscheidung sei Voraussetzung dafür, dass einem das Geben Glücksgefühle beschert, schreiben Elizabeth Dunn und Michael Norton in ihrem Buch *Happy Money*. Nun kann man natürlich argumentieren, dass es doch gar nicht um die eigenen guten Gefühle gehen soll, sondern darum, dem anderen das Leben etwas leichter und angenehmer zu machen. Aber der Mensch ist nun mal Mensch. »In jedem Altruismus liegt auch ein Egoismus«, sagt der niederländische Psychologe Ad Vingerhoets. Idealerweise entsteht daraus eine Win-win-Situation.

Die Fragen nagen weiter. Ist das nicht zu berechnend, so zu denken, es geht doch erst mal um einen schlichten Akt der Mitmenschlichkeit. Vielleicht zählt die Gabe für Bettler und Obdachlose sogar zur reinsten Form des Schenkens, denn hier ist von vornherein klar, dass es nicht um einen Austausch geht, man nichts zurück zu erwarten hat, außer vielleicht einem Nicken oder Dankeschön. Der eine gibt, was der andere nicht hat.

Und das muss ja gar kein Geld sein. Wie Trabert sagt: Das Kostbarste, was Sie haben, ist Zeit. Freiwillige geben reichlich davon. Zeit, Gefühle, Know-how, Engagement, Geduld. Dafür werden sie, wie gesagt, mit Glücksgefühlen, Erfüllung, ja, sogar Gesundheit belohnt.

Wobei sich gleich die nächste Frage stellt: Wie soll man Glück überhaupt messen? An der Breite des Lächelns? Der Häufigkeit seliger Seufzer? Es gibt weder Thermometer noch Maßband dafür. Und doch wird seit Jahren regelmäßig ein durchaus seriöser World-Happiness-Report veröffentlicht. Der stützt sich unter anderem auf Umfragen, was nicht ungefährlich ist. Wie zuverlässig sind wir denn in unserer Selbsterkenntnis? Egal, so machen es in diesem Fall die Verantwortlichen, eine seriöse Gruppe von Experten, mit oder ohne Professorentitel. Zu den Kriterien der Glücksbemessung gehören Freiheit, Sicherheit, stabile Regierungen, echte Demokratie, soziale Gerechtigkeit – und Großzügigkeit. Die Großzügigkeit des Staates gegenüber seinen Bürgern, geraden den schwächeren, und die Großzügigkeit aller beim Spenden. An der Spitze des World-Happiness-Reports stehen regelmäßig die skandinavischen Staaten – Länder mit dem höchsten Steuersatz.

Die Autoren des Berichts mahnen allerdings zur Vorsicht, was ihre Ergebnisse angeht. Es ist ja nicht klar, ob das Spenden glücklich macht oder ob glückliche Leute einfach mehr spenden. Oder ob diejenigen, die was geben, reicher sind und ihr Glücksgefühl daher rührt, dass sie keine finanziellen Sorgen haben. Doch die Lebenserfahrung sagt, dass es oft gerade die sind, die nicht so viel haben, die etwas geben. Es sind eher Studenten, die dem *Motz*-Verkäufer etwas in die Hand drücken, als die Anzugträger.

Zu spenden ist auf jeden Fall einfacher, als jemandem was in die Hand zu drücken, ihn dabei anzugucken und das Gefühl auszuhalten, mir geht's so gut, dem so schlecht. Oder: Hat das jetzt was Gönnerhaftes? Die Spende gibt man aus eigenem Antrieb, ohne Druck und ohne Beobachtung. Wem man wie viel Geld überweisen möchte, überlegt man sich ganz in Ruhe daheim.

Und eines steht fest: Ohne Spenden und Teilen gäbe es keine Zivilgesellschaft. Ein Verein wie der von Gerhard Trabert gegründete, »Armut und Gesundheit«, könnte ohne ehrenamtliches Engagement und finanzielle Spenden gar nicht existieren. Trabert ist froh um sie, weil die Kleinspender dem Verein die Unabhängigkeit bescheren, die ihm so wichtig ist, die ihnen erlaubt, Dinge so anzupacken, wie sie es für richtig halten – und nicht, wie es ein Amt diktiert.

Gleichzeitig ist jemand wie der politisch engagierte Mainzer sich natürlich der Problematik bewusst. Ein Vorwurf, der den »Tafeln« zum Beispiel immer wieder gemacht wird: Dass sie das Elend nur zementieren, statt es zu verändern. An den Strukturen, so fordert der Sozialmediziner, müsse gearbeitet werden, es sei Aufgabe des Staates, Verantwortung zu übernehmen. Aber soll man aus politischen Prinzipien Menschen hungern lassen, ihnen frische, gesunde Lebensmittel und die notwendige medizinische Versorgung verweigern?

Über solche Fragen habe ich in den USA zum ersten Mal nachgedacht. Als Austauschstudentin in Springfield, Ohio, wurde ich zur Europäerin. Genauer gesagt: zur Deutschen. Aber das hat man sich damals als junger Mensch noch nicht zu sagen getraut. Am College dort hatte ich, anno 1979/80, einen Freund, mit dem ich mich abends regelmäßig im Diner bei Onion Rings traf und fetzte. Er sah den Sinn von Kranken- und Sozialversicherungen nicht ein, sondern stand auf dem amerikanischen Standpunkt: Jeder ist seines Glückes und Unglückes Schmied. Wer auf der Straße hockt, ist selber schuld. Dabei hat Barry nicht mal BWL, sondern Keramik studiert. Der Segen der sozialen Marktwirtschaft wurde mir in diesen stundenlangen Diskussionen zum ersten Mal klar.

Wie viele seiner Landsleute hegte Barry eine tiefe Abneigung gegen »den Staat«. Während ich diesen als Versorger betrachtete, der als »Vater Staat« (wieso eigentlich nicht Mutter?) für seine Bürger, die ihn ja mit ihren Steuern und Abgaben finanzieren, verdammt noch mal zu sorgen hat, sah Barry in ihm nur den Feind, der ihm seine Freiheit raubte. Dieser solle sich nicht in seine Angelegenheiten, etwa bei der Frage der Krankenversicherung, »einmischen«. An dieser Haltung hat sich bekanntlich nicht viel verändert in den letzten vierzig Jahren.

Eine weitere Erkenntnis aus jener Zeit: So staatsfeindlich viele Amerikaner sind, so freigebig sind sie auch. Nicht nur beim Trinkgeld. Zeit und Geld werden in den USA massig verschenkt, ehrenamtliches Engagement und Philanthropie sind weiter verbreitet als in Europa. Das passt zu Barrys Freiheitskonzept: Ich bestimme selbst, wem ich was gebe.

Mitte der achtziger Jahre habe ich ein zweites Mal als Studentin in den USA gelebt, diesmal in New York, das damals auf dem Tiefpunkt seiner Entwicklung war, alles andere als cool: dreckig, gefährlich und bitterarm. Zum ersten Mal sah ich Obdachlose in Hauseingängen liegen, und zwar in Massen, psychisch Kranke, die einfach entlassen wurden und damit sich selbst überlassen waren, Selbstgespräche führten, brüllten. »Jeder Schritt ein Dollar«, hat mein Bruder damals gesagt. Überall lagen und saßen arme Menschen auf der Straße, denen er einen Schein in die Hand drückte.

Als Praktikantin arbeitete ich damals in der Presseabteilung des Museum of Modern Art. Die Kollegen dort, auf engstem Raum zusammengepfercht, bekamen einen Hungerlohn; mein unmittelbarer Chef mit zwei abgeschlossenen Hochschulstudien kriegte 20 000 Dollar im Jahr, die Rezeptionistin, die eigentlich Künstlerin war, 12 000. Die Ehre, im legendären MoMA zu arbeiten, galt aus Sicht der Führungsebene als so gewaltig, dass man dankbar sein – und einen Partner oder Eltern haben sollte, die dieses Privileg finanzierten. Dabei war New York schon damals zwar arm, aber nicht billig. Auch darauf bezog sich der Spruch meines Bruders: Jeder Schritt ein Dollar.

Eines Tages bekam die junge Rezeptionistin-Künstlerin einen Anschiss, weil sie es gewagt hatte, im Jeansrock zur Arbeit zu kommen. Wohlgemerkt, im Rock, nicht in Hosen. Die Begründung für den Tadel: Mrs Rockefeller könne ja vorbeikommen. Ein Jeansrock hätte sie womöglich verstört. Die Gönner des Museums mussten bei Laune gehalten werden, das war die allgemeine Maxime. Sie wurden regelrecht hofiert. Für mich war diese Abhängigkeit vom Wohl und Wehe einer Privatperson ein Schock, in der Bundesrepublik war das Wort Sponsor Mitte der Achtziger noch ziemlich unbekannt.

Wer spendet, der kriegt auch was zurück: Steuerersparnisse, Glücksgefühle, Ansehen und Prestige, die sich bei Unternehmen ebenfalls finanziell niederschlagen. *Fair enough*, könnte man sagen. In den USA ist die staatliche Kulturförderung lächerlich, von einer staatlichen Subventionierung der Museen, Theater, Konzerthäuser wie in Deutschland können die Amerikaner nur träumen. Ohne große private Geldgeber würden die meisten Museen und ihre Schätze gar nicht existieren, weswegen einzelne Säle, Flügel oder gleich das ganze Haus den Namen der Finanziers tragen.

Meine persönliche Lieblingsgönnergeschichte ist das zauberhafte Arrangement, das Lila Acheson Wallace getroffen hat. Die Erbin von *Reader's Digest* machte dem Metropolitan Museum of Art 1967 eine Schenkung, auf dass die Eingangshalle immer mit frischen Blumen geschmückt werde – und zwar »*in perpetuity*«, in alle Ewigkeit. So werden jeden Dienstag opulente Sträuße in die Nischen der gewaltigen Halle gestellt.

Die Philanthropie ist ein Segen für Kultur, Wissenschaft, Forschung, Bildung, auch den Wohnungsbau – und kann ein Fluch sein. In jüngster Zeit wurde dem geschenkten Gaul häufiger mal ins Maul geschaut. Allen vorweg Familie Sackler, »*The Family that Built an Empire of Pain*«, wie der *New Yorker* titelte. Der britisch-amerikanische Clan hat unfassbare Summen an Museen auf beiden Seiten des Atlantiks gestiftet, so brachten die Sacklers ihren Namen zum Leuchten. In Interviews wurden sie immer wieder nach ihrer Großzügigkeit befragt, aber ganz selten danach, womit sie diese eigentlich finanzierten.

Der *New Yorker* erinnerte in dem Artikel über die Sacklers an alte amerikanische Traditionen, das Goldene Zeitalter des 19. Jahrhunderts. Damals erklärte ein Jurist aus dem Aufsichtsrat des Metropolitan den Industriebaronen bei der Eröffnung des Museums in einer feurigen Rede, wie sie sich mit großzügigen Spenden Ruhm und Unsterblichkeit kaufen könnten: Sie müssten bloß Schweine in Porzellan verwandeln, Getreide in kostbare Keramik, grobe Handelsgüter in Marmorskulpturen.

Nur waren die Handelsgüter der Sacklers noch schmutziger als Schlachtvieh. Die Pharmaunternehmer wurden – erst allmählich – maßgeblich für die amerikanische Opioid-Krise verantwortlich gemacht, da sie hoch abhängig machende, schnell tödliche Schmerzmittel aggressiv vermarktet hatten und damit für das Unglück und den Tod Zehntausender Menschen verantwortlich sind. Allein innerhalb der ersten fünf Jahre machte die Firma eine Milliarde Dollar im Jahr mit Oxycontin. Angestoßen durch den massiven öffentlichen Protest der Fotokünstlerin Nan Goldin, die selber aufgrund der Verschreibung süchtig geworden war, erklärten verschiedene Museen auf beiden Seiten des Atlantiks – darunter National Portrait Gallery und Tate, Guggenheim und Metropolitan –, fortan keine Spenden mehr von den Sacklers annehmen zu wollen, zumindest nicht von denen, die etwas mit Purdue Pharma zu tun haben. Der Louvre ließ den Namen aus dem Museum verschwinden.

Eine richtige – und eine gewaltige Entscheidung. Wer wird jetzt für sie einspringen? Bis dahin war es eine Win-win-Situation: Die Hyperreichen schmückten sich mit ihrer Großzügigkeit, die Namen wurden für jeden sichtbar in den Institutionen ausgestellt, die Ausstellungen wurden finanziert.

No Such Thing As a Free Gift, so hat Linsey McGoey ihr Buch über den Preis der Philanthropie genannt. Die wichtigsten Kritikpunkte der Autorin: Im Unterschied zu öffentlichen Institutionen sind Spender niemandem Rechenschaft schuldig. Großspender können enorme Macht akkumulieren, Einflussmöglichkeiten. Gleichzeitig gibt es keinen Anspruch auf die Förderung, also auch keine Verlässlichkeit – Firmen können den Spendenhahn jederzeit zudrehen.

Die drei Giganten der amerikanischen Philanthropie, George Soros, Warren Buffett und Bill und Melinda Gates, haben unendlich viel Gutes bewirkt. Sie haben Aufgaben erfüllt, die die Staaten nicht bewältigen können oder wollen. Die Gates Foundation hat vielen Menschen das Leben gerettet, die sonst an Malaria oder Aids gestorben wären. George Soros hat die Demokratiebewegung in Osteuropa gefördert. Aber ihr unfassbares Vermögen haben die Megareichen nicht mit Gutmenschentum verdient. Im Zweifelsfall ging ihr Profit auf Kosten anderer.

Noch nie gab es so viele NGOs, so viel Philanthropie wie heute. Und noch nie war die Kluft zwischen Arm und Reich so groß. »Zwischen 2009 und 2012 stieg das Einkommen der reichsten ein Prozent US-Amerikaner um eindrucksvolle 31 Prozent, während der Rest des Landes nur eine Einkommenssteigerung von traurigen 0,4 Prozent erlebte«, schreibt Linsey McGoey in ihrem Buch. Ihr Vorwurf: Gönner tragen mit Schuld an dem Elend der Welt, das zu beheben sie vorgeben.

Und wer durch eine Spende Steuern spart, entzieht der öffentlichen Hand das Geld, das zum Beispiel für Schulen oder Straßen ausgegeben würde. Kritiker der Philanthropie fordern denn auch zu Recht, dass Großunternehmen, zu denen Amazon oder Google gehören, lieber hohe Steuern zahlen sollten, dann brauchte es ihre milden Gaben nicht mehr. Warren Buffett sagt selbst, es könne nicht angehen, dass er prozentual weniger Steuern zahle als seine Sekretärin. Buffett und Gates plädieren schon lange dafür, die Steuern für Reiche zu erhöhen. Als der amerikanische Kongress 2001 über die Abschaffung der Erbschaftssteuer von 55 Prozent diskutierte, schalteten 120 der reichsten Amerikaner, Warren Buffett, George Soros und Bill Gates unter der Überschrift »*Responsible Wealth*« große Anzeigen, in denen sie forderten, den Steuersatz für Vermögen von fünf Millionen Dollar und mehr zu erhalten. Alles andere sei »schlecht für unsere Demokratie, für unsere Wirtschaft und für unsere Gesellschaft«.

Kritikerin Linsey McGoey gefallen die Spender am besten, die sich ganz raushalten. Wer es wirklich ernst meine mit seinem Geschenk, habe gar kein Recht auf Beteiligung, sondern solle den Empfänger in Ruhe lassen, ihm volle Autonomie gewähren. Der anonyme Stifter wäre demnach ideal. Das hat schon Kant in der *Metaphysik der Sitten* gefordert: Wohltaten stillschweigend, im Verborgenen auszuüben.

Aber ist die persönliche Bindung nicht gerade das, was das Schenken ausmacht? In ihrem Buch *Happy Money* zeigen die Sozialpsychologin Elizabeth Dunn und der Wirtschaftswissenschaftler Michael Norton sehr pragmatisch anhand verschiedener Studien die fünf wichtigsten Arten, Geld auszugeben, um möglichst glücklich zu werden dabei. Nummer fünf auf der Liste: Investiere in andere. Irgendwann bringe es glückstechnisch betrachtet nichts mehr, immer mehr zu verdienen. Da macht das Ausgeben seliger.

Unter anderem erzählen die beiden Wissenschaftler von einem Experiment in Vancouver, bei dem Passanten fünf Dollar bekamen, die sie entweder für sich oder für andere ausgeben sollten. Diejenigen, die ein Geschenk für ein Kind kauften, den Schein einem Obdachlosen in die Hand drückten oder jemanden zum Kaffee einluden, waren hinterher messbar glücklicher als die anderen, die sich selbst was gegönnt hatten.

Bei einem anderen Experiment wurden Starbucks-Gutscheine im Wert von zehn Dollar an drei Gruppen verteilt. Die einen sollten den Voucher selbst nutzen, die anderen ihn jemandem schenken – und die Dritten einen Menschen zum Latte einladen und selber mitkommen. Das waren am Ende die Seligsten: »In andere zu investieren und sich mit ihnen zu verbinden schuf das größte Glück.«

Dunn und Norton haben beobachtet, dass genau diese greifbare, emotionale Verbindung beim Geldspenden oft fehle. Um gute Taten in gute Gefühle zu verwandeln, empfehlen sie daher Nähe: nicht irgendeiner Organisation Geld zu geben, sondern einer in derselben Stadt, zu der man einen Bezug hat, oder sich für ein Thema einzusetzen, das einen selbst interessiert.

So machen es tatsächlich alle, die sich zum runden Geburtstag, gerade in zunehmendem Alter, Spenden für eine Organisation wünschen, die ihnen nahesteht. Mein Freund Edmund bat zum 60. um Gaben für den Hockeyclub seiner drei Kinder, was nicht allen Gratulanten gefiel. Ihm wurde entgegengehalten, dass da nun wirklich keine Armen spielen. Er aber findet, dass »Sportvereine insgesamt eine so wichtige Arbeit machen, die an anderer Stelle nicht mehr geleistet wird«. Und dieser habe seine Kinder so reibungslos durch die Pubertät gebracht, dass für ihn die Spende ein Dankeschön ist.

Die großzügigste Person, die mir je begegnet ist, was die Summe ihrer Gaben betrifft, ist Dame Stephanie Shirley. Als kleines Mädchen kam die gebürtige Dortmunderin mit einem Kindertransport nach England und wurde von einer kinderlosen Familie aufgenommen und gefördert. Dankbarkeit hat sie als Motor ihres Tuns beschrieben. »Dem Holocaust entkommen zu sein, hat mich so entschlossen gemacht«, erklärte sie ihren Erfolg. »Mein Leben sollte es wert sein, gerettet zu werden.« Sie ging in die IT, gewöhnte sich an, mit ihrem Spitznamen Steve zu unterschreiben, weil sie als Stephanie in der Branche nicht ernst genommen wurde. In ihrer Softwarefirma stellte sie – Anfang der sechziger Jahre unerhört – nur Frauen ein, und zwar, ebenso unerhört, in Teilzeit im Homeoffice, damit diese Beruf und Familie verbinden konnten.

Die Firma hatte ihre Ups und Downs, aber in der Hochphase schenkte die Unternehmerin ihren Mitarbeiterinnen 26 Prozent der Firmenanteile. Es war nur recht und billig, dass sie die besitzen, fand sie. »Das Ganze war ein soziales Unternehmen. Es ging nicht darum, Geld zu machen.« Zu den Grundsätzen ihrer Firmenphilosophie gehörte zum Beispiel »der Glaube an den guten Willen der anderen sowie Enthusiasmus«. Beim Börsengang wurden siebzig Angestellte über Nacht zu Millionären. Eine Weile gehörte Stephanie Shirley zu den reichsten Frauen im Land. Dann wurde sie zu einer der spendabelsten Philanthropinnen Großbritanniens. Als Mutter eines schwer autistischen Sohnes, der mit 35 starb, hat sie 68 Millionen Pfund gestiftet, vor allem auf dem Gebiet des Autismus. Weitere zehn Millionen steckte die IT-Unternehmerin in die Gründung des interdisziplinären Oxford Internet Instituts.

»Ich genieße es, das Geld, das ich verdient habe, auszugeben!«, sagt die 85-Jährige voller Begeisterung – und man glaubt es ihr sofort. Sie ist eine fröhliche Spenderin. Inzwischen hält die für ihre Verdienste geadelte Dame Stephanie Vorträge darüber, wie man Gutes tut. »Ich glaube an die Freude am Geben. Philanthropie versucht, die Welt ein bisschen gerechter zu machen.« Zu ihrem Bedauern ist ihr eigenes Vergnügen am Schenken nicht so ansteckend, wie sie es gern hätte. Zu selbstsüchtig seien viele Menschen, »es geht immer um mich, mich, mich«. Aber an jüngeren, erfolgreichen Landsleuten hat sie noch eine andere Haltung beobachtet: die Philanthropie als Sport. »Ich habe soundso viel gegeben, und du? In der City of London, dem Finanzzentrum, liefern sich die Leute einen regelrechten Spendewettkampf.« Das ist nicht ihre eigene Art, aber – »warum nicht«.

Das Interview mit Dame Stephanie gehört zu den eindrucksvollsten meiner journalistischen Laufbahn. Ich habe die elegant gekleidete Dame in ihrem Zuhause in Henley-on-Thames besucht, ihre Assistentin saß mit im Arbeitszimmer, aber anders als sonst häufig in solchen Situationen nicht als Aufpasserin und Zensorin, sondern als diejenige, die ergänzte, was die Chefin erzählte. Immer wieder brachen die beiden in Lachen aus.

Bevor das Gespräch überhaupt beginnen konnte, fragte Dame Stephanie erst mal mich neugierig aus: wie es um die deutsche Zeitungslandschaft bestellt ist. Das interessierte sie so sehr, dass ich sie irgendwann zum Interview fast drängen musste. Beim Abschied schaute sie auf mein Pflaster am Finger, was ich denn da gemacht habe. Ist mir noch nie passiert. Die meisten Interviewpartner würden das Pflaster nicht mal bemerken, geschweige denn danach fragen. Im Jiddischen gibt es ein Wort für jemanden wie die empathische Holocaustüberlebende: a Mensch.

Dankbarkeit

Es gibt tatsächlich Menschen, die sich weigern, Geschenke anzunehmen. Werden ihnen welche aufgedrängt, packen sie diese aus Trotz nicht aus. Sie wollen, so sagen sie, in niemandes *Schuld* stehen. Nicht zu Dank *verpflichtet* sein.

Irgendwie scheinen sie was falsch verstanden zu haben. Dankbarkeit ist doch keine Strafe! Sondern ein Glück. Auch wenn der Begriff für manche etwas altmodisch klingt – wenn sie nicht allein die Idee schon lächerlich finden. So gehört es zum guten Ton des vielgereisten Großstadtbewohners, sich über jene zu amüsieren, die bei der Landung eines Flugzeugs applaudieren. Habe ich neulich wieder erlebt, nicht im Pauschalflieger nach Malle, sondern bei der Reise nach Stuttgart. Mich rührt das jedes Mal. Für jene, die klatschen, ist es noch nicht selbstverständlich, mit einem solchen Monster von Maschine abzuheben und dann auch wieder heil zu landen.

Kurz darauf habe ich es wieder erlebt, auf dem Weg nach Dublin. Die Crew hatte vergessen, den Passagieren mitzuteilen, dass wir bei der Landung in einen heftigen Sturm geraten. Also flogen wir Achterbahn, ohne zu wissen, was los ist. Wir dachten, der Pilot (Ryanair!) beherrscht seinen Job nicht. Die Gepäckablagen ratterten so heftig, als würden sie uns gleich auf die Köpfe fallen, ein Baby schrie aus vollem Herzen. Die Erwachsenen hätten es ihm gern nachgemacht und krallten sich stattdessen stumm in den Armlehnen fest. Dann flogen wir wieder aufs Meer hinaus, gingen in Gedanken schon durch, wie man noch mal die Schwimmwesten anlegen muss. Als wir schließlich in Dublin auf den Boden schepperten, klatschten einige, einschließlich meines sehr coolen Sitznachbarn. Aus lauter Erleichterung, überlebt zu haben.

Vielleicht, geht mir durch den Kopf, sollte man das beim Schenken auch mal machen: Die Leute ein bisschen durchrütteln, Gewohnheiten und Erwartungen erschüttern, das Besondere am scheinbar Selbstverständlichen deutlich machen.

»Überfluss ist der Feind der Wertschätzung«, schreiben Elizabeth Dunn und Michael Norton in ihrem Buch *Happy Money*. Die amerikanische Kultur setze auf Überfluss – große Häuser, große Autos, große Portionen –, während die französische kleine Vergnügen pflege, »*petits plaisirs*«. Die beiden Wissenschaftler zitieren eine vergleichende Studie zum Essverhalten in Fast-Food-Restaurants aus dem Jahr 2003: Obwohl die große Portion Pommes in Paris 30 Prozent kleiner war als die in Philadelphia, haben die Franzosen 50 Prozent länger im Lokal gesessen und gegessen als die Amerikaner.

Auch wenn ich in England mit dem Bus über Land fahre und erlebe, wie sich die Passagiere zum Abschied alle beim Fahrer bedanken, freue ich mich jedes Mal. Die Rationalisten würden sagen: Wozu denn das Ganze, für Bus, Flug, ja, auch den Erfolg hab' ich doch bezahlt! Sicher. Aber der Service verliert nicht an Wert, wenn man zusätzlich Gefühle der Dankbarkeit entwickelt und diese dann auch noch äußert. Ganz im Gegenteil, er gewinnt sogar etwas hinzu. Psychologen und Mediziner wissen das längst: Dankbarkeit tut gut, hebt Wohlbefinden und Selbstbewusstsein, senkt Blutdruck und Stress.

Robert A. Emmons, Vertreter der Positiven Psychologie, hat zahlreiche Studien dazu durchgeführt und gesammelt. Der Leiter des *Gratitude Lab* an der University of California sagt: Dankbare Menschen sehen, ja, erwarten das Gute in der Welt. Der amerikanische Hirnforscher und Entwicklungsbiologe John Medina erklärt in seinem aktuellen Buch *Brain Rules fürs Älter-*

werden, wie man sein Gehirn fit und sich selbst glücklich hält. Unter anderem empfiehlt er, ein Tagebuch der Dankbarkeit zu führen, in dem man alles Schöne festhält, was man so erlebt, und sei es noch so alltäglich und klein: die ersten Schneeglöckchen, den Anruf einer Freundin, eine durchschlafene Nacht. In kürzester Zeit würde das Glücksempfinden steigen, man kriege einen positiven Kick. Dankbarkeit lässt sich üben.

Religiösen Menschen muss man das alles nicht erklären, Demut ist Teil ihres Glaubens. Was nicht heißt, dass man jetzt fromm werden muss. Ich habe Freunde, die mit ihren Kindern am Abend vor dem Einschlafen einfach noch mal Revue passieren lassen, was sie alles an diesem Tag erlebt haben. Auch dass die Achtsamkeitsgemeinde sich die Dankbarkeit auf die Fahnen geschrieben hat, bedeutet nicht, dass man sie ihnen überlassen muss. Dankbarkeit ist ein zu wichtiges Mittel gegen Arroganz und Gleichgültigkeit. Wer es für selbstverständlich hält, etwas zu bekommen, wer meint, dass es ihm zusteht – weil er dafür bezahlt hat, eine bestimmte Position hat, einen Job, einen Verwandtschaftsgrad –, bringt sich auch selbst um das Gefühl von Glück.

Als ich meine große Schwester nach dem besten Geschenk ihres Lebens fragte, hat sie gesagt: zwei gesunde Kinder bekommen zu haben. Tina hat vierzig Jahre lang als Hebamme gearbeitet, sie weiß, was alles schiefgehen kann. Eine Freundin, glückliche Mutter von vier gesunden Kindern, war ganz überrascht über die Antwort. Sie sei gar nicht auf die Idee gekommen, das als Geschenk zu betrachten. Fand sie aber gut. Eine andere Freundin empfindet es noch Jahrzehnte später als Glück, dass ihre Eltern ihr eine fröhliche und behütete Kindheit geschenkt haben. Eine dritte erzählt mir von den Hopi-Indianern, die die Erde nicht als Besitz betrachten, nicht als etwas, was ihnen zusteht, sondern als Gabe. Mit einer solchen geht man ganz anders um: behutsamer.

Und wer das Gefühl hat, viel bekommen zu haben, gibt auch großzügiger. »Etwas zurückgeben« wollen Menschen, die ihr eigenes Leben als großes Glück empfinden: Dankbarkeit, dazu gibt es Studien, aber eigentlich weiß es jeder von sich selbst, kurbelt den Altruismus, auch die Spendenbereitschaft an.

Mein erfüllender Beruf, die große Familie, die guten Freunde, keine finanzielle Not und zweiundsechzig Jahre ohne nennenswerte Schmerzen und Krankheiten ...

Sicher kann man selbst was für die Gesundheit tun, Sport treiben, nicht so viel Frittiertes essen, wenig Schnaps trinken, aber am Ende ist doch auch eine Menge Glück im Spiel. Sich dem Gefühl der Dankbarkeit zu verweigern ist eine Form der Hybris, des Narzissmus auch: Hab ich alles meiner Leistung zu verdanken – und nicht dem Zufall, dem Glück, anderen Menschen.

Ein irischer Filmemacher hat mir von einem Besuch in Dresden erzählt, an einem bitterkalten Tag, eine gute Stunde hat er zu füllen, bis sein Zug abfährt. Er flüchtet sich in ein kleines historisches Museum. Als er den Rucksack abnimmt, reißt der eine Riemen. Die Garderobiere und er lächeln einander an. Als er ihn wieder abholt, macht er sich schnell auf den Weg, wieder ganz beschäftigt mit der Kälte und dem Zug – als er plötzlich merkt, dass die Garderobiere seinen Riemen repariert hat, mit ganz feinen Stichen. Es ist zu spät, um umzukehren, doch das Gefühl der Dankbarkeit hat sich umso tiefer eingegraben. Noch fünfundzwanzig Jahre später ist dieser geschenkte Akt der Freundlichkeit das Erste, was ihm einfällt, wenn er an Dresden denkt.

Kinder bekommen Danke und Bitte als Zauberwörter beigebracht. Erwachsene vergessen diese schon mal. »Das schwerste Wort«, hat der kürzlich verstorbene Schriftsteller und Katholik Josef Reding gesagt, »heißt nicht Popocatépetl wie der Berg in

Mexiko und nicht Chichicastenango wie der Ort in Guatemala und nicht Ouagadougou wie die Stadt in Afrika. Das schwerste Wort heißt für viele: Danke!«

Das zu sagen, müssen manche erst wieder lernen. Vielleicht hat die Ablehnung von Geschenken aus dem Ich-will-niemandem-was-schulden-Gefühl heraus auch etwas mit kindlichen Traumata zu tun. Wer in unserer Generation wurde nicht getriezt, sich ordentlich bei der Oma für die kratzige Wollunterhose zu bedanken und beim Patenonkel für die hässliche Uhr.

Als Erwachsene ist jede(r) sein eigener Herr, ihre eigene Herrin. Da kann man selbst entscheiden, aus der Pflicht ein Vergnügen zu machen. So wie die englisch-amerikanische Autorin Jessica Mitford, eine Rebellin, die sich, wenn sie bei Freunden zum Essen eingeladen war, aus freien Stücken bereits ein paar Stunden später hinsetzte, um ihre Gastgeber mit Lob zu überschütten und den Abend im Brief noch mal Revue passieren zu lassen, einschließlich der Momente, die sie misslungen fand. Sie schmeckte Diskussionen und Essen noch mal nach, um es in der Regel doch für köstlich zu befinden, und streckte die Freude so für beide Seiten in die Länge.

»Das Gefühl der Dankbarkeit verstärkt sich, wenn wir es zum Ausdruck bringen«, hat der Theologe und Philosoph Hans-Arved Willberg festgestellt. Man kann also ruhig ein paar Gedanken darauf verschwenden. *Danken*, darauf hat der Soziologe Helmuth Berking hingewiesen, geht auf *denken* zurück. »Es bezeichnet eine Tätigkeit des Geistes, eine Bewegung und Erhebung der Seele, wie sie in Andacht oder Gedanke noch anklingen.«

»Haben Sie sich schon einmal gefragt, wie oft Sie am Tag Danke sagen? Danke für das Salz, für die aufgehaltene Tür, für die Auskunft? Danke für das Rückgeld, fürs Baguette, das Päckchen Zigaretten.«

Mit diesen Worten beginnt Delphine de Vigan ihren Roman *Dankbarkeiten*, um ein paar Zeilen weiter fortzufahren: »Haben Sie sich schon einmal gefragt, wie oft Sie in Ihrem Leben wirklich Danke gesagt haben? Ein echtes Danke.« So eins, wie es die weibliche Hauptfigur, eine alte Dame, am Ende ihres Lebens loswerden will. Sie möchte das Paar wiederfinden, das sie während der Nazizeit als kleines Mädchen bei sich versteckt und so gerettet hat. Die zweite Hauptfigur, eine junge Frau und Nachbarin, will sich ihrerseits bei der alten Dame dafür bedanken, dass die sie, auf andere Weise, gerettet hat.

Der Roman der französischen Schriftstellerin erschien auf Deutsch genau in jenen Tagen, im März 2020, als eine ganze Welle der Dankbarkeit die Deutschen erfasste, sie eine regelrechte Kultur der Verbundenheit entwickelten. In diesem März fingen Menschen plötzlich an, sich bei den Kassiererinnen im Supermarkt zu bedanken, die im Akkord arbeiteten, immer in der Gefahr, sich bei einem der vielen Leute, die den Laden stürmten, anzustecken. Die Kunden schenkten diesen Arbeiterinnen, die sie bisher möglicherweise gar nicht wahrgenommen hatten, außer wenn sie sich ärgerten, ein Lächeln, genau wie es der Gesundheitsminister empfohlen hatte. Die Menschen stellten sich auf die Balkone und klatschten für die Ärzte, Schwestern und Pfleger, die bis zum Umfallen arbeiteten, und sangen für diese »Freude schöner Götterfunken« – sehr viel zaghafter, als die Italiener es vorgemacht hatten, aber immerhin.

Der Bayerische Rundfunk startete die Aktion »Danke sagen«, Supermärkte und Bioläden schalteten ganzseitige Anzeigen, über denen in riesigen Lettern DANKE stand: »Danke an die fleißigen Mitarbeiter*innen, die Logistik, die Lieferant*innen. An unsere Kund*innen, die keine Hamsterkäufe machen, sondern für alte und schwache Menschen mit einkaufen …« DANKE schrieb die Post ebenso wie die Bundesregierung in ihren Anzeigen.

Kann sein, dass da auch ein bisschen schlechtes Gewissen mitspielte, die eigenen Leute nicht gut genug behandelt zu haben, und der Wunsch, in der Öffentlichkeit gut dazustehen. Doch es fühlte sich so an, als wäre das ganze Land so durchgeschüttelt worden wie wir auf unserem Ryanair-Flug. Mit der Corona-Krise merkten viele plötzlich, wofür sie alles dankbar sein können: in einer großen Altbauwohnung wohnen zu dürfen oder gar einen Garten zu haben, in dem man selbst unter Quarantäne an der freien Luft umhergehen kann. Von Politikern regiert zu werden, die bei Sinnen sind, vernünftig, kooperativ und demokratisch agieren. In einem Land zu leben, in dem Gesundheitssystem und soziale Versorgung einigermaßen funktionieren. Dankbar, eine feste Stelle, Kündigungsschutz, Kurzarbeitsregelungen und finanzielle Rücklagen zu haben. Die Menschen freuten sich auf einmal wieder an Kleinigkeiten – dem Ausflug zum Supermarkt, dem Spatz vor dem Fenster –, an anderen Menschen. Niemand wünschte irgendjemandem Corona an den Hals, aber als die Krise nun mal da war, empfanden nicht wenige die Stille, die Auszeit zu Hause, die allgemeine Entschleunigung, das Verschwinden der aggressiven Auto- und Radfahrer, die unverplante Zeit zu Hause durchaus als Geschenk.

Die Flut der Schreckensnachrichten und -bilder, etwa aus Indien und den USA, demonstrierte, dass vieles von dem, was Deutsche für selbstverständlich gehalten hatten, keineswegs überall so ist. In Amerika verloren Millionen von Menschen über Nacht ihren Arbeitsplatz, und das, ohne Sparbuch, Kranken- oder Arbeitslosenversicherung zu haben. Und mit einem Präsidenten, der erst die Gefahr lächerlich machte, dann zum Fremdenhass aufrief und der glaubte, mit einem Geschenk von 1000 Dollar pro Nase die Konsumwirtschaft ganz schnell flottkriegen zu können.

Sicher gingen einige mit ihrem Danke auch hausieren, wie der Berliner Baumarkt, der an vielbefahrenen Straßen große Werbedankestafeln laufen ließ, die Ärzte und Krankenschwestern zeigten, als wolle man sich ranhängen an deren Einsatz. Für viele Pflegekräfte hatte das kollektive Danke etwas Wohlfeiles, einen schalen Beigeschmack, nachdem sie sich seit Jahren vergebens für eine angemessene Bezahlung und Ausstattung, für menschenwürdige Dienste eingesetzt hatten. »Ihr könnt Euch Euer Klatschen sonst wohin schmieren«, empörte sich eine Schwester auf Facebook.

Recht hat sie: Ein Dankeschön kann nie Ersatz für etwas sein, was einem zusteht, so wenig wie Trinkgeld einen miesen Lohn kompensieren sollte. Das Danke ist eine elementare Ergänzung, definitiv mehr als ein Sahnehäubchen, aber nicht der Kuchen selbst. Auch für Almosen muss man nicht dankbar sein.

Das Gefühl der Dankbarkeit darf nicht zum Machtinstrument werden, mit dem man, ob beruflich oder privat, versucht, jemanden zu unterdrücken. In seinem Buch *The Art of Gratitude* kritisiert der Kommunikationsforscher und Ethiker Jeremy David Engels denn auch die »Dankbarkeitsindustrie«, wie er sie nennt, die sich in den letzten Jahren ausgehend von Robert A. Emmons entwickelt habe. Er weist auf die Gefahren des Konzepts hin, den Missbrauch der Demut, um Menschen kleinzuhalten, ihnen vorzuenthalten, was ihnen zusteht. »In den Händen der Mächtigen wird ›Dankbarkeit‹ schnell zur wirksamen rhetorischen Waffe, um Gehorsam zu propagieren.« Manchmal geht es eben nicht darum, die Haltung zu ändern, sondern die Lebensumstände.

Doch ohne ständiges Geben und Nehmen kann es überhaupt keine Gesellschaft geben, davon war der Soziologe Georg Simmel überzeugt. Die Dankbarkeit, der er anno 1907 einen Text widmete, definierte er als »das moralische Gedächtnis der

Menschheit«, als etwas, womit sich relativ leicht eine Brücke zwischen Leuten schlagen lasse. Auch wenn diese erst einmal von einer Person zur anderen führe, habe sie doch gewaltige Auswirkungen auf die Gemeinschaft: »Durch ihr tausendfaches Hin- und Herweben innerhalb der Gesellschaft, wird sie zu einem ihrer stärksten Bindemittel«. Ein festes Band. Wer, aus dem Drang nach Unabhängigkeit, Geschenke ablehnt, reißt solche Brücken als Bindungen ein beziehungsweise lässt sie gar nicht erst zu. Dabei räumt Simmel ein, dass derjenige, der den ersten Zug macht, im Vorteil ist und ein schöneres Gefühl auskosten kann, er ist noch ganz frei in seiner Gabe. Diese Freiheit kann die Gegengabe nicht besitzen – »eben weil sie Gegengabe ist«.

Wer gibt, muss aber im Gegenzug auch nehmen, ob nun ein verbales oder handfestes Dankeschön. Es geht nicht darum, mit gleicher Münze zurückzuzahlen, darum geht's beim Schenken nie. Aber Großzügigkeit bedeutet eben auch: nehmen können. Wenn eine Frau eine Freundin, die sich während einer Krankheit um sie gekümmert hat, ins Restaurant einlädt, um sich – zu revanchieren klingt so nach Krieg –, aber doch erkenntlich zu zeigen, und diese Freundin geht heimlich zum Kellner, um selber die Rechnung zu zahlen, dann ist das asozial.

Es gibt einen wunderbaren Film, der das Dilemma thematisiert, *Besser geht's nicht*. In der Tragikomödie spielt Jack Nicholson ein zwangsneurotisches Ekelpaket, das seine Mitmenschen ununterbrochen grob verletzt. Bis der emotionale Geizkragen merkt, dass auch er nicht ohne andere auskommt. Die einzige, die Melvin erträgt und mit ihm umgehen kann, ist nämlich Carol, die Kellnerin seines Stammlokals. Als die alleinerziehende Mutter nicht mehr arbeitet, weil sie sich um ihren todkranken Sohn kümmern muss, spendiert er ihr die Behandlung des Kindes durch einen guten Arzt. Carol, gespielt von Helen Hunt, ist das unheimlich. Sie sagt Ekel Melvin ins Gesicht, dass sie jetzt aber nicht mit ihm schlafen werde, falls er das als Gegenleistung erwarte. Danach setzt sie sich hin und schreibt ihm einen 23 Seiten langen Dankesbrief, den er, als sie ihn ihm überreichen will, wegschubst, als wäre es eine ansteckende Krankheit.

Wer hätte das nicht schon erlebt, was Carol alias Helen Hunt in ihrem fieberhaften Briefeschreiben vorführt, dieses Überquellen von Dankbarkeit, das ein Ventil braucht, den übermächtigen Wunsch, etwas zurückzugeben. Gerade bei medizinischer Versorgung, die so intim ist, wo es ums Leben geht und schlimmstenfalls um den Tod. Eine Berliner Hebamme erzählt, dass sie überschüttet wird mit Gutscheinen für ein Riesen-Spa, das sie nicht mag, und für ein Liquidrom, das sie so furchtbar findet, dass sie die Gutscheine nicht mal weitergeben möchte. Aber die jungen Eltern, die mit ihr durch die wahrscheinlich intensivsten Stunden ihres Lebens gegangen sind, wollen ihr unbedingt Gutes tun.

Niedergelassene Ärzte erleben das dauernd, nicht nur bei alten Patienten, die es aus Kriegszeiten gewohnt sind, in Naturalien zu bezahlen: Kaffee und selbstgebackene Kekse zum Beispiel, Pralinen, Honig, Wein. Für die Mediziner ist das nicht immer einfach. Sollen sie annehmen? Wo fängt die Bestechlichkeit an?

Ein Kinderkardiologe erzählt, dass er den Wunsch versteht, ihm aber trotzdem mulmig dabei ist. »Nach der Berufsordnung ist es Ärzt*innen nicht gestattet, von Patient*innen oder Angehörigen Geschenke anzunehmen, da es den Eindruck erwecken kann, dass dies die Unabhängigkeit der ärztlichen Entscheidung beeinflusst.« Er bittet, nicht unbedingt mit Erfolg, die Familien seiner Patienten, darauf zu verzichten oder stattdessen für einen guten Zweck zu spenden. Manchmal kommen Süßigkeiten, »meiner Einschätzung nach meist von sozial schwachen Familien mit dem Herzen gebracht«, die das Praxisteam dann teilt. Eine armenische Familie brachte eine Flasche Cognac in Form eines Maschinengewehrs. »Geschmeckt hat er.« Über welches Geschenk er sich am meisten freut? »Ein Dankeschön, ein Händedruck, eine Umarmung mit einem kurzen Moment der Stille. Oder auch einen Blumenstrauß.«

Lehrern und Erziehern kann es ähnlich gehen. Für die netten, inspirierenden unter ihnen gestalten Schüler und Eltern zusammen Fotobücher, formulieren »Sonnenschein-Sätze« – kleine Texte, was einem am anderen gefällt – oder organisieren gar eine Demonstration: Da werden die Erzieher mit dem Traktor abgeholt und mit Transparenten begleitet.

Bloß, was ist da angemessen, was erlaubt? Vor einigen Jahren gab es in Berlin einen Skandal, weil Eltern gesammelt hatten, um einer offenbar sehr beliebten Pädagogin eine Skulptur für 200 Euro zu übergeben, von der sie wussten, dass sie ihr gefällt. Sie nahm die Gabe mit Freuden an – und bekam eine Menge Ärger. Die erlaubte Höchstgrenze liegt nämlich bei zehn Euro pro Klasse, um der Bestechung vorzubeugen.

»Kein Beamter braucht Geschenke«, erklärte der Oberstaatsanwalt in der aufgeheizten Debatte. »Wenn ein Beamter eine Flasche Wein oder eine Schachtel Pralinen haben möchte, geht er in ein Geschäft und kauft sie sich.« Als ob es darum ginge. Immerhin, auch die Verwaltung lernte dazu. Ausgelöst von der Diskussion, wurde die Höchstgrenze für Präsente auf eine realistischere Summe angehoben: 30 Euro. Und in Coronazeiten durften Polizisten sogar Döner und ähnliche Versorgungsangebote als Anerkennung ihrer Dienste annehmen.

Schwierig wird es, wenn das Danke nicht einfach so stehenbleiben darf. So werde ich mich wahrscheinlich nie an die Sitte der Goodiebags gewöhnen. Doggybag, ja, gerne, aber warum soll man jemandem, dem man einen vergnüglichen Nachmittag oder Abend bereitet hat, der einem seinerseits etwas mitgebracht hat, dann zum Abschied noch etwas in die Hand drücken? Das wird ein unendlicher Kreislauf des Gebens und Nehmens und Gebens und ...

Eigentlich darf, wer schenkt, ja gar nichts zurück erwarten. Bei den französischen Strukturalisten ist die Dankbarkeit daher schwer verpönt, ist sie doch eine Form der Gegengabe und straft damit die Idee des reinen Präsents Lügen.

So weit zur Theorie. Die Praxis sieht anders aus. Wer fühlte sich nicht enttäuscht, verletzt, im schlimmsten Fall verbittert, wenn nie ein kleines Dankeschön zurückkommt? Die Danksagung ist schließlich eine Form des Respekts. Als Teenager sah ich immer beeindruckt zu, wie meine ungarische Schulfreundin Lucia und ihre Geschwister nach jedem Mittagessen zu ihrer Mutter gingen und sich für die Mahlzeit bedankten.

Interessanterweise ist »grober Undank« der einzige juristisch anerkannte Grund, ein Präsent zurückzufordern. Er muss allerdings ziemlich grob ausfallen. Bedrohung, Misshandlung, schwere Beleidigung, grundlose Strafanzeige ... Fremdgehen oder Lieblosigkeit der Kinder allein reicht da nicht. Am Ende bleibt es eine Entscheidung des Gerichts.

Organspende

Man muss die Gaben nehmen, wie sie kommen. Man muss sie bloß erst mal als solche erkennen. So wie Joachim Meyerhoff. Der Schriftsteller und Schauspieler war überzeugt, seinen überaus erfolgreichen Zyklus autobiographischer Romane abgeschlossen zu haben. Bis ihm etwas passierte, was er bei einer Lesung aus dem noch unveröffentlichten Manuskript als »Geschenk« beschrieb: So sei ihm der Schlaganfall, den er erlitten hat, im Nachhinein erschienen. Er gab ihm den Anstoß, darüber nachzudenken, was ihm wirklich wichtig, wofür er dankbar ist – und verhalf ihm zu einem neuen Buch.

Ein Organ ist die ultimative Gabe, die drastischer als jedes andere Geschenk verkörpert, worum es immer geht: etwas von sich selbst zu geben. Das größte Geschenk des Lebens ist das Leben. Bei der Geburt kriegt man nicht viel mit davon. Bei einer bedrohlichen Situation oder einer Organspende umso mehr.

David Wagner hat ein Buch über diese dramatische Erfahrung geschrieben mit dem schlichten Titel *Leben*. Der Berliner Schriftsteller wäre gestorben, hätte er nicht die Leber eines anderen Menschen bekommen.

Im Krankenhaus findet er eines Tages auf seinem Nachttisch eine Broschüre: »Der Dankesbrief.« Er weiß nicht, wer den Flyer dahin gelegt hat, aber beginnt zu lesen. »Wer etwas geschenkt bekommt, hat das Bedürfnis, sich zu bedanken. Ist das Geschenk von so unschätzbarem Wert wie ein lebensrettendes Organ, erscheint vielen Organempfängern ein einfaches ›Dankeschön‹ als zu wenig.«

David Wagner muss an seine Kindheit denken, als er immer wieder ermahnt wurde, Dankesbriefe zu schreiben, selbst wenn die Präsente ihm nicht gefielen. »Die kratzige Hose, die mir die Tante schenkt, warum soll ich dafür dankbar sein?«, erzählt Wagner im persönlichen Gespräch. Dazu hatte er als Kind keine Lust. Nur als die Nachbarin ihm einen Dolch aus Marokko mitbrachte, malte er ihr ein Bild, rollte es ein und band ein Schleifchen drum. Als Zurückdankeschön gab es Süßigkeiten.

Auch wenn Namen und Adressen von Spenderfamilien nicht herausgegeben werden, wird der Empfänger eines Organs zum anonymen Dankesbrief ermuntert. Für die Angehörigen sei dieser ein ganz besonderes, emotionales Ereignis und werde als Bestätigung aufgefasst, das Richtige getan zu haben. Nur dürfe der Absender nichts Persönliches schreiben – und der Adressat nicht antworten.

Wie soll das denn gehen, ein Brief über ein so existenzielles Erlebnis, in dem nichts Persönliches steht? Als Antwort auf dieses »Riesengeschenk«, wie er die Leber nennt, hat David Wagner *Leben* geschrieben. »Eigentlich ist das ganze Buch ein Dankesbrief.« Ein sehr persönlicher. Adressat: unbekannt.

Es ist ein Geschenk, das, bei bestimmten Organen, auch Lebende machen können. Der bekannteste Fall: Frank-Walter Steinmeier, der seiner Frau eine Niere gab. Seitdem feiern sie jedes Jahr Geburtstag an diesem Tag. Es habe, so sagte der Politiker einmal, beiden gutgetan.

Bei Lebendorganspenden dürfen sich beide Seiten nicht nur kennen, sie müssen sich sogar eng verbunden sein. Die ungeheure Gabe kann zu größerer Innigkeit führen – oder zum Gefühl von Abhängigkeit, Schuld, Macht.

Der *Spiegel* hat einmal ein Gespräch mit einem Ehepaar geführt, der Mann hatte seiner Frau eine Niere überlassen, unter der Überschrift: »Du bist doch nicht das Ersatzteillager für mich«. »Es ist ein Geschenk, das ich nur von ihm annehmen konnte«, sagt Ulrike Sommer, fünf Jahre nach der OP. Nicht von einem Toten, weil Organe entnommen werden, während das Herz noch schlägt. Ihr Mann zitiert in dem Gespräch Studien, wonach die Hälfte der Paare sich nach Lebendspenden trennt. »Auch weil sie die Dankbarkeit nicht aushalten. Wir haben immer dafür gesorgt, dass das nicht passiert.«

Die beiden Fälle sind eher atypisch. Denn es sind mehr Männer, die ein Organ bekommen, als Frauen, während diese aber häufiger spenden als Männer. Und zwar auf der ganzen Welt. Der Unterschied ist eklatant: Zwischen 1993 und 2010 war ein Drittel der Spender in der Schweiz männlich, zwei Drittel weiblich. In Deutschland ging es zu dieser Zeit minimal ausgewogener zu, da machten Männer im Jahr 2010 40 Prozent aus, Frauen 60.

Das klingt erst mal schockierend – und ist bei genauerem Nachdenken so überraschend nicht. Denn wenn es generell eher die Frauen sind, die sich ums Schenken kümmern, warum sollte es hier anders sein? Offenbar hat dieses Ungleichgewicht viel mit dem Rollenbild und entsprechenden Erwartungen zu tun: dass Frauen als die Fürsorglichen, Einfühlsamen gelten, die sich aufopfern und helfen. So erklärt Merve Winter die Unausgewogenheit in ihrem Buch *Psychologie der Lebendorganspende*, in dem sie besonderes Augenmerk auf die Rolle der Geschlechter legt. Die Spende beschreibt die Psychologin als dargebrachtes Opfer: Etwas Lebendiges wird aus dem eigenen Leib rausgeschnitten, um es einem anderen einzupflanzen und so Leben zu schenken. Oft, so ihre Beobachtung, wird dabei die Nähe zum Geburtsakt, also der weiblichen Domäne, hergestellt.

Gerade auf Ehefrauen und Mütter wird offenbar, möglicherweise unbewusst, ein stärkerer Druck ausgeübt. Sie entscheiden sich zudem schneller zu diesem Schritt. In den Gesprächen, die die Psychologin Winter mit Betroffenen führte, empfanden die

Frauen sich als robuster. Als diejenigen, die mehr Schmerz ertragen können.

Die befragten Ehemänner zeigten sich ambivalent gegenüber der Spende ihrer Partnerinnen. »Sie schienen ihren Frauen geradezu diese aktive und potente Rolle als SpenderInnen zu missgönnen beziehungsweise fanden sich in ihrer abhängig-hilflosen Empfängerrolle nur äußerst ungern wieder«, so Merve Winter. Zwar ließen sie sich von ihren Gattinnen im Krankheitsfalle gern pflegen und bemuttern. Von diesen gerettet zu werden war ihnen aber nicht so angenehm. »Das berührt die eigene Geschlechterrollenidentität mitunter empfindlich.« Frauen fühlten sich bei der Organspende in ihrem traditionellen Rollenbild bestätigt, Männer hingegen verletzt. Die Psychologin rät Medizinern denn auch, Frauen in ihrem möglichen Übereifer vor sich selbst und denen, die sie ansprechen, zu schützen.

Missglückt

In einer der bekanntesten Kurzgeschichten der amerikanischen Literatur, *The Gift of the Magi* (Das Geschenk der Weisen), erzählt O. Henry von einem sich wahnsinnig liebenden, bitterarmen Paar, das kein Geld hat, um einander etwas zu Weihnachten zu kaufen – genau einen Dollar siebenundachtzig Cent hat sie gespart –, sich aber mit dem perfekten Präsent überraschen will. Und so verkaufen beide das Kostbarste, was sie haben. Della überlässt ihr unglaubliches langes Haar, das sich wie ein Wasserfall über den Rücken ergießt, wenn sie es öffnet, und das bis fast übers Knie reicht, einer Friseurin, um mit dem Geld eine Kette für die goldene Uhr ihres Mannes zu kaufen – nur dass Jim die gerade versetzt hat, damit er ihr Schildpattkämme für ihr wunderschönes Haar besorgen kann. Aber was soll's, das Geschenk ist das Geschenk der Liebe. Nachdem die beiden sich wieder gefasst haben, sagt Jim zu seiner Liebsten: Willst du nicht die Koteletts in die Pfanne legen? *Life goes on.*

Wenn schon die, die sich wirklich lieben, Fehler machen – wie ist es dann erst bei all den andern! In seinem Buch übers Schenken und Beschenktwerden zählt der Philosoph Wilhelm Schmid die verschiedenen Formen von Präsenten auf – und die Liste der negativ behafteten fällt bei ihm entschieden länger aus als die der positiven: Besänftigungsgeschenke, Verlegenheitsgeschenke, Notgeschenke, Pflichtgeschenke, Verpflichtungsgeschenke, Belastungsgeschenke, Danaergeschenke, Beleidigungsgeschenke, Triumphgeschenke, Entsorgungsgeschenke und Gießkannengeschenke, bei denen jemand einfach Sonderangebote hortet und sie dann wahllos über die verschiedensten Menschen verteilt. *Eine schöne Bescherung*, der Ausdruck kommt nicht von ungefähr.

Falls Sie zum Beispiel einen Laden sehen, auf dem »Geschenke« steht – *take your money and run!* Dort werden Sie nur Unnützes finden, Nippes aller Art oder Duftkerzen, die eigentlich Stinkkerzen heißen müssten.

Man hätte nicht gedacht, dass er überhaupt von deren Existenz wusste, aber doch, Theodor W. Adorno persönlich hat sich mit dem Inhalt solcher Geschäfte beschäftigt: »Der Verfall des Schenkens spiegelt sich in der peinlichen Erfindung der Geschenkartikel, die bereits darauf angelegt sind, dass man nicht weiß, was man schenken soll, weil man es eigentlich gar nicht will. Diese Waren sind beziehungslos wie ihre Käufer.«

»Na-ja-Geschenke« hat ein Freund von mir sie genannt, »die man kurz anguckt, dann zur Seite stellt und nicht mehr braucht.«

In den USA gab es schon vor 120 Jahren eine eigene Gesellschaft dafür, das heißt dagegen, die »*Society for the Prevention of Useless Giving*«. Wobei es noch die Frage wäre, was schlimmer ist, das allzu unnütze oder das allzu nützliche Ding. Zu praktisch darf ein Präsent nämlich auch nicht sein. Staubsauger und Bügeleisen, und seien es die luxuriösesten Modelle, eignen sich einfach nicht als Geschenk.

Ja, Präsente können vergiften, auf tausendundeine Art. Schon die gedankenlosen Gaben wirken verletzend – warum schenkt mir die Freundin Badesalz, sie weiß doch, dass ich gar keine Badewanne habe?! Noch schlimmer wird es, wenn Menschen verkannt oder missachtet, ihre Vorlieben ignoriert werden, man ihnen den eigenen Geschmack aufdrückt. Als eine Bekannte meine Fragen zum Schenken beantwortete, kam sie immer wieder – so oft, dass sie selbst überrascht war – auf einen Wandteller aus Kupfer zu sprechen, den ihr eine ältere Tante zur Hochzeit geschenkt hatte. Der Kupferteller und der Kupferteller und der

Kupferteller ... Der Schreck, als sie »das Monstrum« auspackte, scheint selbst Jahrzehnte danach nicht verflogen zu sein: »Unglaublich groß und unglaublich hässlich und sicher unglaublich teuer und so zu überhaupt nichts zu gebrauchen, da es absolut nichts mit mir zu tun hat.« Was hatte die Tante sich bloß dabei gedacht? War es Lustlosigkeit, Bosheit oder Anmaßung: Ich weiß besser als du, was gut für dich ist?

Von wegen, »Schenken tut niemand kränken«. Bücher kann man zurückgeben, Gefühle nicht. Wie kann man einer Freundin, die Literatur liebt, einen schnulzigen Frauenroman schenken, einem jungen Mädchen ein Alte-Oma-Unterhemd, der Freundin des Sohnes eine Pickelcreme, der eigenen Schwiegertochter, von der man weiß, dass sie Vegetarierin ist, einen Pelz? Und wie kann man dem Bruder, der seit zehn Jahren trockener Alkoholiker ist, jedes Jahr zu Weihnachten ein paar Flaschen Wein kredenzen? Deutlicher kann man wohl nicht sagen: Ich sehe dich nicht, weil ich dich nicht sehen will.

Nicht gesehen zu werden ist eine herzzerreißende, traumatische Erfahrung. Eine Freundin wurde mit drei Jahren für ein paar Wochen ins Kinderheim geschickt, solange ihre Mutter in Kur war. Dass sie während dieser Zeit vier wurde, hat niemand so richtig beachtet. Als ein anderes Mädchen kurz nach ihr Geburtstag hatte, haben ihr alle ein Lied gesungen, sie bekam Kuchen und jede Menge Aufmerksamkeit. »Ich erinnere mich an meine Gefühle noch genau: Aber ich hatte doch auch Geburtstag! Ich fühlte mich ganz klein und nicht geliebt. Das Nichtbeachtetwerden war damals mit Scham und Ausgegrenztheit verbunden.«

Das gilt genauso umgekehrt, wenn der Schenkende nicht gesehen, seine Mühe ignoriert, der selbstgebastelte Adventskalender nicht mal geöffnet, das liebevoll ausgesuchte Buch nicht gelesen wird. »Schenken ist im Idealfall nichts anderes als die praktische Bestätigung des emotionalen Status einer Beziehung«, schreibt der Soziologe Helmuth Berking und definiert das Geschenk »als Präsentation des Selbst und Objektivation des Bildes vom Anderen«. Genau das macht es so kostbar – und so gefährlich. Was ist die Botschaft, wenn einem jemand ordinäre Putzlappen überreicht, dem kleinen Bruder in der Pubertät ein Deo präsentiert, dem erwachsenen Mann eine Zahnpasta?

Wobei man fairerweise sagen muss, dass Gaben gar nicht immer so gemeint sind, wie sie verstanden werden. Katja Blomberg vom Berliner Haus am Waldsee hat ihrem Vater einmal ein Buch über Erik Satie geschenkt; da war er so alt wie der Musiker, als der starb. »Ich dachte, der Inhalt des Buches würde ihn interessieren. Stattdessen kam die Bemerkung, ich wolle wohl, dass er bald stürbe, was definitiv nicht der Fall war und mich sehr traurig gemacht hat.«

Und es gibt mildernde Umstände: Es macht schon einen Unterschied, ob jemand aus Versehen oder Vergesslichkeit danebengreift oder vorsätzlich verletzt. Der besten Freundin eine Barbie zu schenken, obwohl diese die Puppe erklärtermaßen hasst, oder der Ex-Frau nach der Scheidung einen Dildo – das ist einfach nur beleidigend. Wobei es nicht allein das Objekt selbst ist, mit dem jemand verletzen kann, auch die Art der Übergabe vermag die beste Gabe zu vergiften.

Im Laufe des Lebens habe ich gelernt: Es gibt Schenker und Nichtschenker unter den Menschen, so wie es Leser und Nichtleser gibt. Im Erwachsenenalter wird sich daran nichts mehr ändern. Einer meiner liebsten, lustigsten und treuesten Freunde, ein wunderbarer Gastgeber, kann's einfach nicht, er hat mir schon Sachen verehrt, bei denen ich nicht mal weiß, was sie sein sollen. Wobei – in diesem Moment fällt mir ein, dass er mir einmal etwas aus den Tiefen des früheren sowjetischen Reiches mitgebracht hat, ein paar tausend Kilometer weit hat er sie in der Bahn transportiert, eine riesige Wackelpuppe mit Glocken im dicken Bauch, die unzählige Jahre später immer noch auf meinem Schrank im Büro steht und von dort oben so manchen Besucher erschreckt, der sie für eine Figur aus einem Horrorfilm hält. Ich find' sie einfach lustig.

Außerdem gehören immer zwei zum Schenken. Auch unter den Empfängern gibt es solche mit echten Nehmerqualitäten, die sich über alles freuen können, und andere, die äußerst empfindlich reagieren, in jeder Gabe einen bösen Hintergedanken sehen oder grundsätzlich alles umtauschen müssen. Eine Bekannte, enttäuscht, von ihrem Mann zum 50. nicht was ganz Besonderes bekommen zu haben, bekennt: »*Ich* möchte *mich* auch nicht beschenken, echt schwierig. Weil Geschmacks-Nazi …« Manchmal sagt das Ausmaß der Empörung über eine Gabe mehr über den Empfänger als über den Absender aus.

Aber geschenkt ist geschenkt. Die Freiheit gehört dem anderen. Man kann keine Bedingungen an eine Gabe knüpfen – wenn ich dir das gebe, dann erwarte ich … oder: Dann darfst du mir nicht mehr böse sein. Schenken muss eigentlich immer bedingungslos sein, darf nicht zum Geschäft werden. Deswegen kann man einem Kind nicht erst großzügig eine Geige vermachen und dann Druck ausüben, dass es auch übt, oder einem Jugendlichen einen Sprachkurs spendieren und im selben Atemzug sagen, dann sollte hinterher auf dem Zeugnis doch mindestens eine Zwei stehen. Zu Reisen, die man anderen als Dankeschön finanziert, darf man sich nicht selbst einladen, und die schöne Zeit, die die anderen haben könnten, torpedieren. Auch Gaben, die stille Vorwürfe enthalten (hier hast du Briefpapier, damit du mir endlich schreibst) oder einen pädagogischen Impetus (du solltest mal Ordnung halten), sind tabu. Das ist eine Frage des Respekts.

Und der Sensibilität. Vielleicht freut sich jemand, der im Chaos versinkt, ja tatsächlich über einen Gutschein für eine professionelle Aufräumerin. Aber da empfiehlt es sich, erst mal behutsam vorzutasten.

Von manchen Dingen sollte man vielleicht besser ganz die Finger lassen. Dessous zum Beispiel – zu intim. Selbst in der Beziehung muss man höllisch aufpassen, um ja das richtige Design, die richtige Farbe und, ganz wichtig, die richtige Größe zu erwischen. Ob zu klein oder zu groß – jeder Fehlgriff wäre fatal.

Das gilt nicht nur für Unterwäsche. Wie viele Tränen sind schon geflossen, weil eine Gabe zu mickrig war (bin ich dir nicht mehr wert!) – oder übertrieben (du weißt, dass ich das nicht erwidern kann, damit machst du mich klein!). Wenn einen jemand, der einem gar nicht so nahesteht, mit überdimensionierten, aufdringlichen Präsenten – Laptop, Smartphone, teure Uhr – überschüttet, macht das misstrauisch. Was will der von mir? Eine Freundschaft erpressen? Macht ausüben? Protzen? Manche haben Spaß am Wettkampf des Sichüberbietens und schaukeln sich gegenseitig hoch, wie beim Potlatch der Native Americans, den Marcel Mauss in seinem Essay beschreibt.

Man muss Grenzen respektieren, damit Großzügigkeit nicht umschlägt in Demütigung. Eine Kollegin erzählt von der Überraschung, die sie einem kleinen Mädchen gemacht hat, das sich nichts sehnlicher wünschte, als einmal ins Tropical Island zu fahren – alle Klassenkameraden waren schon in dem Spaßbad gewesen. Caroline hat ihr zwei Nächte mit Mutter und Freundin geschenkt. Das Kind hat sich gefreut wie Bolle. Die Mutter, alleinerziehend, auf Hartz 4, nicht. Die großzügige Gabe hat alles andere, was die Mutter selbst aufbringen konnte, in den Schatten gestellt. Caroline hatte Mühe, das wiedergutzumachen, gewirkt hat dann die Erklärung, dass das Geschenk ihr selbst die größte Freude gemacht habe.

Das rechte Maß zu finden gehört zu den heikelsten Aufgaben. Und das Gemeine ist, dass man sie bei jeder Einladung, jedem Geburtstag, ganz zu schweigen von Weihnachten, von neuem lösen muss. Es gibt ja keine Waage, auf die man die Präsente legen und mit den Gefühlen des Empfängers aufwiegen kann. Liegt da nun genug Zuneigung in der Schale oder zu viel?

Aber: *No risk, no fun.* Also keine Angst. Es ist wie mit Kondolenzbriefen: Schlecht schreiben ist immer noch besser als schweigen. Man braucht einfach ein bisschen Mut, auch zum Scheitern. Und als Empfänger Humor. Wenn man die missratenen Weihnachtspäckchen der Tante vom Dorf, »viel und billig und vorbei an allem«, wie es die Adressatin beschreibt, einfach mit dem Bruder zum Trash-Highlight erklärt, wird aus dem Flop ein Vergnügen.

Humor tut immer gut – Lachen ist das beste Mittel gegen das Weinen. Methode Schrottwichteln. Ein Bremer Improvisationstheater hat sein Publikum mal gebeten, ungeliebte Weihnachtsgeschenke mitzubringen, um die herum die Schauspieler dann Geschichten, Ideen, Lieder, Szenen strickten, wie um die missratenen Gaben neu aufzuladen – und dann wurden sie unter den Zuschauern gewichtelt.

Das Glück liegt im Auge des Betrachters. Es steht jedem selbst frei, einem Ding eine andere Bedeutung zu geben. In ihrem wunderbaren autobiographischen Buch *Was das Leben kostet* erzählt Deborah Levy, wie ihr türkischer Zeitungshändler ihr in der Zeit, als ihre Ehe in die Brüche ging, einen Schlüsselring mit Fellbommel daran schenkte. Sie wusste nichts damit anzufangen, aber anstatt ihn wegzuschmeißen, hängte sie ihn an ihre Handtasche. »So ein Bommel hat etwas sehr Erhebendes. Einmal, als ich mit einem Kollegen im Hyde Park spazieren ging, hüpfte der Bommel leichtherzig auf und nieder, während wir durch das gefallene Herbstlaub pflügten. Er war ein Freigeist, stürmisch vergnügt, halb Tier und halb etwas anderes. So viel fröhlicher als ich.«

Mit einem einzelnen Schlüsselring lässt sich da leichter bewältigen als mit der Summe aller ungeliebten Gaben. Wohin mit den ganzen Na-ja-Geschenken, den Scheußlichkeiten und Verletzungen? Ich kenne kaum jemanden, der da nicht einen Regelkanon entwickelt hätte. Meine Cousine hat sich drei Optionen zurechtgelegt: »a) Die schmeiße ich vor Wut und Enttäuschung sofort weg. b) Geschenkeschublade für die, die es mehr wertschätzen. c) Noch mal in mich gehen, ob der andere es nicht doch gut gemeint hat.«

Meine Schwester Babs war gnadenlos. Wenn ihr etwas nicht gefiel, gab sie es postwendend zurück. Für viele käme das der Kündigung der Freundschaft gleich. Babs, eine großzügige Schenkerin, von Beruf Juristin, war einfach für klare Verhältnisse. Aber wehe, jemand hat ihr was zurückgegeben! Da war Babs gar nicht *amused*. Also hat's auch niemand ein zweites Mal gewagt.

Babs hatte sehr klare Vorstellungen davon, was sie tragen, was sie lesen, was sie in der Wohnung stehen haben wollte. Verstehe ich auch. Wie Katja Blomberg vom Haus am Waldsee sagt: »Zu Hause umgebe ich mich gern mit Dingen, die freundlich zu mir sprechen.« Ich wäre da wahrscheinlich weicheiiger, würde es ab und zu wie meine Freundin Sigrid machen, die einen schrecklichen Glasengel von der Tagesoma ins Buffet gestellt hat, um sie nicht zu kränken, allerdings nach ganz hinten. »Sie war so stolz auf ihn.«

Ich glaube, ich habe noch nie was zurückgegeben, außer vielleicht einem Buch, das ich schon hatte. »Das Geschenk ist das Geschenk«, sagt der Schriftsteller David Wagner – es ist die Geste, die zählt. (Boshaftigkeiten ausgenommen, versteht sich.) Mit ein bisschen Toleranz und Lässigkeit lässt sich da einiges überleben. So wie es das Paar in O. Henrys Kurzgeschichte macht: Freuen wir uns halt an den Koteletts.

Allerdings habe ich auch keine wirklich traumatischen Erlebnisse gehabt. Okay, einmal kamen mir fast die Tränen, als ich keine selbstgebackenen Vanillekipferl abbekommen habe. Ist aber nicht wieder vorgekommen. Zu den unglücklichsten Gaben meines Lebens gehört ansonsten ein Ratgeber übers Gehirnjoggen zum 40. Geburtstag, das fand ich ein bisschen beleidigend. Aber ich weiß, es war gut gemeint und kam von einem älteren Herrn, der wahrscheinlich weise dachte, man kann gar nicht früh genug anfangen. Und mein Gedächtnis *ist* grauenvoll. Aus diesem Grunde habe ich sogar, ich bekenne es, angefangen, Buch zu führen über meine Gaben, um nicht zweimal die gleiche Schale, die ich so schön fand, mitzubringen, oder einen Roman, von dem ich so begeistert war.

Nachdem ich mich einmal über die Geste der Gabe gefreut habe, halten sich meine Skrupel in Grenzen, etwas weiterzuschenken, wenn es mir nicht gefällt, einem anderen aber möglicherweise schon. Oder wenn ich mal wieder Luft in der Wohnung schaffen muss, um nicht zu ersticken. Man muss es einfach positiv betrachten – so wie die Braut ihren eigenen Hochzeitsstrauß als Glücksbringer weitergibt.

Nur erwischen lassen darf man sich nicht. Auf dem Flohmarkt das eigene Buch zu entdecken, in das man jemandem eine innige Widmung geschrieben hat, ist etwas verstörend. Und man muss, beim Weiterschenken genau wie beim Schenken, eine Faustregel beachten: Großzügigkeit, so definieren es die beiden amerikanischen Forscher Christian Smith und Hilary Davidson, bedeutet nicht, einfach irgendwas zu geben, sondern etwas, was dem anderen guttut, wovon er was hat.

Das Weiterreichen jenseits des eigenen Freundeskreises ist ziemlich einfach geworden. Man kann zu Charity Shops wie

Oxfam gehen oder auf Flohmärkte. (Wer's mag, ich habe noch nie den Spaß daran verstanden, mich da einen ganzen Tag oder gar zwei an einen Stand zu setzen, bei Wind und Regen, und mit ein paar Euro nach Hause zu kommen.) Die Sharing Economy von Ebay-Kleinanzeigen bis zu Online-Nachbarschaftsplattformen hat viele Kanäle geschaffen. So gibt es die Facebookseite *free your stuff*, wo man ein Foto hochladen kann; in der Regel, habe ich mir sagen lassen, dauert es keine zwei Minuten, bis sich jemand findet, der das Ding dann abholt. »Sollte sich keiner finden«, so mein Informant, »hat das Geschenk auf jeden Fall den Flug in die Tonne verdient.«

Bei uns im Haus funktioniert die Sharing Economy ganz analog. Da legen Nachbarn alles, was sie aussortiert haben, Bücher, Vasen, Schüsseln, Drucker und Musik, auf den breiten Treppenabsatz. Funktioniert bestens. Die Geschmäcker sind ja zum Glück verschieden. Auch Zeitschriften deponiere ich dort regelmäßig, wenn ich nicht zu viele Seiten rausgerupft habe. Ist doch zu schade, sie nach einmal lesen gleich wegzuwerfen. In anderen Häusern gibt es einen organisierten Ringtausch von Gazetten – gibst du mir die *FAZ*, geb' ich dir die *taz*.

Recyclen ist angesagt. In der Stadt stehen inzwischen Telefonzellen, hohle Bäume und Regale auf dem Bürgersteig, in die die einen etwas stellen, was die anderen rausnehmen können. *The gift that keeps on giving.* Solange die Leute solche öffentlichen Tauschbörsen nicht als Müllhalden missbrauchen, wo sie einfach ihren Schrott abwerfen. Das darf man allerhöchstens in der Familie. Eine Mutter hat mir von ihrem dreijährigen Sohn erzählt, der an Heiligabend sein Zimmer aufgeräumt, alles Unnütze in eine Schachtel gesteckt und ihr geschenkt hat. Das fand sie sehr lustig. Ich auch.

Die Gabe als Wanderpokal ist eine alte Sache. Es gibt ein berühmtes Forschungsprojekt aus der Zeit des Ersten Weltkriegs, als der Anthropologe Bronisław Malinowski – noch vor Marcel Mauss – auf den Trobriand-Inseln im westlichen Pazifik die besondere Form des Gabentausches erforschte, der sich über mehrere Inseln erstreckte. Im Kreis gaben verschiedene Stämme Schmuck weiter: Halsketten aus roten Muscheln wanderten im Uhrzeigersinn, Armreifen aus weißen Muscheln in der umgekehrten Richtung. Ein, zwei Jahre blieben sie bei jemandem, bevor sie weiterwanderten; die Übergabe wurde mit rituellen Zeremonien gefeiert. Der Sinn dahinter, wie bei allen Gaben: Die Bande zu stärken. Eine ebenso ökonomische wie ökologische Form des Gebens und eine gute Übung im Loslassen.

Bei Büchern praktiziere ich so eine Art Ringtausch schon. Romane, die mir besonders gut gefallen haben, gebe ich an Freunde weiter – aber ehrlich gesagt hätte ich sie schon ganz gern zurück. Vielleicht klappt das ja besser, wenn man ein Fest dazu feiert. Ist überhaupt eine Idee!

Auch an anderen Dingen klebe ich. Ich kann Wim Wenders verstehen, der mal erzählte, wie schwer es ihm fiel, seine Polaroids wegzugeben. Heute könne man ein Bild ja eine Million Mal verschicken und habe es immer noch auf dem Smartphone. Wenn er aber so ein Unikat verschenkte, war er es für immer los.

Das Gefühl kenne ich, selbst bei Dingen, die ich genau zu diesem Zwecke, dem Weggeben, gekauft habe. In meiner Geschenkekiste schlummern seit Jahren Gaben, die wegzugeben ich noch immer nicht geschafft habe, weil ich sie nicht mehr nachkaufen kann. Sei es, dass ich sie in einem anderen Land, sei es, dass ich sie in einer anderen Zeit erstanden habe. Oder beides. So wie der Mini-Mitropa-Block, den ich bei einem meiner Nachwende-Schnappzüge im Osten ergattert habe. Er war eigentlich für einen Kaufladen gedacht. So oft schon habe ich das Blöckchen in die Hand genommen und abgewogen – weiß der oder die zu Beschenkende das zu schätzen? Kinder, für die es ja eigentlich gedacht war, bestimmt nicht, die kennen die Mitropa gar nicht, geschweige denn die DDR. Dann lege ich das historische Zeugnis wieder zurück. Mich zu trennen ist nicht meine größte Begabung. Immerhin verspüre ich nicht den Wunsch, mir meine Geschenke zurückzuholen, wie der Goldschmied René Cardillac in E. T. A. Hoffmanns *Fräulein von Scuderi*. Der hängt so sehr an den selbstkreierten Schmuckstücken, dass er deren Verkauf nicht erträgt und zum Serienmörder wird.

Dabei heißt Großzügigkeit genau das, sich zu lösen von dem, woran das Herz besonders hängt. So hat auf jeden Fall die Schriftstellerin Selma Lagerlöf das Schenken definiert: »einem anderen das geben, was man selbst behalten möchte«. Es gibt Menschen, die, wenn jemand etwas gut findet in ihrer Wohnung, einfach sagen: Nimm's! Wobei ich mich kürzlich habe belehren lassen, dass es vielleicht genau umgekehrt sein könnte. Meine Freundin Corinne erzählt von ihrem Mann, der ihr eine Kakadufigur, die sie im Schaufenster bewundert hatte, zum Geburtstag kaufte, obwohl er selber sie grauenvoll fand, und jetzt mit ihr leben muss. Das, sagt sie, ist wahre Großzügigkeit. Allerdings kamen ihr inzwischen auch schon Zweifel, ob der Kakadu ihr zu Hause wirklich so gut gefällt wie im Laden.

Und dann? Ungeliebte Präsente umtauschen, eine beliebte Option, für manche gar eine Art Sport und ein großes Nachweihnachtsvergnügen, ist mir zu nüchtern. Oft genug, wenn man keinen geeigneten Abnehmer gefunden oder gar nicht erst gesucht hat, macht man's am Ende doch. Aber eben erst am Ende einer gewissen Karenzzeit. Unerwünschte und scheußliche Geschenke verschwinden in der hintersten Schublade oder im Schrank, auch Keller und Garage sind beliebte Quarantänestationen – »bis es«, so meine Freundin Corinne, »seine Kraft ein wenig verloren hat und ich es leichter weggeben kann«. Als sei es ein magisches Objekt, dessen Zauber verfliegen muss wie der Duft eines Lavendelmottensäckchens im Kleiderschrank. Das braucht halt eine gewisse Zeit. Diese ungeschriebene Anstands- und Dankbarkeitsregel beachten fast alle. Ich habe kaum jemanden getroffen, der sich traut, eine Gabe gleich in den Mülleimer oder gar dem anderen vor die Füße zu werfen. Und dann ist meist Wut am Werk. Das hat weniger mit dem armen Objekt zu tun als mit einer verkorksten Beziehung.

»Zur Seite legen und warten, dass es sich von selbst entsorgt«: Mit dieser Antwort auf die Frage, was er mit scheußlichen Geschenken macht, hat ein mir Unbekannter wohl ziemlich genau das magische Denken beschrieben, das fast jeder kennt. Man zimmert sich einfach seine unlogische Logik zurecht. Eine Freundin etwa mag das selbstgemachte Gänseschmalz ihrer Mutter nicht. »Aber wegschmeißen kann ich es auch nicht, denn es kommt von ihr.« Also bewahrt sie es so lange auf, »bis es wirklich gammelig ist und getrost entsorgt werden kann«.

Den Grund dafür, dass es einem so schwerfällt, hat schon Marcel Mauss beschrieben: Der Schenkende gibt ja immer ein Stück von sich, von seiner Seele. Und wer gibt – oder noch schlimmer: schmeißt – schon gern die Seele anderer Menschen weg? Das schlechte Gewissen rumort in der eigenen Seele.

Man darf nur nicht zu lange warten mit der Karenz. Erinnern Sie sich an die Motten vom Anfang? Die meisten kamen nicht aus meiner Speisekammer, wie zunächst vermutet, sondern aus dem Hängeboden, fanden die Kammerjäger heraus. Die Tierchen hatten sich im Teppich meiner Großmutter festgefressen, den ich nie ausgerollt hatte. Nicht mein Geschmack. Das Erbstück wegschmeißen? Hab' ich nicht übers Herz gebracht. Ach, hätte ich ihn doch einfach weitergegeben, an jemanden, dem das gute Stück gefallen hätte.

Ich bring' ein Ei und hätt' gern zwei.

Schenken auf Rezept – interessantes Konzept! Hatte ich noch nie von gehört, aber jetzt gelesen. Ich weiß gar nicht mehr, wie mir das Buch von Cami Walker in die Hände geraten ist: *29 Gifts. How a Month of Giving Can Change Your Life*. Um Selbsthilfe- und Heilungsbücher mache ich normalerweise einen Bogen. Aber hier hat mich die Kur doch zu sehr interessiert.

Mit massiven Schmerzen und Beschwerden und schließlich der Diagnose multiple Sklerose, die sie einen Monat nach ihrer Hochzeit bekam, steckte die junge Autorin in einer heftigen Krise. Ihre Nachbarin holte sie da raus. Die aus Südafrika stammende Heilerin verschrieb der Kranken, die kaum gehen, sehen und dabei kaum noch schlafen konnte, 29 Geschenke. Jeden Tag eins. Nicht kriegen, sondern machen. Keine Ahnung, warum 29, wo der normale Monat doch 30 oder 31 Tage hat. Aber egal, Hauptsache, es wirkt. Und es hat gewirkt.

Was mich nicht überrascht. Dass es gesund ist, an andere zu denken und aufmerksam zu sein, habe ich nie bezweifelt. Dabei ein bisschen Kreativität walten zu lassen tut ebenfalls gut. Dann ist man mit den Gedanken schon mal woanders als bei der eigenen Misere. Walker hat Aufmerksamkeit verschenkt, Geld, Objekte. Eine Spende hier, ein Anruf bei einer lange vernachlässigten Freundin dort, fünf Dollar für den jungen Breakdancer, für die eigene Mutter koreanischen Zitronentee. Neugierig zu sein, offen für Begegnungen und Gelegenheiten und Überraschungen, auch wenn man morgens keine Ahnung hat, was man an diesem Tag wohl wem geben mag, gehörte zu den Grundregeln der 29-Tage-Kur.

Geben heißt handeln, hatte die Medizinfrau erklärt: eine positive Aktion, die Lebenslust wecke, auch bewusst und dankbar mache für all das, was man selbst in einer schwierigen Situation noch habe. Zu dieser Form der gerade sehr angesagten »*Mindfulness*«, »Achtsamkeit«, gehörte auch das Führen eines Tagebuchs.

MS bleibt MS. Aber Depressionen und Schlaflosigkeit ließen sich in diesem Fall lindern, die Lebensgeister der Kranken kehrten zurück. Auch das wenig überraschend: Dass sich eine gute Stimmung positiv auf den Körper auswirkt, ist *common sense*.

Walkers Erfahrungsbericht kam vor zehn Jahren heraus, stand auch auf der Bestsellerliste, aber so richtig Schule gemacht hat das Heilverfahren nicht. Es gibt eine 29-Gifts-Community, doch wenn man sich deren Website anschaut, läppert das Ganze eher vor sich hin.

Schade eigentlich. Vieles spricht für die Geschenkekur: ein Medikament ohne Chemie und Nebenwirkungen; eine Heilerin, die offenbar kein Vermögen von einer Verzweifelten abzockt; eine Challenge, die sinnvoller ist, als sich einen Eimer Eiswürfel über den Kopf zu schütten. Und überhaupt, eine Medizin, von der auch die Umgebung was hat, wo gibt's denn so was.

Vielleicht wurde die Initiative nicht zu einer Massenbewegung, weil sie doch einen zu esoterischen Touch hat, zu gutmenschlich daherkommt, zu bekenntnishaft. Dafür, dass es eigentlich um Altruismus geht, leidet Walkers Text auch an einer gehörigen Überdosis Selbstbezogenheit. Vielleicht lässt sich Großzügigkeit schlicht nicht in ein Korsett pressen, erzeugt das Programm, jeden Tag ein Geschenk machen zu müssen, einen unbekömmlichen Druck. Vielleicht steht aber auch der starke Utilitarismus dieser Form des Heilschenkens dem Erfolg entgegen.

Wobei natürlich schon die frühesten Formen des Gebens ein Investment waren. Auch unsere Vorfahren, die ein Lamm auf dem Altar opferten, wollten was: Gott gnädig stimmen.

Kleine Geschenke erhalten die Freundschaft. Wer kennt das Sprichwort nicht. Oder, noch schöner: *Ich bring' ein Ei und hätt' gern zwei.* Ja, Schenken ist egoistisch und utilitaristisch. Kein Soziologe, kein Anthropologe, der nicht vergisst, mit der Keule darauf hinzuweisen. Der pure Eigennutz, getarnt als Großzügigkeit. Man gibt, um was zu kriegen. Dankbarkeit, ein warmes Abendessen, Ansehen, Sympathie und Gunst, eine bessere Position oder bevorzugte Behandlung. Für die Kritiker hat Geben immer was Berechnendes. »Geschenke sind Ornamente, mit denen wir uns schmücken«, sagt der Philosoph Wilhelm Schmid. Und das ist noch das harmloseste Motiv.

Es geht um Macht. »Beschenken heißt knechten«, hat Sartre gesagt. Es kann auch heißen, sich einen Vorteil zu verschaffen, so wie es jene Hollywoodstars und Topmanager versuchen, die amerikanischen Eliteunis wie Yale & Co ein Vermögen stiften, auf dass ihr Nachwuchs an einer Hochschule angenommen werde, die besser ist als die Zensuren der Kids. Als Trump-Schwiegersohn Jared Kushner sich mit eher bescheidenem Abschluss in Harvard bewarb, vermachte sein Vater der Uni während des Bewerbungsprozesses 2,5 Millionen Dollar.

Das nennt man Bestechung. In solchen Fällen ist es nicht schwer, den Unterschied zu wahrer, ehrenwerter Großzügigkeit zu erkennen. Im letzten Jahr kam ans Licht, was die Deutsche Bank alles anschleppte (oder schleppen ließ), um China als Markt für sich zu erobern. Staatspräsident Jiang Zemin bekam einen 15 000 Dollar teuren Kristalltiger (stand der auf seinem Wunschzettel?), außerdem eine Anlage von Bang & Olufsen; der Vizepremier kriegte einen Fernseher im Wert von 5400 Dollar. Wichtige Mittelsmänner wurden nach Angaben der *Süddeutschen Zeitung* mit Louis-Vuitton-Taschen, Kaschmirmänteln und Château Lafite, Jahrgang 1945, belohnt. »Deutschlands wichtigste Bank wanzte sich mit Geschenken und Günstlingswirtschaft an die Elite eines autoritären Regimes heran.« Josef Ackermann konnte sich später nicht erinnern. Er habe die Präsente vermutlich nicht selbst überreicht, den Wert nicht gekannt. Natürlich nicht.

Manchmal wird solch unverfrorene Bestechung tatsächlich juristisch verfolgt. Doch häufiger bewegt sich die berechnende Gabe in der nichtjustiziablen Grauzone des Alltags. Eltern von kleinen Kindern erleben das jeden Tag. Dicke Scheiben grinsender Bären-Kinderwurst an der Fleischtheke, Lutscher im Drogeriemarkt, Adventskalender an der Supermarktkasse – nur weil sie wollen, dass die Kunden wiederkommen, rauben die Händler den wahren Geschenken ihren Wert, sind die am Ende doch nichts Besonderes mehr. Sie nehmen den Kindern die Freude.

Auch die Erwachsenen werden umweltfeindlich überschüttet mit Giveaways. Von Presseevents ziehen Journalisten und Influencer mit ihren Tütchen ab, als wären sie auf einem Kindergeburtstag gewesen. Die Wundertüte namens Goodiebag hat sich fest etabliert, manche erhalten Kostbarkeiten, die die steuerfreie Zehn-Euro-»Streuwerbeartikel«-Grenze deutlich überschreiten, andere sind einfach umweltschädlicher Schrott. Einkaufsbeutel, Luftballons, Figürchen, der gute alte Kugelschreiber als Sympathieträger (der ist nicht totzukriegen, nur: Wie viele Kugelschreiber braucht ein digitaler Mensch?), Schlüsselanhänger, Notizbücher, Powerbank, Thermobecher, USB-Sticks, Blöcke mit dem Logo der Firma, Kopfhörer, Lautsprecher, Kalender, Nageletui, Taschenmesser, Parfümpröbchen … Man könnte glatt eine Geschichte der Bundesrepublik anhand der Werbegeschenke im Wandel der Zeiten schreiben. Wobei diese Tradition viel weiter zurückreicht. Der Philosoph Gerhard Schmied erzählt, dass Bäcker und Metzger ihre Kunden schon im 18. Jahrhundert mit kleinen Gaben zu Weihnachten oder zum neuen Jahr zu becircen versuchten. Der Sinn ist der gleiche wie bei allen Präsenten, eine Bindung zu stärken, nur ist es eben keine persönliche, sondern eine geschäftliche.

Die Branche boomt. Nach Angaben des Gesamtverbands der Werbeartikel-Wirtschaft wurden in Deutschland im Jahr 2018 3,58 Milliarden Euro für Werbeartikel ausgegeben. »Sie erreichen im Vergleich zu anderen Kommunikationsmitteln die höchsten Erinnerungswerte an das beworbene Produkt (70 Prozent) bzw. an den Marken- oder Unternehmensnamen.« 90 Prozent der Empfänger würden sie auch benutzen, 62 Prozent blieben länger als ein Jahr in deren Besitz. Haben sie einfach vergessen, das Zeug wegzuwerfen?

»Werbeartikel sind attraktiv, sympathisch, nützlich und kreativ«, erklärt der Verband. Man muss sich das mal auf der Zunge zergehen lassen: »Werbeartikel sind haptische Kommunikationsmittel modernster Prägung. Ihr Potenzial ist nahezu unbegrenzt.« Und: »Werbeartikel stellen die einzige Werbeform dar, die alle 5 Sinne (sehen, tasten, riechen, hören, schmecken) des Menschen anspricht.« Die Firmen haben doppelt was davon, können sie die Präsente, zumindest die günstigen, doch von der Steuer absetzen.

There ain't no such thing as a free lunch: Der Spruch geht auf amerikanische Saloons zurück, die im 19. Jahrhundert die Gäste zum Trinken animierten. Wer einen Drink bestellte, bekam etwas zu essen gratis dazu, schön stark gesalzen. Noch mehr Durst, noch mehr Drinks.

Es gibt nichts geschenkt, so heißt das deutsche Pendant. Wer was nimmt, zahlt einen Preis. Wo hört die Werbung auf, fängt die Bestechung im Alltag an? Die Justiz beschäftigt sich auch damit. Nach einem Urteil des Bundesgerichtshofs vom Sommer 2019 beispielsweise dürfen Apotheker bei der Einlösung eines ärztlichen Rezepts eigentlich keine Taschentücher und keinen Traubenzucker mehr verschenken. Damit würden sie die Preisbindung der Medikamente unterlaufen. Ist bei meinen Apotheken noch nicht angekommen.

Schwieriger wird es da schon für Staatsoberhäupter und Monarchen untereinander. Auch die werden überschüttet mit Gaben, um die Bindungen zwischen den Ländern zu stärken, das Gegenüber für sich einzunehmen. Das abzulehnen oder selber gar nichts mitzubringen, käme einem Affront gleich. Die Queen hat mal ein lebendes Schwein, das ihr auf der Südseeinsel Vanuatu überreicht wurde, ebendort zurückgelassen. Aber das war auch bei ihr die Ausnahme. Vor ein paar Jahren wurde eine ganze Ausstellung mit ihren Gaben gezeigt. So hat sie einen bunten Thron mit Fußpolster aus Nigeria bekommen, Cowboystiefel, die obligatorischen Kugelschreiber, jede Menge Pferdefiguren, ja sogar eine ganze Reihe echter Tiere: einen Araberhengst und einen Lipizzaner, zwei Polo-Ponys, zwei Haflinger, die kamen alle in den königlichen Stall. Nur die Zwergflusspferde wurden an den Londoner Zoo weitergereicht.

Dabei ist gar nicht klar, wem solche Präsente eigentlich gehören, der Person oder der Nation. Und wer sucht sie aus? Das Protokoll? Darf man, ja, muss man sie benutzen? Oder verschwinden die alle in immer voller werdenden Kellern. Was, wenn die Gönner mal wieder zu Besuch kommen und, genau wie Tante Inge, sehen wollen, dass ihre Gaben einen schönen Ehrenplatz bekommen haben?

In Frankreich haben sie das. Präsident Mitterrand ist so reich beschert worden, dass sich ein ganzes Museum, das *Musée du Septennat* im Burgund, dessen Staats- und Privatgeschenken widmet. Ausgerechnet in einem alten Kloster, in dem ja eher die Askese gepflegt wird. Sein Nachfolger hat sich nicht lumpen lassen. Im *Musée du Président Jacques Chirac* in Sarran kann man dessen Gaben bestaunen.

Nackt: Geld

Jetzt wird's heikel. Kein anderes Präsent (außer vielleicht Unterwäsche) ist so ambivalent, kann – auf beiden Seiten – so mulmige Gefühle auslösen wie dieses: Geld. Profanes Geld.

Vor kurzem habe ich den Roman *Normale Leute* von Sally Rooney gelesen, das Geschenk einer guten Freundin übrigens, in dem es natürlich um alles andere als normale Leute geht. Im Angelsächsischen ist das Werk der jungen Irin schon lange ein Bestseller, auch von der Kritik hoch gelobt, in allen Buchhandlungen liegt es aus. Immer wieder bin ich dort um die Tische geschlichen und habe dann doch nicht zugegriffen, weil ich dachte, ist vielleicht eher ein Buch für eine andere Generation. Und dann – hat Karin es mir zum Geburtstag geschenkt.

Die weibliche Hauptfigur kommt aus einer schwer gestörten, zu physischer und psychischer Gewalt neigenden Familie. An Geld mangelt es nicht, Marianne kann sich alles leisten, Wohnung, Studium, Vergnügungsprogramm, kann sogar noch ihren armen Freund dazu einladen. Zu Weihnachten drückt ihr die Mutter 500 Euro in die Hand, in dem gleichen braunen Umschlag, in dem sie sonst der Putzfrau den Lohn überreicht. Keine Karte, kein Gruß, nichts. Brutaler geht's kaum.

Geld hat so was unverschämt Nacktes. Wenn ich Bücher verschenke, klebe ich kleine Schmetterlinge und New Yorker Taxis, oder was ich sonst an Stickern habe, über den Preis. Bei anderen Sachen pule ich das verräterische Etikett sofort ab. Wie blöd, wenn ich es doch mal vergesse! Ich will nicht, dass der Wert meines Geschenks an den Euros und Cents gemessen wird, die ich dafür bezahlt habe. Hier geht es um emotionale Währung, um persönliche Schätze. Soll die Freundin ein wunderschönes Schälchen geringer schätzen, weil es nur zwei Euro gekostet hat statt möglicher zwanzig? Genauso wenig möchte ich selbst wissen, was genau ein anderer für mich ausgegeben hat.

In Japan funktioniert es genau andersrum. Dort wird ganz oft Bares verschenkt, und bei Gegenständen kann man an einem Code ablesen, was sie gekostet haben. Oder den Floristen, der die Blumen bringt, nach dem Preis fragen. Das Wissen ist notwendig, um die Höhe des obligatorischen Gegengeschenks zu bestimmen. Das aber als Erwiderung von Barem keinesfalls ebenfalls Geld sein darf.

Auch hierzulande gibt es Menschen, die genau aufschreiben, was jemand ihnen schenkt, damit sie ihm bei nächster Gelegenheit etwas preislich Gleichwertiges zurückgeben können. Wie du mir, so ich dir. Schrecklich. Schenken hat doch nichts mit Buchhaltung zu tun!

Bei Geldgaben lässt sich nicht verbergen, was einer ausgegeben hat. Es ist, was es ist. Genau darum geben es manche ja. Damit zum Beispiel alle Kinder sehen, dass sie exakt das Gleiche wie die Geschwister bekommen, sich keiner ungerecht behandelt fühlt. Dahinter steckt die Angst, etwas falsch zu machen. Aber so ist es nun mal: Schenken ist gefährlich. Präsente sind Ausdruck von Beziehungen, gerade das macht sie so kostbar – und so riskant. Kneifen ist keine Lösung.

Wenn Großeltern genau kalkulieren, was sie ausgegeben haben, damit alle Enkelkinder den gleichen monetären Wert bekommen, ist das eine Milchmädchenrechnung. Erstens spüren Kinder sowieso, wie viel die Beziehung wert ist, und zweitens ist Freude und Wertschätzung etwas sehr Individuelles.

Klar kann man Bares verhüllen, in einen Blumenstrauß binden oder eine lustige Karte beilegen. Es gibt ganze Ratgeber, wie man

Scheinchen »originell« verpackt (»überraschend edel und raffiniert«, wie es in einem Untertitel heißt). Das macht es nur peinlich. Als »ehrliches Geschenk« schätzt meine Kollegin Julia das Geld gerade, da solle man sich bloß nicht verkünsteln. Die Nacktheit hat ja auch ihre positive Kehrseite.

Die meisten bevorzugen es liebevoll und schlicht, idealerweise mit einer Kleinigkeit dazu, etwas Persönlichem. Auf jeden Fall nicht so boshaft wie jene Stiefmutter (die nicht aus dem Märchen stammt), die den Kindern ihres Mannes immer bloß Bares gegeben hat, und das schon mal an eine billige Shampooflasche geklebt oder an ein Putzmittel. Auch eine Botschaft.

Nüchtern veranlagte Zeitgenossen, umweltbewusste sowieso, argumentieren, dass Geld auf jeden Fall besser sei, als irgendeinen Mist zu bekommen, der am Ende doch nur den Schrank verstopft oder beim Schrottwichteln landet. Da ist natürlich was dran.

Früher habe ich mich strikt geweigert, Bares zu verschenken, es wäre mir wie eine Kapitulation vorgekommen. Inzwischen bin ich da lockerer geworden, habe dazugelernt. Bei allen, die in Not sind oder einfach knapp bei Kasse, wozu gerade Kinder und junge Leute gehören, die ja ein Leben in Abhängigkeit leben. Außer dem Taschengeld und vielleicht ein bisschen was Erjobbtem haben sie nichts, da bedeutet die Finanzspritze ein Stück Freiheit und Unabhängigkeit, die Erfüllung eines ansonsten unerfüllbaren Traums. Eine Reise, ein ferngesteuertes Auto, das ersehnte Fahrrad …

Natürlich kann man diese Wunscherfüllung auch eigenhändig erledigen. Was wünschst du dir, ich kauf's. Oder, vorausgesetzt, man versteht sich gut, mit dem Patenkind zusammen einkaufen gehen, einen gemeinsamen Tag daraus machen. Nur nichts erzwingen. Gerade in der Pubertät fremdelt ein Teenager schon mal. Und vor allem sucht er sich: Wer bin ich? Was mag ich? Als Schenkender darf man den anderen nicht mit den eigenen Vorstellungen unter Druck setzen. Angebote machen, wie es so schön heißt, ja, aber nicht beleidigt sein, wenn sie abgelehnt werden. Ansonsten habe ich mir vorgenommen, Geldwünsche, wenn sie nicht von Leuten kommen, die eh genug haben, zu respektieren.

Mein Großvater, der bei der Bank arbeitete, hat uns Kinder immer gezwungen, die Münzen, die er uns in die Hand drückte, vor seinen Augen in eine eiserne Sparbüchse zu werfen, die man selbst mit dem dicksten Hammer nicht hätte sprengen können. Eine echte Gemeinheit, ein Misstrauensvotum. Großzügigkeit bedeutet: keine Vorschriften machen. An ein Geschenk sollte nie, nie eine Bedingung geknüpft sein. Es mag blöd sein, wenn so eine Gabe einfach in der Haushaltskasse versickert. Aber wenn der Empfänger es so handhabt, ist es seine Sache. Geschenkt ist geschenkt.

Und gerade Kinder sollten damit tun dürfen, wozu sie Lust haben – Prassen zum Beispiel. Meine Schulfreundin, die sonst von Geldgeschenken wenig hält, hat ihren kleinen Enkeln einmal »Urlaubsgeld« mitgegeben und riesige Freude geerntet: »Weil es das erste Mal war.« Sie haben sich Taucherbrillen davon gekauft und der Großmutter ganz stolz Fotos geschickt.

Die Autorin Jessica Mitford, eine begnadete Schenkerin, hat Kindern gern Dollar vermacht mit der strikten Auflage, sie nicht in etwas Vernünftiges, Praktisches zu investieren – also: kein Wintermantel, kein Paar noch so dringend benötigte Schuhe –, sondern nur in reines Vergnügen. Tickets für »diese furchtbaren Baseballspiele« sollten sie sich kaufen oder ein Computerspiel, mit dem sie selbst überhaupt nichts anfangen konnte. Spielgeld hat sie es genannt. Auch die Erwachsenen forderte sie auf, ihr Geschenk zu verpulvern.«Sie machte Menschen gern glücklich«, sagt ihre Assistentin, die einmal 5000 Dollar von ihrer Chefin bekam, um auf große Englandreise zu gehen und damit eine lang gehegte Sehnsucht zu stillen. Dass sie damit am Ende Steuern zahlen musste, wird Jessica Mitford in Rage gebracht haben.

Spielgeld, das gefällt mir.»Es gab keinen Schein, über den ich mich nicht gefreut habe«, hat meine Chefin gesagt. Meine eigene Patentante hat mir immer, selbst als ich längst eine feste Stelle hatte, zum Geburtstag und zu Weihnachten ein paar Scheinchen in den Brief gelegt. Komischerweise habe ich das nie unter Einfallslosigkeit verbucht, sondern immer als ganz besonderes Bonbon goutiert. Damit habe ich dann jemanden in ein Restaurant geführt, das ich mir sonst nicht geleistet hätte. Die Tante-Christel-Memorial-Dinner waren ein besonderer Genuss.

Also: Großeltern und Tanten dürfen das. Kinder nicht. Bloß keine »*Fiver Party*«! So heißt die amerikanische Unsitte, bei der den geladenen Gästen eines Kindergeburtstages gesagt wird, sie sollten anstelle eines Geschenks einen Fünf-Dollar-Schein mitbringen. Damit die kleine Louise sich hinterher dafür etwas besorgen kann, was »*more special*« ist. Der eine Gedanke dahinter ist ja nicht blöd: Kinder von heute haben viel zu viel Spielzeug – dabei spielen sie umso fantasievoller, je weniger sie haben. Die andere, angeblich pädagogische Idee dahinter ist weniger charmant. Louise, so die Anhänger der Sitte, soll von klein auf lernen, mit Geld umzugehen, es zu managen.

Mit fünf Jahren?! Und wie sollen Kinder so das Schenken lernen, den Akt der Empathie, der dazugehört, das Sicheinfühlen in den anderen, überlegen, vielleicht sogar recherchieren, was ihm gefallen, womit man ihn überraschen könnte? Was man in jungen Jahren nicht lernt, lernt man vielleicht nie. Auch nicht, mit Enttäuschungen – auf beiden Seiten – umzugehen.

Geld ist so beliebig. So unpersönlich. Ein 50-Euro-Schein ist ein 50-Euro-Schein, ob ich ihn A oder B gebe. Als Präsent kann er lieblos, ja, billig wirken, etwas Aggressives bekommen: Ich habe mir die Mühe gespart, etwas zu suchen, was zu *dir* passt, was *dir* Freude machen könnte. Schlimmstenfalls wirkt es erniedrigend, wenn man es wie ein Almosen überreicht, oder beschämend.

Was ich erst später kapiert habe: Auch zum Geld-Schenken gehört Gefühl. Man muss spüren, ob jemand bedürftig ist, Feinfühligkeit bei der Summe wie der Übergabe walten lassen. Wann soll man wem etwas überreichen? Wie und wie viel? Man kann Menschen damit aufs Wunderbarste überraschen. Ein Freund ihrer Eltern, erzählt Julia, hat ihr als Studentin, »einfach so«, beim Abschied einen 50-Euro-Schein in die Hand gedrückt, ohne dass es jemand mitbekommen hat. »Ich fand das damals unglaublich rührend.« Sie hatte das Gefühl, er versetzt sich in ihre Situation hinein. »Ich habe mich verstanden gefühlt.«

Als Julias Vater todkrank war und sie ihn pflegte, überwies ihr ein Onkel ohne Ankündigung eine beträchtliche Summe. Beim Verwendungszweck stand: Taximeter. »Er wollte, dass ich die vielen Strecken, die ich zurücklegen musste, sorglos mit dem Taxi fahren konnte. Damit ich wenigstens auf der Rückbank abschalten konnte.«

Ich gestehe, je älter ich werde, erst recht seit Corona, desto mehr Geld gebe ich. Warum sollen die anderen warten, bis ich eines fernen Tages tot bin? Ganz egoistisch betrachtet: Ich will ja auch was von ihrer Freude haben. Dabei denke ich an die 52-jährige, schlecht bezahlte Erzieherin, die zur Frage des Geldgeschenks einfach sagt: »Finde ich super.«

Tod – Beerdigung – Erbe

Gestorben war sie am vierten Advent. Sechsundfünfzig Jahre alt. Krebs. »Sie hat so gerne gelebt«, stand in der Anzeige. Es sollte ein schöner Ort sein für den Leichenschmaus nach der Berliner Trauerfeier, einer, der zu ihr passt. Sie hatte auch so gerne gefeiert, gegessen, getanzt. In jener merkwürdigen, fast unwirklichen Zeit, die sich »zwischen den Jahren« nennt, fuhren die Trauernden vom Friedhof in Wilmersdorf zum Café am Neuen See. In den Fenstern des Pavillons standen unzählige Kerzenleuchter, über die weiß gedeckten Tafeln zogen sich Rosenblätter wie Girlanden.

Manche der Gäste hatten sich seit Jahren nicht gesehen, andere noch nie, hatten nur voneinander gehört. Fröstelnd tauten sie auf, wärmten sich an Suppe, Geschichten und Wein. Je später der Nachmittag, desto fröhlicher der Schmaus, je dunkler der Tiergarten, desto märchenhafter leuchteten draußen, fast sommerfestlich, die Glühbirnenketten, spiegelten sich die flackernden Kerzen in Fenstern und Gläsern. Niemand, der dabei war, hat die verzauberte Stimmung vergessen. Keiner, der nicht dachte: Das Fest hätte Babs gefallen. Es war das letzte Mal, dass so viele, die mit meiner ältesten Schwester verbunden waren, zusammenkamen. Ihr letztes Mahl.

Beim Leichenschmaus denken viele an triste Friedhofscafés und schlaffe Brötchen, so blass wie die Trauernden selbst, dazu Industriekuchen, Filterkaffee und hinterher Schnaps. Aber die Bestattungskultur hat sich, gerade in einer Stadt wie Berlin, in den letzten Jahrzehnten radikal verändert. Auf durchaus paradoxe Weise: Einerseits lassen sich immer mehr Leute so schnell, günstig und anonym wie möglich entsorgen, gleichzeitig werden die Feste für den Toten immer persönlicher. Der maßgeschneiderte Leichenschmaus statt einer von der Stange.

Drei Gruppen hat der moderne Berliner Bestatter Jan Möllers als Vorreiter für diesen Wandel ausgemacht: die Schwulen, die so viele junge Freunde verloren haben; verwaiste Eltern, die einen Horror vor Nullachtfünfzehnzeremonien für ihre verstorbenen Kinder haben; und die Hospizbewegung. Das Trauern, sagt Möllers, wird ernster genommen, die Trauerfeier gefühlsbetonter.

Mein Nachbar Matthias war schon bei vielen Beerdigungen, ein paar hat der schwule Finanzberater selbst mit organisiert. Der größte Unterschied für den 47-Jährigen: dass es die Freunde sind, die die Trauerfeiern gestalten, nicht die Verwandten. Keine innerfamiliären Animositäten, kein Erbschaftsstreit. Und niemand muss auf Tante Erna Rücksicht nehmen. Wenn die Familien den Schmaus gestalten, so Matthias' Eindruck, ist er oft steifer, normierter. »Da findet man den Verstorbenen nicht so.«

Die Beerdigungen, an denen er teilnahm, waren meist richtige Feste. Beim einen Freund brachte jeder was zum Picknick vorm Reichstag mit, beim anderen wurde am Abend eine Riesenparty gefeiert, wie der Verstorbene selbst es nicht lange zuvor gemacht hatte. Wo der Unterschied war? »Ganz einfach – er hat gefehlt.« Bei der Trauerfeier erlebt man es das erste Mal so massiv: Jetzt ist derjenige physisch nicht mehr da.

Nie ist der Mensch bedürftiger als in diesem Moment, erschöpft von Trauer und Tränen am Grab. Beim Leichenschmaus kehrt er ins Leben zurück – Essen ist Leben. Dabei wird so viel gelacht wie in der Kapelle geweint. Beim gemeinsamen Schmausen und Reden, unterstützt natürlich vom Alkohol, löst sich die Spannung. Man kriegt Abstand, wird abgelenkt, erinnert sich des Toten als Lebenden, vergewissert sich der Gemeinschaft. Die Hinterbliebenen sind nicht allein.

Mögen viele auch glauben, dass sie nichts runterkriegen – Trauern zehrt. »Da wird richtig reingehauen«, so Magdalena von Bismarcks Erfahrung. Die »verhinderte Bühnenbildnerin« veranstaltet in ihrem »Luftraum« am Nollendorfplatz Hochzeiten, Geburtstage und zwischendrin auch mal einen Leichenschmaus. Da sie ohnehin jede Feier auf die Hauptperson zuschneidet, gibt es für sie da erst mal keinen grundsätzlichen Unterschied. »Man tastet immer die Stimmung ab.« Nicht das Essen steht bei ihr im Mittelpunkt – »Geborgenheit zu erzeugen ist das Allerwichtigste«. Das Buffet stellt sie in die Mitte des Raums, so dass dort alle zusammenkommen, sich gegenseitig auftun und teilen. Die Speisen, findet die Veranstalterin, sollten etwas Verbindendes haben, nicht kleinteilig sein: eine dicke Terrine, ein fetter Braten, ein Streuselkuchen – »eher archaisch«. Einmal kochte sie aus dem handgeschriebenen Kochbuch einer jungen Frau die Mulligatawny-Suppe nach. »Die Leute waren ganz gerührt: ›Das hat genauso geschmeckt wie bei ihr!‹«

Nach Suppe und Blechkuchen wird fast immer gefragt, das ist das, was alle kennen. Für die Tradition gibt es gute Gründe – etwas Wärmendes für Körper und Seele kann jeder brauchen, zumal, wenn er stundenlang auf dem Friedhof frieren musste, etwas Süßes fürs Gemüt wird in allen Kulturen serviert. Zudem kann man beides für wenig Geld in großen Mengen vorbereiten. Und die Reste schmecken noch am nächsten Tag. Denn das ist die große Herausforderung: Abgesehen von Beerdigungen im engsten Kreis weiß kein Mensch, wie viele kommen. »U. A. w. g.« schreibt niemand auf die Anzeige drauf. Überhaupt, die Einladung. Schriftlich? Mündlich? Am Grab? Für alle oder nur Auserwählte? Da kann es zu Verletzungen, zu Peinlichkeiten kommen. Aber die Regel gilt: Der traurigste Leichenschmaus ist der, den es nicht gibt.

Oder, noch schlimmer, »die Beisetzung findet im kleinsten Kreise statt«, wie es immer häufiger in Anzeigen heißt, die ich alle lese, weil in ihren dürren Worten ganze Dramen stecken, weil sie so viel über unsere Gesellschaft, über Familie, Freundschaft, Liebe und Hass erzählen, nur dass man sich die Geschichten dazu selber ausmalen muss. Oder: Sie hat schon stattgefunden. Mir versetzt das immer einen Stich. Man knallt dem anderen die Tür vor der Nase zu. Es ist eine Form von Gastfeindschaft. Denn Großzügigkeit bedeutet auch das: allen, die das möchten, die Möglichkeit zum Abschied zu geben.

So habe ich zumindest gedacht – bis Corona kam und die Hinterbliebenen plötzlich gezwungen wurden, unter sich zu bleiben, in ganz kleinem Kreis. Eine schmerzhafte Erfahrung.

Kein Mensch erwartet hinterher ein Galadinner. Heiße Würstchen gehen im Berliner Luftraum reißend weg. Vielleicht, weil sie so unkompliziert sind, an die Kindheit erinnern. Und wann bräuchte man Comfort Food dringender als jetzt. »Tröster« wird der Leichenschmaus in manchen Gegenden genannt.

In vielen Kulturen gibt es Zucker zum Trost. In China kriegen alle Gäste eine Süßigkeit mit auf den Nachhauseweg. Ursprünglich hatte der Leichenschmaus ja auch ganz praktische Gründe: Menschen, die von weit her angereist kamen, zu versorgen, bevor sie sich wieder auf die mühsame Heimreise machten.

Es müssen nicht so gewaltige Gelage sein wie im Mittelalter manchmal üblich, als Demonstration von Status und Macht des Verstorbenen – aber ein bisschen mehr Großzügigkeit als Dankeschön für alle, die gekommen sind, würde man sich auch heute gelegentlich wünschen. Der schillernde Modedesigner Rudolph Moshammer lud Obdachlose nach seiner Beerdigung zu Leberkäs, Kartoffelsalat und Weißbier in den Münchener Unionsbräu ein. Ja, der kluge Tote baut vor und plant schon zu Lebzeiten das Wie, Wo und Was seines Leichenschmauses. Schließlich ist es sein letztes Fest. Und: *Death is No Excuse*, so der Titel eines Kochbuchs aus den Südstaaten der USA, wo es besonders üppig zugeht.

Wer das alles finanzieren soll, wo die Hinterbliebenen zum Teil eh in finanzielle Not geraten? In vielen Gegenden der Welt, sogar in Teilen Süddeutschlands, ist es üblich, dass die Trauergäste Geld mitbringen. Und anderes. Wenn vom Schulbeginn bis zum Umzug, vom Studienabschluss bis zur Rente jeder Übergang von Geschenken begleitet wird, dann natürlich auch das Überschreiten der letzten Schwelle, vom Leben zum Tod. Nicht nur profan und praktisch, eben mit Barem, sondern vor allem mit Blumen, diesen durch und durch unnützen Objekten der Schönheit, Symbol zugleich für Leben und Vergehen.

Teddybären, Pfeifen, Bücher werden ins Grab geworfen, was auch immer dem Toten wichtig war. Begleitschutz auf der Reise in eine andere Welt. Die Ägypter gaben dem Leichnam etwas zu essen mit auf den Weg ins Jenseits. Massenhaft Obstkörbe und Wein, Braten und Brot bekam Tutanchamun als Proviant.

In Japan ist das natürlich besonders kompliziert. Wenn die Trauergäste zur Beerdigung Geld für Räucherstäbchen mitbringen, geben sie ihre Umschläge an Tischen ab, wo Helfer – Freunde und Verwandte – ihnen Kärtchen geben, die sie nach der Trauerfeier wiederum einreichen, um dafür ihrerseits eine Gabe zu bekommen. Zum Beispiel eine Tüte mit Salz oder einen Futonbezug. In Tokio kann es sein, dass die Trauernden 49 Tage nach dem Tod – wenn der Verstorbene im Paradies angekommen ist und alle Verbindungen mit den Lebenden zerschnitten sind – etwas im Wert von der Hälfte des Räucherstäbchengeldes kriegen. Es gibt sogar Kataloge vom Bestattungsinstitut, aus denen diese speziellen Dankesgaben ausgesucht werden können.

Was für ein Segen, dass die Sitte, Kränze neben dem Sarg aufzubahren, weitgehend abgeschafft ist. Wie oft wurde da nur geprotzt, ein Haufen Geld verschwendet, um eine Verbundenheit, etwa mit dem Arbeitgeber oder alten Freunden, zu demonstrieren, die gar nicht (mehr) bestand und eher der eigenen Selbstdarstellung dienten als der Ehrung des oder der Toten.

Das Geld lässt sich sinnvoller ausgeben. Lewis Hyde erzählt in seinem Buch *Die Gabe* von einer alten walisischen Tradition. Da wurde der Sarg vor das Haus gestellt, ein Familienangehöriger reichte armen Mitbewohnern Brot und Käse, in denen manchmal noch Geld steckte – und zwar über den Sarg hinweg, der mit Kräutern und Blumen geschmückt war, die die Almosenempfänger gepflückt hatten. Durch die Gabe stand der Übergang des Toten in andere Gefilde unter einem guten Stern.

Einer Organisation zu spenden, deren Idee dem Verstorbenen wichtig war, statt in dicke Kränze zu investieren, ist vielleicht auch so ein Geschenk, das die Götter gnädig stimmen soll und dem Tod noch etwas Sinnvolles abringt. Das kann die Deutsche Stiftung Denkmalschutz sein, ein ambulanter Hospizdienst, die Alzheimergesellschaft, die Förderung des wissenschaftlichen Nachwuchses im Forschungsinstitut für Rohstoffe, Ärzte ohne Grenzen, das *German-Indian Partnership Program*, die Deutsche Krebshilfe ... lauter Empfänger, die an einem beliebigen Wochenende in den Todesanzeigen genannt wurden.

Auch wir baten im Namen unserer Schwester um Spenden. Nach dem Leichenschmaus im verzauberten Tiergarten gingen wir, mit Resten des Mahls, zu meiner Schwester Tina nach Hause, um in kleinerer Runde noch zusammenzusitzen. Und um Geschenke zu verkünden. Bevor Babs starb, und sie wusste ziemlich sicher, dass sie sterben würde, setzte sie ein Testament auf, in dem sie, neben uns Schwestern, verschiedene nichtsahnende

Freunde bedachte, die jetzt aus allen Wolken fielen. Und jedem schrieb sie genau auf, was sie damit zu lassen und zu tun hätten: Nicht wieder in die Kinder stecken! Mach eine schöne Reise. Das Geld ist für dich, nur für dich.

Meine Schwester Bine war die Überbringerin der guten Nachrichten an diesem traurigen Tag. Sie bat die Bedachten ins Gästezimmer, um ihnen die Passage vorzulesen, die sie betraf. Babs war zu Lebzeiten eine überaus generöse Schenkerin gewesen. Ich habe mir vorgestellt, wie sie dagesessen und sich genau überlegt hatte, wem sie womit posthum eine Freude machen konnte.

Ein paar Wochen später trafen wir uns in Hamburg, in ihrer Wohnung, die sie mit viel ästhetischem Feingefühl eingerichtet hatte. Nachdem wir als Familie ausgesucht hatten, woran unser Herz hing, kamen Freunde hinzu, um sich Andenken mitzunehmen – Möbel, Schalen, Figuren, Bilder. Von denen gab es reichlich, Babs hatte mal eine Galerie betrieben. Auch beim Kaffeetrinken nach der Urnenbestattung ein paar Monate später wurde noch Kunst verteilt. So landete Stück um Stück von ihr in vielen Wohnungen im ganzen Land. Immer wieder erzählen die Beschenkten, wie sie sich freuen an ihrem Objekt der Erinnerung.

Unsere Mutter, die bei aller Großzügigkeit immer sparsam gelebt hatte, hatte in ihren letzten Lebensjahren damit angefangen, mehr Geld auszugeben. »Je älter meine Mutter wurde«, hat mein Bruder einmal im Interview erklärt, »umso schöner wurde sie.« Schöner, freier, offener, wie er sagte, nachdem sie ihren Unterleib verloren habe, die eine Brust, und bei einer Lungenembolie fast das Leben. Erst die Scheidung, dann der Krebs – die Bedrohung hat sie nicht ängstlicher gemacht, sondern großzügiger, auch sich selbst gegenüber. Wie Martin zitierte: »Kommt, Kinderchen, lasst uns mal nach Paris fahren! Und streitet euch nicht ums Erbe!«

Haben wir auch nicht getan. Was an Geld da war, wurde eh gleichmäßig unter uns fünfen geteilt. Wir waren noch jung, als sie starb, lebten in kleinen Wohnungen, WGs oder Studentenwohnheimen, aber irgendwie gelang es uns, viele Erinnerungsstücke zu halten. Die eine bekam das Zwiebelmuster, die andere einen Janosch, die dritte die alte Truhe und das Gästebuch aus der Ferienwohnung.

Am Morgen der Beerdigung war unser Onkel, ein Banker, zu uns nach Hause gekommen und erklärte uns, wir müssten jetzt einen Sachverständigen holen, der alles schätzt. Haben wir nicht getan. Wir rechneten weder auf noch um, es hat sich alles ergeben, so dass jeder happy war. Schließlich hatte uns unsere Mutter zu Generosität und Laisser-faire erzogen, nicht zu Geiz, Neid und Konkurrenz. Als Großfamilie waren wir sowieso daran gewöhnt, zu teilen.

Ob es sich beim Erbe überhaupt um ein richtiges Präsent handelt, darüber wird gern diskutiert. Ich finde: schon. Einen Grenzfall des Schenkens, nennt es der Kultursoziologe Gerhard Schmied: »Ist die Verteilung der hinterlassenen Güter genau nach den gesetzlichen Vorschriften geregelt, fehlt der Erbschaft weitgehend das Geschenkhafte.« Der Vererbende werde vor allem dann als Schenkender wahrgenommen, wenn er über die juristische Pflicht und Ordnung hinausgeht und ganz individuell und differenziert dem Einzelnen was vermacht. Eben so wie meine Schwester Babs es getan hat. Jenseits des Pflichtteils kann der Vermögende ja sowieso machen, was er will mit seinem Geld. Kann es auch dem Tierheim schenken oder seiner Katze vermachen, wie Karl Lagerfeld es mit einem Teil seines Besitzes tat. Kann es einer wohltätigen Organisation stiften, armen Freunden unter die Arme greifen …

Wobei niemand warten muss, bis er stirbt. Jeder kann den Liebsten schon vorher was vermachen. Dann heißt es interessanterweise Schenkung, nicht Geschenk, was der Gabe gleich einen ganz anderen, juristisch-bürokratischen Klang verleiht.

Auf jeden Fall ist das Erbe fast immer das größte Präsent, das man im Leben bekommt. Nach Angaben des Statistischen Bundesamtes von 2018 werden zwischen 2015 und 2024 geschätzte 31,1 Billionen Euro Vermögen, Geld, Immobilien, Aktien und was es sonst noch an Gütern gibt, vor allem an Babyboomer vererbt. Wenn man denn etwas bekommt. Gerecht ist das nicht, die einen kriegen ganz viel, die anderen wenig bis gar nichts. Oder gar Schulden.

Es ist auch das gefährlichste, möglicherweise vergiftetste Geschenk. Freude für den einen, Verletzung für den anderen. »Geld – Macht – Hass«, lautete der Untertitel einer Serie über berühmte Erbfälle in der *Süddeutschen Zeitung*. Denn um nichts wird so bitter gestritten. Dabei geht's um viel mehr als um Häuser, Antiquitäten, Aktien, Geld: um Liebe. Habe ich genug davon bekommen? Bin ich zu kurz gekommen? Darum bekriegen sich gerade Geschwister so heftig, ziehen sogar vors Gericht, um in dieser Frage recht zu bekommen. Als hätte sich mit dem Tod ein Ventil geöffnet, aus dem plötzlich die ganze Luft rauskommt. Aber was soll ein Richter dazu sagen? Familiäre Gerechtigkeit kann er nicht schaffen.

Das schönste Geschenk, das man Hinterbliebenen wiederum machen kann, ist ein einfühlsamer Kondolenzbrief. Und anhaltende Anteilnahme, über den Tag der Beerdigung hinaus. Selbstverständliche, dabei unaufdringliche Hilfsbereitschaft.

Sie brauchen Schönheit, mehr denn je, die etwas Tröstendes hat. So hat es Cornelia Funke erlebt, als ihr Mann, kurz nach dem Umzug der Familie von Deutschland nach Los Angeles, innerhalb weniger Wochen an Krebs starb. Wenn die Schriftstellerin heulend aus dem Krankenhaus nach Hause fuhr und über dem Wilshire Boulevard die Sonne unterging oder wenn sie sich daheim weinend in den Garten setzte und das Licht, das ganz besondere Licht von L. A. sah – das, sagt sie, hat es ihr ein wenig leichter gemacht. Ein Geschenk des Himmels.

Die Autorin hat auch ganz irdischen Trost erfahren. Sie ging offen mit ihrem Kummer um, wischte ihre Tränen nicht weg. »Das bringt einem die Menschen sehr nah.« Und sie lernte die pragmatische Art der Amerikaner im Umgang mit Trauer und Tod zu schätzen. Dass alle anriefen, statt sie in Ruhe zu lassen, aus Angst, ihr zu nahe zu treten, und fragten, wie sie helfen könnten – die Kinder zur Schule bringen, was mit ihnen unternehmen? Mit ihr auf einen Drink in die Hotelbar gehen? »Man wurde ins Leben eingepackt, so dass man nie das Gefühl hatte, es wird nicht weitergehen.« Wo sie sich genau das ohne ihren Mann eigentlich gar nicht vorstellen konnte: »Wir waren 26 Jahre verheiratet!« Das Gefühl, nicht allein, im Stich gelassen zu sein, war überwältigend. »Die kamen durch die Hintertür, haben mir 'ne Pizza hingestellt und sind wieder gegangen.«

Und die Toten? Sind nicht tot. Man denkt sich weiter Geschenke für sie aus, entdeckt etwas in einem Laden, was genau passen würde – bis einem wieder einfällt, dass der andere gar nicht mehr lebt. Ich schaffe es nicht, meine Schwester, meinen Bruder und all die anderen Verstorbenen aus meinem immerwährenden Geburtstagskalender zu streichen.

Die Toten selbst geben immer weiter, so wie der Herr von Ribbeck auf Ribbeck im Havelland auch nach seinem Tod noch Birnen unter die Kinder brachte.

Das erwartbare Glück: Wünsche

Wenn ich einmal tot bin, wünsch ich mir 'ne Bank. Um ehrlich zu sein, sogar zwei. Da ich nicht weiß, wie die Kommunikation aus dem Jenseits läuft, lasse ich meine Familie das schon jetzt in regelmäßigen Abständen wissen. Nicht sehr subtil, aber hoffentlich effektiv. Ich möchte so eine haben, wie sie in England zuhauf in jedem Park stehen, ganz altmodisch, aus Holz und ohne Unterteilungen, auch Obdachlose sollen sich darauf ausstrecken können. In die Rückenlehne sind kleine Schildchen eingelassen, die an einen Menschen erinnern, der, immer wenn er an diesen Ort kam, glücklich war. Die Sprüche rühren mich jedes Mal.

Natürlich geniere ich mich ein wenig ob meiner unverblümt geäußerten Erwartungen. Aber ich kann mir keine schönere Form der Erinnerung vorstellen als diese: Holz gewordene Gastfreundschaft. Es ist ja nicht nur ein Geschenk an mich, sondern eins für andere. Man macht posthum Menschen glücklich, die sich auf der »*memorial bench*« niederlassen, das Grün, die Ruhe und den Blick genießen. Und wenn die Engländer etwas können, dann Bänke aufstellen. So, dass man wunderbare Aussichten hat. Da dürfen gerade die Berliner noch viel lernen. Hier stehen die Sitzgelegenheiten, wenn es überhaupt welche gibt, meist dumm in der Gegend rum, man guckt auf finstere Büsche, überquellende Mülleimer oder hässliches Nichts. Deswegen verrate ich auch schon mal, wo meine Bänke landen sollen: an einem verwunschenen, verzauberten Ort, die eine im Tiergarten, die andere im Hampstead Heath.

Mir ist klar, dass Wünschen eine gefährliche Sache ist. Steht ja in jedem Märchen, wie es nach hinten losgehen kann, dass man häufig das Falsche begehrt. Wünschen ist mehr als ein höfliches Wort für Wollen. Es beinhaltet eine Sehnsucht, die manchmal besser unerfüllt bleibt. »*Protect me from what I want*«, kann man auf Postkarten lesen. »Es werden mehr Tränen über erhörte Gebete vergossen als über nichterhörte«, hat Truman Capote Theresa von Avila zitiert. Der Schriftsteller hat es selbst aufs Bitterste erfahren. Als der ganz große Erfolg, nach dem er sich so sehnte, kam, hat dieser ihn zerstört. Zwischen Wünschen und Verwünschen liegt nur eine kurze Silbe – und ein ganzer Abgrund.

Okay, ganz so dramatisch muss es nicht sein. Aber die Angst vor der Enttäuschung, wer kennt sie nicht. Je konkreter die Erwartung, desto größer das Gefahrenpotenzial. Meine beste Schulfreundin hatte sich lange eine ganz bestimmte Lampe für ihren Garten gewünscht, fürchtete aber, dass sie doch nicht wirklich passt. Ums einfach mal auszuprobieren, war das Licht zu teuer. Und dann: bekam sie »Moonlight« zum 60. Geburtstag geschenkt. Ein Jahr lang ließ Martina das Objekt ihrer Begierde im Karton. Bis sie endlich den Mut hatte, sie auszupacken und in den Baum zu hängen, wo die Lampe wirklich so schön ist, wie sie sich das vorgestellt hat, und im Garten ein warmes Licht entfaltet.

Wer sein Begehren allzu deutlich macht, wirkt leicht gierig. Je konkreter, desto unverschämter, so der Eindruck, denn was unterscheidet den Wunsch dann noch von einer Bestellung? Doch das Schenken ist eine freiwillige Angelegenheit, kein Onlineshop. Eine Reithose von Felix Bühler, Größe 36, blau? Kannst du dir selbst kaufen. So sind die Machtverhältnisse eben – der Schenkende ist der Bestimmer. Das heißt es zu akzeptieren und zu respektieren.

Eine Lektion, die der neunjährige Friese noch nicht gelernt hatte, der Weihnachten 2018 empört die Polizei rief. Er war sauer: Die Gaben unterm Weihnachtsbaum deckten sich nicht mit seinem Wunschzettel! Ein falsches Spiel für die Playstation! Das haben die Polizisten offenbar überprüft und bestätigt. Sie hätten den Familienstreit besänftigt, so war in Zeitungsmeldungen zu lesen, mit der Entschuldigung, der Weihnachtsmann sei alt und hätte die Listen durcheinandergebracht.

Falsch! Ganz falsch. Sie hätten erklären müssen, dass ein Wunschzettel kein Bestellzettel ist. Das gilt für beide Seiten. Trotzdem gibt es Großeltern, die, zum Schrecken der Eltern, solche Listen »abarbeiten«.

Wünschen heißt sehnen und hoffen, heißt gespannt sein. Deswegen konnte man sich als Kind ja an Heiligabend gar nicht mehr richtig freuen, wenn man die Weihnachtsgeschenke schon vorher im elterlichen Kleiderschrank entdeckt hatte. Wunschzettel sind Ausdruck dieser Sehnsucht und Hoffnung. Wer als Erwachsener Gesundheit, Frieden, Stopp der Erderwärmung und mehr Gerechtigkeit auf der Welt auf seinen imaginären Wunschzettel schreibt, der weiß, dass er das nicht bestellen kann. Aber der Hoffnung Ausdruck zu verleihen – vielen scheint das schon zu helfen. Wie eine Beschwörung der guten Geister. Genauso hat meine Mutter wahrscheinlich gedacht, wenn wir sie fragten, was sie sich zum Geburtstag wünscht: »Liebe Kinder.« *Wishful thinking.*

Bei konkreten Dingen ist selbst kaufen natürlich oft einfacher. Das wusste schon der Dreijährige, der einen »Schmusewichtel« von Sigikid auf seinen Wunschzettel zu Weihnachten malen wollte, nur dass es ihm nicht gelang, egal, wie sehr er sich bemühte. Bis er laut zu sich selbst sagte: »Ach Scheiß, den Schmusewichtel, den kaufen wir lieber.« Dass er ihn dann doch zu seiner großen Überraschung zu Weihnachten bekam, hat ihn umso mehr gefreut.

Denn selbst kaufen ist gefühlsärmer. Mein Bruder hat sich zum 40. Geburtstag eine lang ersehnte Carrera-Bahn gewünscht. Natürlich hätte er sie sich längst besorgen können. Aber er wollte sie geschenkt bekommen. Weil sie als Präsent eine ganz andere Bedeutung erhielt, weil er wollte, dass sein Kinderwunsch ernst genommen wurde. Er hat sie auch bekommen.

Wobei es durchaus Menschen gibt, die sich ihre Wünsche lieber selbst erfüllen, die das Beschenktwerden generell schwieriger finden als das Schenken. Hat was mit Kontrollverlust zu tun: Man hat es nicht selbst in der Hand. Stattdessen muss man seine Gesichtszüge beherrschen, um möglichen Frust zu überspielen, Freude zu mimen. Aber Enttäuschungen gehören nun mal zum Schenken dazu. Muss man auch erst lernen.

Soll man nun, nur um seinen Entdeckerstolz zu bewahren und das eigene Ego zu kitzeln, einer Elfjährigen statt der Reiterhose einen hübschen Rock besorgen, den sie gar nicht haben will und nie tragen wird? Es gibt Phasen im Leben, da Wunschzettel nicht nur die Suche erleichtern, sondern Familiendramen unterm Weihnachtsbaum vermeiden. Der Grat zwischen Freude und abgrundtiefer Enttäuschung ist schmal.

Und Wünsche sollte man zumindest respektieren. Da habe ich mal einen großen Fehler begangen. Die Silberhochzeit meiner Schwester fiel auf ein Familientreffen, mein Schwager wollte, dass das Jubiläum ignoriert wird. Stattdessen habe ich eine mehrstöckige Frucht-Tarte bestellt, die entfernt, aber wirklich nur ganz entfernt, an eine Hochzeitstorte erinnerte. Und ihm dann auch noch den Bericht unseres Vaters von der Feier vor 25 Jahren zum Vorlesen in die Hand gedrückt. Mein Schwager empfand das als Akt der Gewalt. Hätte ich nicht tun sollen. Sorry.

Auch den Wunsch nach einem Wunsch muss man ernst nehmen. Der ist ja nicht nur ein Ausdruck von Fantasielosigkeit, sondern von Rücksichtnahme. Man will keinen Mist schenken, die Wohnung weiter vollstopfen, ist ratlos bei demjenigen, »der schon alles hat«. Je älter, desto schlimmer. Und es ist eine Chance. Auf diese Weise bin ich zu einem meiner schönsten Geschenke gekommen. Ich hatte meiner Schwester auf ihre Frage, was ich gern hätte, gesagt: So eine Perlenkette, wie du sie hast. Die gab es nicht mehr, aber sie hat eine aus Glasperlen aufziehen lassen, die nun eine meiner drei Lieblingsketten ist, transparent, dabei bläulich schimmernd, die sich wie ein Chamäleon der Farbe jedes Kleidungsstückes anzupassen scheint.

Ein anderes Problem ergibt sich aus dem »Sehen« von Wünschen, die gar nicht geäußert werden, möglicherweise auch gar nicht existieren. In asiatischen und orientalischen Ländern kann man das häufiger erleben. Gut gemeint, kann aber anstrengend werden. Jemand sagt, er mag Barbies, und schwups, bekommt er bei der nächsten Begegnung eine überreicht. Der Drang, sich in andere einzufühlen, kann Grenzen überschreiten: Du willst doch mein Steak, das sehe ich genau, hier hast du die Hälfte! Doch Schenken darf nicht aufdringlich werden.

Die Einzigen, die ganz präzise Wunschzettel schreiben dürfen, sind Kinder und Bedürftige. Erst recht kranke Kinder. Man muss nur die Geschichten auf Internetseiten wie »Wunschpate« lesen, etwa die der zwölfjährigen leukämiekranken Saskia, die sich eine Echthaarperücke wünscht, um mal nicht wegen ihrer Glatze ausgelacht zu werden. Ihre Mutter hat die 1500 Euro dafür nicht. Da greift man sofort zum Portemonnaie.

Aber im Allgemeinen gilt: Spielraum lassen. Schon weil es sonst für beide Seiten langweilig wird. Wo bleibt denn da die Überraschung? Schenken heißt immer, etwas von sich zu geben, und zwar mehr als Geld. Versteht sich, dass ich meiner Familie den Raum lasse. Wenn es – eines sehr, sehr fernen Tages – so weit ist, dürfen sie sich selbst den Spruch fürs Schildchen an meiner Bank ausdenken. Neulich haben wir im Hampstead Heath einen gesehen, den mein Neffe sehr witzig fand: »Schlaf gut, Mutti.« Wie ihr wollt. Ihr seid die Bestimmer.

Das unerwartete (Un-)Glück:
Überraschung

Mark Twain, um originelle Ideen im Leben so wenig wie in der Literatur verlegen, hat seiner Tochter einmal eine Spieluhr geschenkt mit den Worten: »Weil heute Montag ist.«

Vielleicht ist das die reinste, die schönste Gabe: die Überraschung, mit der keiner rechnet, die man schon gar nicht einfordern kann, zu der sich der Schenkende nicht verpflichtet fühlt. Muss ja nicht gleich die Riesen-Surprise-Party sein (vor der sich einige sogar fürchten), ein Blumenstrauß, einfach so, tut auch seine Wirkung, eine Karte, ein unerwarteter Besuch oder Süßigkeiten … Ohne konkreten Anlass, aus heiterem Himmel, zu geben oder zu bekommen, für manche ist es die größte Freude. Das Leben ist so durchstrukturiert, Pessimisten würden sagen: so vorhersehbar, auch dank der Digitalisierung so transparent, dass die Überraschung selbst schon zum größten Geschenk wird.

Man wünschte sich, jeder Haushalt hätte so einen »Überraschungsfonds« wie das Hotel Titanic am Berliner Gendarmenmarkt. Bis zu 50 Euro pro Tag kann der Concierge für einen Gast ausgeben, ein schönes Hemd, Blumen, Konzertkarten besorgen. Ist natürlich im Übernachtungspreis enthalten, das heißt, der Gast zahlt selber für sein Präsent. Dennoch, eine charmante Idee.

In Zeiten der Coronakrise, als nichts mehr gewiss war und schon gar nichts mehr wie sonst, blühten Fantasie und Spontanität auf. Quarantäne-Opfer bekamen Puzzle und Steaks vor die Tür gestellt, der Spätibesitzer warf Zigaretten auf den Balkon. In normalen Zeiten tun sich die meisten Leute schwerer damit. Was Besonderes, nichts von der Stange, soll es eigentlich immer sein. Aber was, wenn einem nichts einfällt oder die Geschäfte alle geschlossen sind? In diesem Fall geht man in die Oranienstraße 25, dritter Stock, Vorderhaus. Selbst um Mitternacht wird man dort fündig. Beherzt die Tür öffnen, durchs prächtige Kreuzberger Treppenhaus laufen, oben leuchtet einem der Automat schon entgegen: »Bediene dich selbst!« Man muss nur vier Euro einwerfen – und dann? Welche Klappe soll man bloß ziehen! Von außen ist nicht zu erkennen, was sich in den einzelnen Wundertüten befindet. Das macht sie ja so reizvoll: dass sie ihr Geheimnis bewahren.

Die aparten Wundertüten packt das Berliner Werkbundarchiv, das Museum der Dinge, vor dessen Tür der Automat steht und das selbst eine Wunderkammer der Alltagskultur ist. Ich habe die Nr. 11 223 erwischt, aus der Serie »Glänzende Aussichten«. An der Tüte hängt ein Deckblatt aus Pergament, was dem Ganzen gleich etwas Kostbares verleiht, darauf gedruckt eine Seite aus einem alten, illustrierten Lexikon. Glanzgold wird da erklärt, Glanzgras, Glanzhaut, Glanzvögel, Glanzzwirn … Im klarsichtigen Tütchen glitzert es. Schlangen, Konfetti, ein sehr realistisch wirkender Augapfel, die Bastelanleitung für ein Kaleidoskop. Jede Menge Überraschung für zweimal zwei Euro. Eine Schachtel Zigaretten kostet mehr.

Wundertüte – allein der Klang des Wortes hat etwas Betörendes. Sie ist eine Erfindung der Nachkriegszeit, zu unserer Kindheit gehörte sie wie Gummitwist und Capri-Eis. Die Firma Heinerle hatte damals praktisch das Monopol. Aufgeregt haben wir die Tüten aufgerissen und die Ketten rausgefischt, die kleinen Indianer und Krokodile aus Plastik, den Puffreis geknabbert. Es gab Wunder für Mädchen und solche für Jungs, aber die Rollenfixierung hat uns nicht irritiert. Wir hatten große Erwartungen, die immer auch ein bisschen enttäuscht wurden, was aber die Vorfreude aufs nächste Mal nicht schmälern konnte.

Die Firma Heinerle existiert nicht mehr, möglicherweise hat ihr das langweilige Überraschungsei den Markt abgegraben. Doch der Zauber ist geblieben. Die Wundertüte erinnert an die Magie des Schenkens, daran, dass der materielle Wert nicht das Wichtigste ist. Und dass ein Präsent nicht nützlich sein muss. In so einer Tüte steckt garantiert keine Waschmaschine. Ihr Wunder hat nichts mit Lourdes zu tun, es besteht darin, jemanden zum Staunen zu bringen, einem Erwachsenen eine kindliche Freude zu machen, etwas Geheimnisvolles zu überreichen, dessen Inhalt nicht mal der Käufer selbst kennt.

Man kann sie inzwischen sogar online kaufen. »Eine Tüte Glück«, »Eine Tüte Liebe«. Aber was für eine Liebe ist das denn, die man im Internet bestellt! Das sollte man schon selbst machen, die kleinen Überraschungen einpacken. Scherzartikel, Süßigkeiten, Postkarten, Magnete, Witzfiguren, Glückspfennige, meinetwegen Wunderkerzen. Ein ganzer Sack voll Nonsens. Viele kleine Geschenke sind sowieso meist spannender als ein großes. Worein mit all den Schätzen? Man könnte eine Obsttüte aus Papier nehmen, wie sie auch das Werkbundarchiv nutzt und die mich in ihrer altmodischen Erscheinung immer an einen Kaufladen erinnert. Der Wert des Füllhorns ist garantiert höher als der Warenwert der Einzelteile.

Mit der Überraschung gewinnt das Schenken seine Unschuld zurück, das Kindliche. Kinder selbst sind Weltmeister im Erstaunen und Verwundern, beim Geben wie beim Nehmen. Meine Nichte Charlotte zum Beispiel ging noch in den Kindergarten, als sie meine Schwester mit einer wunderschön gedeckten herbstlichen Kaffeetafel überraschte, verwunschen mit herbstlichen Blättern, die sie im Garten gesammelt hatte.

Man muss natürlich aufpassen: Es gibt Menschen, die eine abgrundtiefe Abneigung gegen Überraschungen jeder Art haben, sich regelrecht vergewaltigt fühlen. Mein besagter Schwager zum Beispiel hasst sie. Sein Albtraum, sagt er, wäre es, mit verbundenen Augen an irgendeinen Ort entführt zu werden und dann noch Begeisterung mimen zu müssen. *Böse Überraschung*, für manche scheinen die beiden Worte eine Tautologie zu bilden.

Nicht jeder lässt gern die Zügel los. Aber egal, ein Geschenk soll ja dem anderen Freude machen. Es hat ein paar Jahrzehnte gedauert, aber ich habe gelernt, das zu respektieren.

Andere wiederum beklagen, dass sie sich wahnsinnig gern überraschen lassen, nur dass es praktisch nie passiert. Vielleicht fehlt vielen Schenkern der Mut dazu, schließlich kann man damit grandios scheitern. Mir scheint das Potenzial der Freude dennoch größer zu sein. Ob das heiß ersehnte Rennrad für den Zwölfjährigen, der schon dachte, jemand anderes hätte ihm seinen Herzenswunsch aus dem Laden weggeschnappt, das dann doch neben dem Tannenbaum stand, oder der große Bruder, der am Geburtstag, mitten in der Woche, vor der Tür steht, obwohl er Hunderte von Kilometern weit weg wohnt. Oder der Brotlaib, den eine Nachbarin für den edlen Berliner Laden »Brot ist Gold«, der aussieht wie ein Juweliergeschäft, häkelte, weil sie es so traurig fand, dass die Vitrine im Schaufenster nachts leer war. Reisen, von denen man nichts ahnte, und plötzlich steckt man schon mittendrin. Ein Souvenir vom Chef, zu dem man eigentlich ein angespanntes Verhältnis hat. Eine Kunstinstallation aus 60 Wasserflaschen zum 60. Geburtstag.

Aus den Ferien nach Hause zu kommen – und ein Freund hat das Badezimmer renoviert! Mit neuer Toilette, Badewanne, Duschvorhang, gestrichen und schön dekoriert. In den Garten zu gucken – und da steht ein Brunnen, den Freunde gebaut haben. Auf eine Kreuzfahrtreise zu gehen – und auf dem Bett liegt eine Bodylotion samt Brief von einer Freundin. Die Tür zu öffnen, als es klingelt – und davor sitzen sechs Freundinnen auf ihrem Geschenk, sechs Gartenstühlen, mit Sektgläsern in der Hand. Mit dem Liebsten ins Restaurant zu treten – und da warten lauter Freunde auf einen.

Selbst ein »normales« Präsent lässt sich leicht in eine Überraschung verwandeln: Die Leiterin des Berliner Ausstellungs-Hauses am Waldsee zieht ihre Gaben gern erst am Ende eines Besuchs, einer Begegnung aus der Tasche. Schenken hat ja immer auch etwas mit Inszenierung zu tun, mit Theater. Manche sind besonders gute Regisseure. Als meine Kollegin ihr Abiturzeugnis bekam, war sie allein zu Haus, die Eltern auf Sardinien. Als Esther sie anrief, um vom Ergebnis zu erzählen, dirigierte die Mutter sie zu einer bestimmten Schublade, in der ein Flugticket nach Sardinien lag. Bis zu dem Tag, erzählt Esther, war sie noch nie geflogen! Und auf dem Campingplatz am Strand öffnete ihr Vater dann eine Flasche Champagner auf ihr Abitur.

Nach Meinung von Derrida, schreibt die Kultursoziologin Elfie Miklautz, soll eine Gabe idealerweise immer jenseits von jeglicher Antizipation überraschen – und im selben Moment vergessen werden können. Versteh ich nicht. Wieso vergessen? Ist doch viel zu schön dafür. »Die Überraschung«, sagt der Philosoph schließlich selbst, »benennt jenen Augenblick von Wahnsinn, der die Zeit zerreißt und die Vernunft auflöst.« So was bleibt einem bis zum Lebensende im Kopf. Und vor allem im Herzen.

Natürlich braucht man Verbündete für einen Coup. Leute, die ihren Mund halten können und nicht rausplatzen mit dem Geheimnis. Und es darf nicht zur Pflicht, zur Routine werden. Eine jüngere Kollegin erzählt, dass der Originalitätsdrang in ihrer Clique schon etwas ausartet, dass sie sich jetzt zu jedem Geburtstag, nicht nur zum runden, eine dolle Überraschung ausdenken sollen. Bei fünfzehn Freunden bedeutet das fast Dauerstress. Man kann ja nicht jede Woche eine Schnitzeljagd machen.

Freude

Schließlich hat das ganze Schenken doch nur ein Ziel: Freude zu machen. Und zwar auf beiden Seiten. Deswegen hat meine Schwägerin beschlossen, nur noch zu schenken, wenn sie genau weiß, was die andere Person erfreuen kann. Find' ich ehrlich, find' ich gut. Dann macht das Geben ohnehin am meisten Spaß. Ich habe eine Freundin, für die fällt mir immer ganz viel ein. Wir haben ähnliche Faibles – England, Retrodesign, kleine Köstlichkeiten –, mit Freuden greife ich zu, wenn ich etwas sehe, was uns beiden gefallen könnte und was sie am Ende bekommt.

Aber als ich dann noch mal nachdachte über das, was meine Schwägerin gesagt hatte, merkte ich: Weiß man das denn immer so genau? Wie oft hat man etwas überreicht, wovon man schon dachte, das könnte dem anderen gefallen – aber dann doch vom Ausmaß der Freude überrascht war. Es ist ja auch eine Prise Glück dabei. Niemand hat wirklich damit rechnen können, dass der Haba-Schwenkgrill, den meine andere Schwägerin meinem Bruder zum 35. Geburtstag schenkte, auf soo viel und anhaltende Freude stieß. »Unfassbar, wie sehr er von dem guten Stück schwärmt und wie häufig es zum Einsatz kommt.«

Manche Präsente entwickeln eine ungeahnte Langzeitwirkung. Kochbücher, die die Lust am Braten und Experimentieren fördern, der Yogaschnupperkurs, der die Beschenkte so inspiriert hat, dass sie noch sechzehn Jahre später Yoga macht, bei derselben Lehrerin. Oder der Korfu-Urlaub, den ein Freund geschenkt bekam, mit allerlei Aktivitätsangeboten, unter anderem auch gemeinsames Singen – da wurde seine lange verschüttete Lust daran wiedererweckt. Wieder zu Hause, suchte er sich einen

Chor. »Ohne diesen Urlaub hätte es immer noch die vage Sehnsucht gegeben, aber nicht den Schritt, aktiv zu werden.« Der Mensch braucht einfach einen Stups. Man darf nur niemandem Gewalt antun, muss akzeptieren, wenn der andere doch keine Lust hat, Gitarre spielen zu lernen, oder der Blumentopf nicht so gut gefällt, dass er ihn in den Garten stellen möchte. Mit Enttäuschung und ausbleibender Freude müssen beide Seiten umgehen lernen.

Im Zweifel heißt es spontan sein. Meine alte Schulfreundin Martina verkörpert für mich das Ruhrgebiet *at it's best*: großes Herz und ebensolche Klappe, lustig, direkt und immer hilfsbereit, ganz ohne Gedöns. Sie ist Lehrerin geworden, vielleicht nicht zufällig für die Kinder mit den größten Schwierigkeiten. Sternzeichen: Widder. Der Mann der Schul-Putzfrau hatte am selben Tag Geburtstag wie sie, und wenn er seine Frau, wie jeden Tag, von der Schule abholte, beglückwünschten Martina und er sich jahrelang gegenseitig. Bis er einen Schlaganfall erlitt und nicht mehr aus dem Bett kam. An ihrem Geburtstag im nächsten Jahr besuchte Martina ihn spontan nach der Schule zu Hause. »Der Blick seiner Freude über meinen Besuch bleibt mir unvergessen und rührt mich immer noch, wenn ich daran denke.«

Sich freuen können ist eine Gabe. Manche können's, manche nicht. Manche mehr, manche weniger. Und Freude zeigen gelingt nicht allen gleich gut. Es ist eine andere Begabung als das Freudemachen. Das beherrschen andere möglicherweise besser. Die Fähigkeit zur Freude hat natürlich auch etwas mit Mangel versus Überfluss, mit Wertschätzung zu tun. Ein frisches Ei in der Nachkriegszeit war ein Grund zum Jubel. Heute ist es einfach ein Alltagsprodukt, das man in jedem Supermarkt in der 10er-Packung kriegt.

In Coronazeiten wurden selbst die abgebrühten Berliner zu ihrer eigenen Überraschung sehr empfänglich für die kleinen Freuden des Lebens, die sie vorher für nichts Besonderes gehalten hatten – ein Eis im Hörnchen bei Sonnenschein, ein Zaunkönig im Hinterhof, ein Spaziergang mit der Freundin, all das wurde plötzlich zum Geschenk.

Es hat mich an früher erinnert, an meine Kindheit, als jede Tüte Pommes außerhalb der holländischen Sommerferien schon eine Sensation war, erst recht jedes neue Kleidungsstück – normalerweise habe ich ja nur die abgetragenen Sachen meiner drei großen Schwestern geerbt. Und an die Zeit kurz nach der Wende musste ich denken, als ich zum ersten Mal nach Leipzig fuhr. Ein Kollege hatte mich zu einer bürgerbewegten Pfarrersfamilie mitgenommen, bei der wir übernachten durften – Hotels gab es damals in der Noch-DDR kaum. Den fünf Kindern hatten wir unter anderem eine Packung Spielzeugautos von Woolworth mitgebracht. Nie, nie werde ich ihre Freude vergessen. Sie waren außer sich!

Nun will niemand Sozialismus, Mauer und Mangelwirtschaft wiederhaben. Aber manchmal wünscht man sich schon ein bisschen mehr Ebbe und weniger Flut. Wobei ich gut reden habe, mich zu zügeln fällt mir schwer, ich neige zu Überschwang und Maximalismus. Mein Gepäck ist immer schwer, meine Artikel sind lang, meine Wohnung und der Kühlschrank voll – und meine Angst, dass ein Präsent zu klein, ich zu kniepig sein könnte, groß.

Der Mangel ist nicht immer erstrebenswert, aber manchmal ergibt er sich einfach. Nie ist der Mensch empfänglicher für Freuden, als dann, wenn es ihm schlecht geht, ob physisch oder psychisch oder alles beides, sozusagen Ebbe auf dem Glückskonto herrscht. Der kleine Ibis aus Ägypten, der einer angeschlagenen Freundin Glück und Kraft bringen sollte, hat dies tatsächlich getan. Und als eine andere mal schlimmen Liebeskummer hatte und obendrauf Probleme mit ihrem immer schwierigeren Vater, schenkte ihr eine Freundin zum Geburtstag einen wunderschönen, schweren silbernen Armreif aus Indien, den sie selbst mal von ihrem unfassbar liebevollen Vater bekommen hatte, und dazu einen Riesenstrauß Cosmea. »Das war vielfach liebevoll, ohne Worte.«

Es geht einfach um Aufmerksamkeit. Als eine Freundin nach einem Unfall lange Zeit nicht laufen konnte, war sie gerührt, wie ihr Freundinnen und Kolleginnen Freude bereiteten und die lange Zeit des Stillliegens versüßten: mit Büchern, DVDs, Home Cooking bei ihr, auf Vorrat kochen, Besuchen. Sie selber wiederum war überrascht, wie viel Freude die selbstgebackenen Brownies für eine Freundin ausgelöst haben. Das sei das erste Mal in ihrem Leben, sagte diese, dass jemand für sie gebacken habe.

Vielleicht hilft es der Freude ja schon auf die Sprünge, wenn man einfach mal ausschert und das Übliche gegen den Strich bürstet, wenn man unerwartet mit einem Geschenk kommt, um aus dem Gewohnten was Besonderes zu machen.

Eine Bekannte erzählt, wie sie zum 80. Geburtstag ihres Onkels fuhr und selbst jetzt, auf dem Weg zum Fest, noch nicht wusste, was sie ihm schenken sollte – als sie plötzlich einen Einfall hatte. Es war kurz vor Ostern, also fuhr sie von der Autobahn ab in die nächste Stadt und kaufte Zutaten für Osternester ein, die sie dann nicht allein für das Geburtstagskind, sondern auch für seine vier Geschwister zusammenstellte. So hat sie gleich alle fünf glücklich gemacht, während all die anderen Weinflaschen und Präsentkörbe eher unbeachtet blieben.

Im besten Falle schaukelt man sich gegenseitig hoch mit der Freude über die Freude des anderen. Wenn der Achtjährige der Nachbarin spontan eine selbstgemalte Schneeflocke schenkt und diese das Bild gleich an die Wand heftet, sind beide doppelt happy. Freude ist ansteckend.

Mit dem Schlauchboot durchs Wohnzimmer: Kindheit

Neulich bekam ich eine Mail von einer Freundin aus New York. Der Familie, zu der auch ein ingwerfarbener Pudel namens Ginger gehört, hatte ich mal zwei sehr aufrecht sitzende knallbunte Gummipudel aus der DDR mitgebracht, die quietschen, wenn man sie drückt. Auf der Originalverpackung stand: Pudel, sitzend. Kurz nach dem Mauerfall hatte ich sie in einem Spielzeugladen in Ost-Berlin entdeckt, wo ich noch so manch anderen Schatz für meine Geschenkkiste fand – kleine Mitropa-Blöcke, Baukästen, Eierbecher in Hühnerform, Pastorenpuppen, die den Bierkrug hoben, wenn man ihnen kräftig auf den Kopf schlug. Es fällt mir nicht leicht, mich von ihnen zu trennen, ich weiß ja: Das gibt's nie wieder.

»Heute Morgen in der Dusche«, schrieb Susan mir – ziemlich genau dreißig Jahre nach dem Mauerfall und ein, zwei Jahre nachdem wir das letzte Mal voneinander gehört hatten –, »habe ich ungefähr zum dreitausendsten Mal über die Pudel gelacht. Wie passend, dass Ginger an dem gelben geknabbert hat. Da musste ich natürlich an Dich denken. Aber Du kannst versichert sein, dass ich auch in nobleren Zusammenhängen an Dich denke.«

Was kann es denn Nobleres geben, als jemanden aus der Distanz von 6381 Kilometern noch nach vielen Jahren mit einem Geschenk regelmäßig zum Lachen zu bringen?

In Spielzeugläden und Haushaltswarengeschäften fremder Länder – und der Osten war 1989 für mich ein fremdes Land, in dessen Entdeckung ich mich stürzte – kann man oft die besten Präsente finden. Ohne dass man suchen muss. Das Spielerische, das allem wahren Schenken innewohnt, hier ist es omnipräsent. Und ich kenne keinen Erwachsenen, der nicht eine kindliche Ader hätte. Nur dass man sie im Alltag normalerweise nicht beachtet, ihr kein Futter gibt. Deswegen ist es ja so schön, wenn die Nachbarin einem noch immer Schokolade zum Geburtstag schenkt und eine Karte dazu schreibt, obwohl man längst zu Hause ausgezogen ist, oder wenn die Mutter (es sind immer die Mütter) einer als 30-Jähriger noch einen Adventskalender füllt. Warum sonst schenken sich erwachsene Männer die selbstgesteuerten Flugzeuge, die sie in jungen Jahren nicht bekamen?

Mit den Kindern fing das Schenken im großen Stil erst richtig an. Die Kultur des Gebens als Ausdruck persönlicher Beziehungen hat sich erst im 18. Jahrhundert entwickelt. Dabei spielte die Anerkennung der Kindheit als eigenständiger Lebensabschnitt eine zentrale Rolle. Jetzt wurden die Kleinen nicht nur als unfertige Erwachsene, sondern als besondere Wesen betrachtet, für die auch spezielle Spielzeuge hergestellt wurden.

In puncto Fantasie und Spontanität beim Schenken kann man von Kindern eine Menge lernen. Diese grenzenlose Freiheit im Denken! Das Gebenwollen jenseits von Schubladen und ungesundem Pflichtgefühl, die mangelnde Scheu, etwas Selbstgemachtes könnte nicht perfekt sein. Sie überschütten einen mit Liebesbriefchen, Kunstwerken, selbstgepflückten Gänseblümchen, bringen Frühstück ans Bett.

Der Kinderbuchautor Helme Heine (der zum Kinderbuchautor wurde, weil er für den Nachwuchs von Freunden kein Buchgeschenk gefunden hat, das ihm wirklich gefiel, er fand sie alle scheußlich, also hat er selbst eins geschrieben und gezeichnet) hatte wohl nicht so viel Zutrauen in die junge Fantasie. Er hat ein bisschen nachgeholfen. Heine hat sich den kleinen Kindern, die seine Frau mit in die Ehe brachte, genähert, indem er sich zu Weihnachten von ihnen ein »Seelenbild« wünschte: »Ein großes Selbstporträt, um zu vermeiden, dass sie mir einen Schlips und Socken von ihrem Taschengeld kauften. Außerdem hoffte ich, dass sie sich selbst dabei entdecken würden und ich sie so besser kennenlernen könnte.« Zehn Jahre lang, so erzählte er im Interview mit der *Süddeutschen*, kamen die Stiefkinder an jedem ersten Advent in sein Studio – und blieben vier Wochen. Alle zusammen im Atelier, und jeder arbeitete an seinen Werken, redete ein bisschen, malte …

Man sollte Gänseblümchen und Seelenbilder genießen, solange die Phase währt. Denn irgendwann kippt es – heutzutage offenbar eher früher als später. Zumindest außerhalb der engsten Familie. Statt das Präsent zum Kindergeburtstag der Imagination und Einfühlungskraft der Gäste zu überlassen, liegen in Spielzeugläden schon Listen oder Gabentische aus, wie sie bisher nur bei Hochzeiten üblich waren, von denen die Kinder dann etwas aussuchen sollen aus dem Pool der Waren, die das Geburtstagskind sich selbst zuvor schon ausgesucht hat, damit ja nichts schiefgeht.

Jugendlichen erscheint umgekehrt die Vorstellung, nicht das 100-prozentig Passende zu finden, offenbar als so schlimm, dass sie sich ebenfalls aus solchen Listen im Laden oder online etwas auswählen. Oder Geld geben für einen bestimmten Tennisschläger, den das Geburtstagskind sich wünscht. Die Gabe muss *perfekt* sein, so wie die Selbstinszenierung im Internet. Alles andere wäre ein Desaster.

Wie sollen sie denn so das Schenken lernen! Das Sich-Reinfühlen in andere, ihnen zuhören, überlegen, worüber sie sich freuen könnten. Man nennt es Empathie.

Kinder zu beschenken – für Erwachsene ist es das beglückendste Geben. Zum einen, weil die Kleinen keine Perfektionisten sind. Für einen Freund war die Märklin-Eisenbahn, die sein Vater für ihn aufgebaut hatte, ein Paradies. »Nichts an dieser Anlage war maßstabsgerecht, die Indianer- und Cowboyfiguren überragten die Lokomotiven und sogar die Faller-Häuschen deutlich. Trotzdem war diese Eisenbahn ein wunderbares Spielzeug, gerade weil sie so unperfekt war und auf diese Weise meine kindliche Fantasie total in Gang setzte.«

Katja Blomberg, Leiterin des Berliner Hauses am Waldsee, erinnert sich ganz genau an das silberne Schlauchboot, das sie zum zehnten Geburtstag bekam. »Das war viel zu groß und füllte das halbe Wohnzimmer. Ich legte mich hin und hatte das Gefühl einer Rettungsinsel. Später trieben wir damit auf der Ostsee. Ein Regenschirm als Segel. Die geschenkte Freiheit, das Abenteuer waren das Größte.«

Die Bescherung kleiner Kinder ist auch deshalb so beglückend, weil ihnen das Geld fehlt, sich Wünsche selbst zu erfüllen. Das Taschengeld reicht nicht weit. Hemmungslos kann ich als Tante meine kindliche Ader austoben, mit ihnen Tretboot fahren, Zeichentrickfilme gucken, Minigolf spielen. Bloß kein Memory! Die Kleinen haben noch so ein deprimierend gutes Gedächtnis.

Mit Wonne habe ich Scherzartikel für meine Nichten und Neffen besorgt, Furzkissen, Hüpfknete und Wasserpistolen. Tanten dürfen das, sie dürfen unvernünftig wie die Kinder sein. Also habe ich ihnen aus New York einen King Kong mitgebracht, der das Empire State Building hochklettert, wenn man ihn aufzieht, und die Krone der Freiheitsstatue aus Schaumstoff. (Die echte war ja auch schon ein Geschenk, des französischen Volkes an die USA.) Fünfjährige brauchen keine perfekten Legosets, nur Spaß und Inspiration – die Möglichkeit, was zu entdecken. Die ganz Kleinen denken auch nicht in monetären Kategorien. Ob ein Puppenfieberthermometer 20 Pfennig oder 20 Euro gekostet hat, ist ihnen herzlich egal.

Selbst ein Werbegeschenk kann zum Hit werden. So wie jenes der Indian Airways, das meine Freundin Corinne Anfang der sechziger Jahre von südafrikanischen Bekannten ihrer Eltern bekam, da muss sie vier gewesen sein: ein sich verneigender Inder mit Turban. Er war hohl und roch stark nach Gummi. Wenn man ihn drückte, quietschte er. Ihr Vater taufte ihn Ernstli Ibrahim. »Ich liebte, herzte ihn und leckte an ihm, bis Ernstli alt und brüchig wurde und schließlich auseinanderfiel.« Vor Weichmachern hatte man damals offenbar noch keine Angst. Ihre Mutter glaubte sogar, dass Ernstli Ibrahim der Grund gewesen sei, dass Corinne sich zwanzig Jahre später in einen asiatischstämmigen Amerikaner verliebte.

Die Wüstenrennmaus, die meine Kollegin Esther als das beste Geschenk ihrer Kindheit bezeichnet, hat bestimmt kein Vermögen gekostet. Überhaupt: Tiere!

Für Tomas – und nicht nur für ihn – war sein Hund das Allergrößte. »Mit dem bin ich stundenlang nach der Schule durch die Landschaft gestiefelt. Und alles, was mich in meinem kleinen Leben so bedrückte, habe ich an ihn rangequatscht.« Wer als kleiner Stöpsel kein Tier bekam, erfüllt sich diesen Kinderwunsch dann gern als Erwachsener.

Der einzige schwierige Moment im Leben einer (Paten-)Tante steht am Anfang. Nicht zur Geburt, da kann man aus dem Vollen schöpfen, sondern bei der Taufe. Da soll man, will man was fürs Leben schenken. Früher gab's da Serviettenringe, Bibeln und Patensilber, welches dann zu jedem Geburtstag und Weihnachten aufgestockt wurde. Alles Investitionen in die erwachsene Zukunft. Heute bedaure ich, dass ich nicht mehr von meinem Besteck habe, ich weiß nicht, wer es ausgesucht hat, aber es gefällt mir heute sehr, schlicht, wie es ist. Mit den Messern lässt sich so gut das Butterbrot schmieren. Dabei ist es gar nichts

Besonderes, Marke Zwilling, nur kriegt man es nicht mehr. Am besten vielleicht, man macht zwei Taufgeschenke: eines, das bleibt, und eines für den Augenblick, egal ob LEGO Duplo oder Barbie.

Im 19. Jahrhundert war es stark normiert, was ein Pate dem Patenkind schenkt: das Taufkleid, dazu einen Taler, ins Taufkissen gebunden, Weihnachten dann etwas zum Anziehen, zum Schulanfang den Tornister … Als Dank für diese Gaben wurden die Paten zu allen Familienfesten eingeladen. Heute, da die Einschulung gefeiert wird wie früher nicht mal das Abitur, Freunde und Familie en gros eingeladen werden, bei diesem großen Moment dabei zu sein – »die Eventisierung des Lebens« nennen Soziologen das –, werden Paten angehalten, die Schultüte nach genauer Vorschrift selbst zu nähen, und zwar so, dass sie hinterher noch als Schmusekissen funktioniert. Auch für die Füllung bekommen sie eine Liste zugeschickt.

In meiner schwulen Nachbarschaft wird die bürgerliche Feierlichkeit des Events etwas torpediert. In den letzten Jahren fiel die Einschulung just auf das Wochenende des Leder- und Fetischfestivals »Folsom«, so dass eisschleckende Familien in feinen Kleidern auf maskierte Fetischisten trafen, aus deren schwarzen Lederhosen der nackte Po herausleuchtete. Man feierte in friedlicher Koexistenz.

Meine eigene Schultüte war, genau wie mein Schulranzen und mein Kleid, geerbt. Das Schicksal der Jüngsten. Immerhin, der Inhalt war frisch. Zu den unvergesslichen Geschenken meiner Kindheit gehören die Stelzen, die der Verehrer und spätere Mann meiner zweitältesten Schwester uns Kleinen, genannt »die Ös«, selbst gebaut hat und mit denen wir stolz über den Hof wackelten. Da hatte er schon mal gute Familienkarten. Die beiden sind seit 45 Jahren verheiratet.

Exklusivität wird in den Jahren der Kindheit anders als in Geld bemessen. Zum Beispiel in Zeit. Ganz allein mit der Mutter, die er nie für sich hatte, die er immer mit den beiden Brüdern teilen musste, in die Stadt zu fahren und essen zu gehen, das war für einen heute Mittdreißiger in der Erinnerung schöner als jedes neue Spielzeugauto. So ähnlich erzählt es ein Freund aus großer Familie, der von seiner Tante Inge, deren Ersatzkind er war, verwöhnt wurde. Er hat es genossen, wie sie die Geschenksituationen inszenierte für ihn. »Ich war dann nicht das Kind mit vier Geschwistern, sondern ein Einzelkind, dem die ungeteilte Liebe und Aufmerksamkeit galt.«

Ganz oft sind es solche Erlebnisse, die sich besonders tief ins Gedächtnis eingegraben haben, die als Geschenke empfunden werden, auch wenn sie gar nicht als solche präsentiert wurden. So wie der Spaziergang mit dem Vater, der eigentlich nie Zeit hatte, auf dem er seinem Sohn das Einmaleins erklärte. Oder das Backen mit der Mutter. »Damit verbunden war der Duft, die Geborgenheit, die Wärme vom alten Ofen, mit ihr in der Küche zu sein.«

Und wenn die Präsente doch Objekte sind, so hängen Kinder mit einer Innigkeit an auserwählten (nicht allen) Gaben, wie dem Nike-Sweatshirt, das kaum noch zur Wäsche freigegeben wird, dass man als abgebrühter Erwachsener fast neidisch werden kann. Die Freude an diesen besonderen Lieblingen bewahren sich einige Kinder bis ins hohe Alter. Die Geschenke jener Zeit, die besten auf jeden Fall, aber auch die schlimmsten, besitzen eine Intensität, die fürs ganze Leben reicht. Einige Teddybären und Steiff-Pekinesen leisten ihren Besitzern tatsächlich bis ans Lebensende Gesellschaft. Kaufladen und Ritterburg werden erst an die Kinder, dann an die Enkel weitergereicht.

Sie bleiben unvergesslich: der (echte) Hase und das amerikanische Feuerwehrauto von der Patentante aus Arizona, der Bär aus richtigem Fell, der beim Flug durch die Luft die Ohren langgestreckt hat, die erste Puppe nach dem Krieg, das erste Fahrrad, das in der Fantasie noch zum Pferd umfunktioniert wird, auf dem man durch die Nachbarschaft reitet. Die ersten Jeans! Oder der erste Fußball, noch dazu aus Leder! »Braun war er«, erzählt mein Freund Paul. »1966 wurde damit auf der Straße gespielt, im Garten, auf der großen Stadtwiese, nachmittags auf dem Sportplatz der Schule. Ich war stolz, diesen echten Ball zu besitzen, Leder, wie ihn die Fußballstars gebrauchten, Stan Libuda, Karl-Heinz Schnellinger und Petar Radenković. Eine Pumpe gehörte dazu und eine Dose Lederfett. Der Ball wurde liebevoll gepflegt, immer gut aufgepumpt. Das Spiel auf der Straße setzte dem Ball zu, die Lederhaut wurde dünner, fühlte sich aber nun an wie zartes Wildleder. An einen zweiten, einen Nachfolgeball, kann ich mich nicht erinnern. Und doch muss dieser erste Ball irgendwann zerfetzt gewesen sein, mit Tausenden Stunden Gekicktsein auf dem am Ende nicht mehr so perfekt runden Buckel. An eine anständige Beerdigung kann ich mich nicht erinnern.«

Nie ist das Schenken so rein wie in dieser Zeit, da die Empfänger der Gaben noch ans Christkind glauben – daran, dass ihnen jemand was gibt, ohne irgendwas dafür haben zu wollen.

Meine kleinen Brüder zum Beispiel wussten genau, wo im Frühling die Süßigkeiten herkamen, die unser Vater im Wald heimlich aus der Tasche fallen ließ, damit aus maulenden Spaziergangsverweigerern hüpfende Enthusiasten wurden: »Die Vögelchen haben die Eier ausgepiept!« Sie zweifelten keinen Moment daran, dass Amseln und Rotkehlchen in Stanniol gewickelte Schokolade und bunte Dragees legen können.

Die Jungs haben ja auch, wie wir alle, an den Osterhasen geglaubt. Und das ist gut so, sagen Psychologen, das rege die Fantasie an. Eltern haben einen sowieso lieb, meistens auf jeden Fall.

Wenn die einen bescheren, das ist so – so normal. Fast langweilig. Aber ein Hase oder Weihnachtsmann, dem man noch nie begegnet ist! Wieso macht der das, woher kennt der einen, woher weiß er, wo ich wohne? Und dann die Schatzsuche! Dass man die Eier nicht auf dem Frühstückstisch serviert kriegt, man sie sich erst erobern muss, erhöht den Reiz der österlichen Gaben noch.

Die Theorie der Hardcore-Anthropologen – Schenken als reines Tauschgeschäft, man gibt nur, um was zurückzukriegen – zerschellt am Osterhasen. Die Eltern, die sich hinter diesem verstecken, kriegen nichts retour. Nichts Materielles auf jeden Fall. Wenn die Kinder in die Sträucher kriechen und juchzen vor Begeisterung angesichts des Fundes von ein paar Eiern, darunter vielleicht sogar welche vom letzten Jahr (so war das zumindest bei uns zu Hause), ist die Freude auf beiden Seiten groß.

Irgendwann kommt natürlich der Moment der Ernüchterung, da das Geheimnis gelüftet wird und das Kind begreift, wer tatsächlich hinter dem Hasen steckt. Aber die Kleinen verkraften die Aufklärung schon. Als Ersatz kriegen sie das Gefühl beschert, schon groß zu sein.

Die Phase des reinen Kinderglücks ist kurz genug und wird immer kürzer. Verdammt früh setzt sie ein, die Flut, mit der die Großen um die Gunst der Kleinen buhlen, mit der sie auch sich selbst inszenieren. Im vergangenen Jahr war in der Zeitung zu lesen, dass die einjährige Tochter von Kim Kardashian, Chicago West, vor ihrer eigenen Geburtstagsparty davongelaufen ist. Auf einem Instagramvideo konnte die Welt zusehen, wie das Geburtstagskind die Flucht ergriff, während die Mutter und Reality-Darstellerin ihr hinterherrief: »Komm her, das ist deine Geburtstagsparty!« Chicago West schien von ihrer *Alice im Wunderland*-Mottoparty, mit Hüpfburg, Labyrinth, vierstöckiger Torte und zahlreichen Prominenten leicht überfordert gewesen zu sein. Als Geschenk soll es unter anderem einen zitronengelben batteriebetriebenen Mercedes und eine Spieluhr von Louis Vuitton gegeben haben.

Familie Kardashian mag ein Extrem sein, doch der Kindergeburtstag hat auch in weniger prominenten Kreisen längst seine Unschuld verloren. Der Druck, daraus ein großes Event zu machen, ist gewaltig. Unter Bowlingbahn, Kletterpark und Jumphouse geht gar nichts mehr, Eltern und Kinder stehen unter Profilierungszwang. Mit Topfschlagen traut sich fast niemand mehr zu kommen. Wobei die, die es tun, gar keine schlechten Erfahrungen damit machen.

Gefragt, wen sie besonders ungern beschenkt, sagt eine Freundin: »Leute, die ich nicht gut kenne, und Kinder, die schon alles haben.« Wobei auch Kinder, die schon alles haben, noch nicht alles erlebt haben. Eine französische Übersetzerin erzählt, dass sie ihrer Nichte Deutschstunden geschenkt habe, bei einer Tasse Kakao. Kam erstaunlich gut an. Ungeteilte Aufmerksamkeit ist ein Luxus, vielleicht das schönste Geschenk.

»Was schenken wir unseren Kindern?«, fragen Gerald Hüther und André Stern in ihrem gleichnamigen, 2019 erschienenen Buch und geben gleich die Antwort: Nichts, womit man ihre Zuneigung erheischen will oder ihre Folgsamkeit. Nichts, womit man sie in eine bestimmte pädagogische Richtung drängen möchte, auf dass die Kleinen die eigenen Träume erfüllen. Nicht dressieren! Nichts als Belohnung. Keine Erwartungen daran knüpfen.

Was dann? Liebe natürlich, erklären die beiden Autoren. Das Gefühl der Geborgenheit. »Der sichere Hafen ist das wichtigste Geschenk, das wir unseren Kindern machen können.« Sie frei spielen und entdecken lassen, was sie wirklich interessiert, wo ihre Begabungen liegen. Ihnen Verantwortung überlassen, ob beim Kochen oder beim Umgang mit Tieren.

Gerald Hüther erinnert sich an das Geschenk, das ihm sein Großvater gemacht hat, als er, der Enkelsohn, klein war. »Er war ein Frühaufsteher (ich damals auch) und machte für sich zum Frühstück eine Brotsuppe aus süßem Malzkaffee und Brotwürfeln. Ich durfte auf seinem Schoß sitzen, dann haben wir diese Brotsuppe zusammen gegessen, und er hat mir Geschichten aus seinem Leben erzählt. An manche erinnere ich mich heute noch, und unvergessen ist das wohlige Gefühl der warmen Suppe in meinem Bauch und des ungestörten Zusammenseins mit meinem geliebten Großvater.« Hüther lobt auch seinen Vater, der ihm eine Leiter an die Kopfweide gestellt hat, in der er sich als kleiner Junge verkriechen konnte, wenn es Ärger gab, und den Onkel, der ihm zeigte, was die Eltern verboten hatten: Feuer machen. »Kinder, die auf diese Weise erfahren, was es bedeutet, bedingungslos geliebt zu werden, brauchen dann auch keine Geschenke mehr.«

Hüther ist in der kargen Nachkriegszeit geboren, anno 1951, sein Großvater muss noch mal mindestens vierzig, fünfzig Jahre früher, zu Beginn des 20. Jahrhunderts, auf die Welt gekommen sein – die eine völlig andere war. Es gab keine Flugzeuge, keine Autos, keine Computer, kein Playmobil, kein Fernsehen, nicht mal Radio, kein Smartphone und keine sozialen Medien. Man kann sich zurücksehnen in die gute alte Zeit (die ja meist so gut dann doch nicht war), wiederherstellen kann man sie nicht.

Natürlich haben die beiden Autoren recht, dass Aufmerksamkeit, gemeinsame Zeit und Erlebnisse wichtiger sind als das neueste iPhone unterm Weihnachtsbaum. Dass man Kindern die Möglichkeit schaffen muss, selbst die Welt zu entdecken, die eigenen Fähigkeiten spielerisch zu erproben, ihnen Verantwortung überlassen. Dass man sie schützen sollte vor den Verführungen der Werbung. Aber dass man sie völlig fernhalten könnte von allen materiellen Geschenken, ist weltfremd. Dann müsste man sie einkerkern.

Manchmal reicht es einfach, wenn auch der Schenker Fantasie investiert (wie gesagt, von Kindern lernen) – und ein bisschen Glück hat. Ein französischer Künstler, der es seiner Frau überlässt, Präsente für Erwachsene zu suchen, zieht für Kinder mit Vergnügen los. Er selbst hat keine, aber seine Schwester gleich vier. Anfangs nahm er sich vor, ihnen immer zu besorgen, was sie sich wünschen – aber das waren halt ständig die neuesten elektronischen Geräte. Inzwischen überrascht er sie lieber. Sein größter Treffer (es gab auch Flops): eine analoge Kamera für seine Nichte, die gern fotografiert. Er entwickelt die Aufnahmen für sie. Dass sie zwei Wochen statt den Bruchteil einer Sekunde auf das Ergebnis warten muss, das sie dann als richtiges Bild in die Hand nehmen, ins Regal stellen, ins Album kleben kann – das fasziniert sie total.

Vielleicht hilft es auch, die Verpackung und Inszenierung, das ganze Drumherum stärker in den Mittelpunkt zu rücken. So wie Julias Vater, der gar nicht zeichnen konnte und ihr dennoch ein Büchlein mit all ihren Kinderwünschen gezeichnet hat: »Bekommt Julia etwa einen Schluck Ziegenmilch? Nein. Bekommt sie einen Schminktisch? Nein. Bekommt sie…« Julia weiß nicht mehr, was es dann war, was sie bekam. »Aber die Tatsache, dass er sich all meine, auch unerfüllbaren Wünsche gemerkt hatte, hat mich mehr gefreut als jedes Geschenk.«

Natürlich ist auch das Potenzial der Enttäuschungen in diesem Alter so gewaltig wie nie, das Fass der Tränen ohne Boden. Wenn man sich ein Puppenhaus wünscht, wie die Freundin es hat, schön rosa und kitschig, und bekommt dann ein gepflegtes Vintage-Modell, eigenhändig von Mama und Papa restauriert … Kinder können Tobsuchtsanfälle kriegen. Aber die gehen auch wieder vorbei. Die Pubertät dauert länger.

Jugend: Erwachsen werden

Am Tag vor seiner Konfirmation fragte mein Neffe ganz ängstlich, ob er nun Kaffee trinken müsse. Jetzt, da er erwachsen würde. Wir konnten Entwarnung geben. Dass der Kaffee noch die leichteste Übung wäre, verschwiegen wir lieber.

Er hatte natürlich recht, sich ein bisschen Sorgen zu machen, was dieser Einschnitt, der tiefste zwischen Schultüte und Schulabschluss, wohl bedeuten würde. Erst mal nur Gutes: Geschenke. Wozu haben wir denn Rituale! In meiner Jugend sind es zur Konfirmation tatsächlich Symbole des Erwachsenseins gewesen: Krawatten, Manschettenknöpfe, sogar Schnapsflaschen für die Jungs – High Heels, Handtaschen, Parfüm für die Mädchen.

Wer allerdings glaubt, die Präsentflut sei eine Erfindung des späten 20. Jahrhunderts, muss nur mal historische Bilder anschauen. Im Ausstellungskatalog *Geschenkt!* fand ich eine Liste all der Gaben, die eine Sophie anno 1941, also zwei Jahre nach Kriegsbeginn, zur Konfirmation bekam: Neben zwanzig Eiern und Geld waren das Weingläser, Kuchenteller, Salatschüsseln, Senfgläschen, Blumenvasen, Handtücher, Taschentücher … Ein Hermann wiederum bekam im Jahr 1936 Hosenträger, Uhrenkette, Gürtel, Bierglas, Taschenmesser.

An meinen Konfirmationsunterricht erinnere ich mich noch gut. Die junge Vikarin widmete ihn der amerikanischen Bürgerrechtsbewegung und Martin Luther King, der erst ein paar Jahre zuvor ermordet worden war. Im Laufe meines Lebens musste ich oft daran denken. Aber nur an ein einziges Geschenk zu meiner Konfirmation erinnere ich mich: den schlichten goldenen Armreif meiner Großmutter, den Einbrecher mir später gestohlen haben. Und daran, dass ich unglücklich war. Mein festliches Kleid, eigens für diesen Anlass gekauft, war verschwunden. Weg, einfach weg. Das stellten wir erst am Abend vorher fest. Wir suchten im ganzen Haus, aber es tauchte nicht auf, auch später nicht. Wie, warum, wohin es verschwunden war, hat sich nie geklärt. Weil damals alle Geschäfte samstagabends geschlossen hatten, konnten wir keinen Ersatz mehr besorgen. Mit meiner molliger gewordenen Teenagerfigur musste ich mich in ein knappes, viel zu kurzes Strickkleid stopfen, und so lief ich als hellblaue Leberwurst, mit spitzen Brüsten, zwischen meinen schwarz gewandeten Co-Konfirmanden in die Kirche ein und habe mich in die Katakomben geschämt. Ich wollte doch nicht anders als die anderen sein!

Die Konfirmation habe ich tatsächlich als Ende meiner Kindheit erlebt. Zu essen gab's Zunge, Ende der sechziger Jahre noch Inbegriff der feinen Küche, dazu Reden. Aber es fehlte was, mehr als das Kleid: die Lust zu feiern. Fürs Foto stellte sich mein Vater zwar neben meine Mutter, aber er war als Gast gekommen. Es war ein Abschiedsbild. Kurz danach zogen wir aus dem Haus und dem Garten aus, die unser Bullerbü gewesen waren, und unser Vater heiratete seine zweite Frau.

Mit großer Wahrscheinlichkeit habe auch ich das bekommen, was die meisten zur Konfirmation kriegen: Geld. Jede Menge Geld und damit Freiheit – etwas tun zu können, was man sich vorher nicht leisten konnte, sich auszuprobieren, unabhängig zu sein.

Meine Tante Christel hat mich noch später damit beglückt. Dabei bedeutet die Konfirmation für die Paten ebenfalls eine Zäsur. Ihre Pflicht haben sie damit offiziell erfüllt, sie müssen nichts mehr schenken. Für meine Freundin Monika bedeutete das eine Erlösung: Bis zu diesem Tag bekam sie von ihrer Patentante zu jedem Geburtstag einen Satz Unterwäsche. Mit dieser Zumutung war nun Schluss.

Als Zeichen des Aufbruchs, der Eigenständigkeit bekommen Konfirmanden auch gern einen Koffer. Meinem Neffen, dem mit der Kaffeeangst, habe ich damals eine gemeinsame Reise nach Rom geschenkt, wo wir bei Freunden wohnten und es uns gutgehen ließen. Seinen Eltern schickte Benjamin eine Postkarte, auf der er von seinen ersten Palmen schwärmte und den Zitronen, die an den Bäumen hingen, und dass er das beste Eis seines Lebens gegessen habe. Da war er 13 Jahre alt. Dolce vita adulta.

Meine Schwägerin, die in England lebt, hat ihrem Patensohn eine spezielle Wanderung geschenkt, eine der Stationen des *Canterbury Walk*. Auf dem Weg erzählen Pilger sich, wie in Chaucers *Canterbury Tales*, traditionell ihre Lebensgeschichten. Das war durchaus gewagt. »Ich war mir nicht sicher, ob ich einem Vierzehnjährigen Derartiges zumuten kann, Geld, allerdings, konnte ich mir nicht zumuten. Also lud ich ihn ein mit der Option, abzusagen. Und er kam. Und wir wanderten. Bei schönstem Sonnenschein durch die Landschaft Kents. Durch Weizenfelder und Apfelplantagen. Picknickten und erzählten uns alles Wichtige. Nach fünf Stunden erreichten wir Canterbury. Zugegebenermaßen konnte mein Patensohn seine Erleichterung darüber, dass die Kathedrale geschlossen hatte, nicht verbergen. Er schrieb eine Nachricht an seine Freundin, dass er noch nie so lange gelaufen wäre. Er hatte Hunger. So beschlossen wir einen Abschluss der Reise mit Fish and Chips am nahen Meer. Ich glaube, er hat es geliebt!«

Was sich in der Zeit der Pubertät von selbst verbietet, sind ironische Präsente. Die wenigsten Teenager können über sich selbst lachen, schon gar nicht, wenn es die Eltern sind, die sich einen Witz erlauben. Über Anerkennung, sagt eine Bekannte, habe sie sich damals am meisten gefreut. Ernst genommen zu werden in seinen Wünschen und Bedürfnissen, das ist es, was man möchte. Eben nicht eine billige Jeans von C&A zu bekommen wie in Kindertagen, sondern nun, da es drauf ankommt, das teurere Original von Levi's. »Gesehen zu werden« – das ist für viele das beste Geschenk der Jugend. Wie ein Erwachsener behandelt, in ein Restaurant ausgeführt zu werden.

Es ist ein Klischee und trotzdem wahr: dass die Jugend die Zeit des Erwachens ist. Selbst in dieser Beziehung. Teenager fangen an, Freunden und vor allem Freundinnen in größerem Stile zu schenken, schenken zu wollen, als Festigung des Bündnisses. Nicht irgendwas, sondern etwas Persönliches, mit Bedeutung Aufgeladenes – selbstgebackener Kuchen, selbstgestaltetes Briefpapier, ein Tagebuch. Ein Zeichen von Unabhängigkeit, die Hinwendung zur Peergroup.

Auch der Schulabschluss als endgültiger Abschied von der Jugend, den Eltern und zu Hause (falls der Nachwuchs nicht im Hotel Mama wohnen bleibt, was den Übergang zum Erwachsensein dann etwas erschwert) wird passenderweise gern mit einer Reise gekrönt: Auf in die Fremde! Meine Freundin Corinne hat einen Flug nach Island geschenkt bekommen. »Ich hatte mir das so gewünscht und hätte es mir nicht leisten können. Ich verbrachte Zeit mit meiner besten Freundin, aß Stockfisch, putzte meine Zähne mit dem nach Schwefel riechenden Wasser, das dort aus den Hähnen fließt, amüsierte mich beim Versuch, Isländisch zu lernen, reihte mich samstags um Mitternacht vor der besten Hot-Dog-Bude im Zentrum Reykjavíks in die Warteschlange angetrunkener junger Isländerinnen ein, hielt mein Gesicht in den salzig peitschenden kalten Wind, ließ meine Augen über endlose Lavaödnis streifen. Hatte Zeit.«

Eine Zäsur nach der anderen. Als Nächstes kommt der Abschluss von Lehre oder Studium, das Ende der Ausbildungszeit, das ja auch in Deutschland, nach angelsächsischem Vorbild, inzwischen gebührend gefeiert wird. Bei uns war das noch ein echter Downer: Man ging einfach irgendwann ins Unisekretariat und holte sich sein Zeugnis ab.

Mein wichtigstes Geschenk zum Examen war ein Satz, den mir mein Vater am Abend vor der Amerikanistikprüfung, als ich wahnsinnig aufgeregt war, zur Ermutigung am Telefon sagte, komischerweise klang er in meinen Ohren gar nicht arrogant: »Denk dran, du bist eine Kippenberger.« Es war wie ein Zauberspruch, der auch tatsächlich wirkte, mit großer Leichtigkeit ging ich in die Prüfung hinein, die ich, mit super Noten an der deutschen Uni nicht verwöhnt, mit einer Eins bestand. Als hätte ich den Satz wie einen Schutzmantel umgelegt – das Gefühl, mir kann nichts passieren. Ich habe den Mantel noch ein paar Mal in meinem Leben herausgeholt.

Geschichten teilen: Bücher verschenken

Liebe Freunde, bitte schenkt mir keine Saunatücher mehr! Ich habe schon zehn. Dabei gehe ich nie in die Sauna. Mir ist es dort zu heiß. Aus demselben Grund steige ich auch nicht in die Wanne und mache keinen Badeurlaub. Am Strand kann ich die Tücher also genauso wenig ausbreiten.

Ich weiß, ich weiß, ich bin selber schuld. »Du hast ja schon alles«, meinte eine Freundin leicht vorwurfsvoll. Okay, nicht alles, aber vieles, zu vieles. Weshalb ich einen Großteil meiner Freizeit damit verbringe, Dinge, die ich angeschafft habe, wieder auszusortieren. »Selbstjustiz durch Fehleinkäufe«, brachte mein Bruder die eigene Dummheit auf den Punkt. Das ein oder andere Präsent muss auch dran glauben: um wieder Luft zu schaffen. Die Prozedur dauert allerdings. Ich kann mich so schwer trennen.

Ein Saunatuch, setzte jene Freundin fort, »kann man immer gebrauchen«. Hm, dachte ich, interessante Definition. Fasst vieles. Essen zum Beispiel geht immer. Trinken auch. Beides füllt dankenswerterweise nur den Bauch und nicht die Wohnung.

Wobei ich eine merkwürdige Beobachtung gemacht habe. In meiner persönlichen Statistik kommen auf eine Flasche Weißwein (von Gästen, die mich wirklich gut kennen) ungefähr acht rote. Nur weil er potenziell teurer ist, scheint Rotwein immer noch als kostbarer zu gelten. Dazu gesellen sich zwei Flaschen Champagner, Sekt oder Prosecco – und im Sommer viermal Rosé. Dabei lasse ich keine Gelegenheit aus, der Welt meine Abneigung gegen diesen kundzutun, der nichts Halbes und nichts Ganzes ist. Die Renaissance des Rosés habe ich damit nicht stoppen können.

Das Geht-immer-Geschenk der Schauspielerin Chloë Grace Moretz sind Socken. Die könne jeder gebrauchen, hat sie kürzlich in einem Interview gesagt, die kämen überall gut an. Auf Reisen halte sie stets Ausschau nach »landestypischen« Exemplaren. Die Frau ist 21. In meiner Generation sind Socken so verpönt wie Schlipse. Es sei denn, jemand hat die Strümpfe selbst gestrickt, für lange Winterabende und kalte Hütten.

Bei Blumen dachte ich früher genauso: wie einfallslos. Heute erfreue ich mich daran. Üppige Sträuße gönnt man sich ja selbst meist nicht. Die ideale Voraussetzung für ein Geschenk. So wie Pralinen. Kauft man sich eigentlich nie selbst. Unser Onkel Otto, der in Zürich wohnte, schickte jedes Jahr zu Weihnachten Sprüngli-Pralinen. Gierig stürzten wir uns darauf, Marzipan zuerst. Nougat als Nächstes, die mit Alkohol blieben immer als Letztes übrig. Leider versiegte die Quelle mit des Onkels Tod, aber die malerischen Schachteln blieben. Die konnten auch als Geschenkverpackung verwendet werden. Kisten – und es waren mehrstöckige Kisten, keine platten Schachteln, Onkel Otto war spendabel – haben ja immer was von geheimnisvollen Schatztruhen. Pralinen liegen nicht zufällig häufig auf Goldfolie, in kleinen Höhlen.

Die Geht-immer-Gabe par excellence ist natürlich das Buch. Dachte ich zumindest, bis der E-Reader kam. Wie soll man denn einen Download verpacken? Genau. Deswegen hat die auf Papier gedruckte Lektüre bisher ganz gut überlebt.

Die Schriftstellerin Margaret Drabble hat mal erklärt, dass sie nur selten Bücher verschenkt: »Das ist so persönlich.« Genau darum geht's doch!, möchte man ihr zurufen. Sonst kann man's gleich lassen. Meine Freundin Karin hat auf ihrem Fest zum 50. Geburtstag von einer ihrer besten Freundinnen, einer Buchhändlerin, zehn Bücher geschenkt bekommen, feierlich überreicht mit einer Rede. Zu jedem Titel hatte sie sich einen Bezug zum Geburtstagskind überlegt, jeder einzelne passte zu Karins Persönlichkeit, ihren Vorlieben und Leidenschaften. So gab es einen englischen Roman, ein Buch über Architektur und ganz zuletzt einen leeren Band zum Tagebuchschreiben, was Karin seit ihrem 18. Geburtstag mit Leidenschaft tut. Allein die Zeit, die die Freundin sich zur Vorbereitung genommen hatte, die Rede, mit der sie das Fest hob, waren für sie ein Geschenk.

Für sie selbst ist das Schenken lange eine schwere Last gewesen. Karin war sechs, als ihr Vater bei einem Unfall starb. »Mir war schon Wochen vor Weihnachten klar, dass ich von jetzt an für die Geschenke an meine Mutter zuständig sein würde. Sie würde sonst gar nichts bekommen.« Aber was sollte sie ihr geben? Als Kind hatte sie ja kein Geld. Also stickte sie ihr zum ersten Weihnachtsfest ein kleines Deckchen mit Kreuzstich, Tante Else half beim Säumen und Verpacken. Am Heiligen Abend aber meinte sie im Blick ihrer Mutter zu sehen, dass diese sich überhaupt nicht freute. »Ihre traurigen Augen bezog ich auf mein Geschenk. Vermutlich war sie einfach traurig, weil wir das erste Weihnachtsfest ohne meinen Vater feierten. Ich schämte mich ganz arg für meine einfallslose kleine Gabe, der ganze Abend war für mich schrecklich. Und so war es meine ganze Kindheit über: immer an Feiertagen war meine Mutter traurig. Egal, was ich ihr schenkte, das konnte sie nicht froh machen.«

Diese Unsicherheit hat sie ihr Leben lang begleitet. »Besonders wenn die Geschenke im Beisein aller Gäste ausgepackt werden. Ich befürchte dann meist, meins wäre unpassend, nichts Besonderes, ein Reinfall.« Erst jetzt, mit inzwischen über sechzig, gelinge es ihr, entspannt und ohne Schweißausbrüche zu schenken.

Bis dahin gab es nur eine Ausnahme: Bücher hat sie schon immer gern und mit großer Leichtigkeit ausgesucht. »Da bin ich in meinem Element.« Ihr, die mit einer Leidenschaft liest, wie ich es bei kaum jemandem kenne, verdanke ich etliche Lesevergnügen. Romane, die ich nie entdeckt hätte oder die ich nicht angerührt hätte, weil mich der Hype um sie eher skeptisch stimmte und sie viel zu dick für den Alltag waren wie Hanya Yanagiharas *Ein wenig Leben*, das sie mir zu Weihnachten auf Englisch gab, mit den Worten, es sei das wichtigste Buch gewesen, das sie in dem Jahr gelesen hätte. Worte, die für mich wichtiger waren als die jedes Kritikers.

All die Bücher, die man nie gelesen hätte, wenn man sie nicht von guten Freunden oder Verwandten geschenkt bekommen hätte, und die einen so lange begleiten, auf Ideen bringen, etwas auslösen: die Lust am Kochen, eine Reise nach Israel ... Ich selbst werde da leicht zur Missionarin, möchte, dass Menschen, die ich mag, sich an Büchern erfreuen, die ich mag und die sie möglicherweise nicht kennen. Möchte unterschätzten Werken, Autoren, die zumindest hierzulande nicht bekannt genug sind, Leser bescheren. Wenn ich von einem Roman begeistert bin, möchte ich andere an der Begeisterung teilhaben lassen. Natürlich nur die, von denen ich annehme, dass er ihnen gefällt. Anderen seinen Geschmack aufzudrücken ist keine gute Idee.

Wenn schenken teilen heißt, bedeutet Bücher schenken Geschichten, Gefühle, Ideen, Welten, Worte, Erkenntnisse teilen. Oder auch die Liebe zu einem Ort. Berlin, New York, die englische Countryside. Früher habe ich ausschließlich Titel verschenkt, die ich selbst gelesen hatte, bei denen ich erstens sicher war, dass sie mir gefielen, und zweitens dachte, dass sie zum anderen passen. Heute schaffe ich das nicht immer, verlasse mich schon mal auf das Urteil von Kritiken oder den schnellen Eindruck beim Blättern in der Buchhandlung, einer meiner liebsten Freizeitbeschäftigungen, gerade in der Weihnachtszeit. Um die Tische zu streichen, auf denen die Titel liegen, die die Buchhändler für besonders spannend halten – jenseits der gängigen

Bestseller. Die Bände in die Hand zu nehmen, ein wenig zu streicheln, den ersten Satz zu kosten, den zweiten abzuschmecken, Fotos und Illustrationen zu betrachten …

Bei kaum einem anderen Präsent bereitet mir das Aussuchen ein solches Vergnügen. Es ist wie beim Matchmaking oder Memoryspiel: Wer passt zu wem?

In der (unabhängigen) Buchhandlung mit ihrer familiären Atmosphäre kann ich die Zeit vergessen, wie sonst nur als Kind, und beim Stöbern die besten Geschenke finden. Kein Wunder, dass diese literarischen Tante-Emma-Läden eine Renaissance erleben und selbst zum Thema erfolgreicher Bücher werden: Reiseführer, Erlebnisberichte, Romane. Einen eigenen Buchladen zu eröffnen wie Petra Hartlieb in Wien, eine Erfahrung, über die sie wiederum Bestseller geschrieben hat, scheint ein ähnlich verbreiteter Traum zu werden wie der vom eigenen Café. Im schottischen Wigtown kann man in diesem Sehnsuchtsort sogar Urlaub machen und persönlich die Kundschaft beraten. Läuft über Airbnb – auf Jahre ausgebucht. Aber Vorsicht, manche Läden, Livario Lello in Porto zum Beispiel, sind nur noch Kulisse, für die man Schlange steht und Eintritt zahlt wie für andere Sehenswürdigkeiten auch.

Das einzige Problem an der ganzen Sache – der Faktor Zeit. »Bücher sind toll«, sagt ein Freund. »Allerdings lese ich davon nur die Hälfte.« Das muss man bedenken. Einer berufstätigen Mutter von drei kleinen Kindern einen 600-Seiten-Roman zu geben ist eine Frechheit. Schenken hat nun mal was mit Respekt zu tun. Es gibt auch Menschen, die nicht gerne lesen. Wenn auf dem Wunschzettel des Zehnjährigen steht: »Keine Bücher!!!«, sollte man ihn damit in Ruhe lassen.

Die Grenze zwischen Anstoßen und Bedrängen ist schmal. Ein Präsent sollte nicht belehren, keine Zumutung sein. Die Anleitung zum Gehirnjogging, die der Vater einer Freundin mir zum 40. (!) Geburtstag kredenzte, war aus seiner Sicht bestimmt klug, ich fand's eben ein bisschen beleidigend. Außerdem wahrscheinlich eh zu spät. Mein Gedächtnis war schon in jungen Jahren eine Katastrophe.

Am schönsten Heiligabend meiner Kindheit dagegen lagen dreizehn Bücher für mich unterm Tannenbaum. Keine Weltliteratur, fast alles Enid Blyton. Zehn, elf muss ich gewesen sein, und ich habe sie wie Trophäen vor mir hergetragen. Meine Familie hat sich über Hanni & Nanni, Fünf Freunde & Co nur lustig gemacht. Aber sie haben sie mir geschenkt. Das nenne ich nobel. Wahrscheinlich haben sie gewusst, Enid Blyton wächst sich aus.

Wobei: Von – guter – Kinderliteratur sollte man nicht lassen. Im *Guardian* habe ich von der wunderbaren Idee einer Schriftstellerin gelesen: einen Stapel Kinderbücher zu kaufen – um sie Erwachsenen mitzubringen. Die können ein bisschen Anarchie und Wunder gut gebrauchen. Ich liebe Bilderbücher, wenn ich in der Buchhandlung darin blättere, fange ich fast automatisch zu lächeln an. Sie sind oft so lustig, auch abenteuerlustig, und gleichzeitig weise. Bisher habe ich mich erst zwei Mal, glaube ich, getraut, einem Erwachsenen eins mitzubringen. Ob die Begeisterung so groß war wie meine eigene? Ich bin mir nicht sicher. Aber man sollte sich nicht schrecken lassen. Mehr Mut!

Ja, es gehört Mut dazu, einer alten Schulfreundin, die man lange aus den Augen verloren und gerade erst wiedergefunden hatte, als ihr Mann stirbt, nach dessen Tod ein Bilderbuch zu schenken: *Leb wohl, lieber Dachs*. Es ist die Geschichte vom alten, weisen Dachs, der immer zur Stelle war, wenn ein Tier ihn brauchte. Jetzt, da er tot ist, reden sie gern von ihm und seinen Taten. »Und mit dem letzten Schnee schmilzt auch ihre Traurigkeit dahin. Es bleibt die Erinnerung an Dachs, die sie wie einen Schatz hüten.« Es hätte so schiefgehen, die Witwe beleidigt oder verletzt sein können. Aber sie, die Unsentimentale, hat sich so gefreut. Es war, sagt ihre Tochter, »das genau Richtige zum richtigen Zeitpunkt«.

Wenn der eine was wagt, kann der andere gewinnen. Das kann man bei Robert Macfarlane nachlesen. Einer der wichtigsten Nature Writer der Gegenwart, hat er ein wunderbares, winziges Buch geschrieben, fast mehr ein Heft, *The Gifts of Reading*, 36 Seiten im Mini-Format, breit gesetzt. Ideale Präsentgröße, kann man sogar in einen normalen Briefumschlag stecken. Es kostet nur 2 Pfund 50, so viel wie eine Portion Pommes, aber sättigt nachhaltiger.

Der erste Satz ist Programm: »Diese Geschichte beginnt, wie so viele Geschichten, mit einem Geschenk. Und das Geschenk war, wie so viele Geschenke, ein Buch.« Bekommen hat Macfarlane es von seinem Freund Don, der inzwischen an Krebs gestorben und dem es gewidmet ist. (Nebenbei, eine ganz eigene Form von Geschenk, die das besondere Privileg und Vergnügen von Autoren ist.) Die Freunde hatten sich 2000 in Peking kennengelernt, wo sie beide englische Literatur unterrichteten. Don kam aus San Francisco, das er sich nicht mehr leisten konnte. Literatur hat ihn elektrisiert: »Don knisterte beim Lesen.« So wenig Geld der Amerikaner hatte, so viele Bücher hat er Macfarlane geschenkt, die er unbedingt lesen müsse, vor allem Lyrik.

Später besuchte er den Briten in Cambridge, wo dieser, einige Jahrzehnte jünger, gerade promovierte. Der Zeitpunkt war ungünstig, Macfarlane musste seine Dissertation fertigkriegen, also schickte er seinen Gast nach Edinburgh. Don ließ Buch-Geschenke zurück, eins in der Küche, eins im Wohnzimmer, eins auf dem Schreibtisch. Das folgenreichste: Patrick Leigh Fermors *A Time of Gifts*, ein Klassiker von 1977, der inzwischen mit jahrzehntelanger Verspätung auch auf Deutsch erschienen ist – *Die Zeit der Gaben*. Darin erzählt der Autor, ein Spross der britischen Upper Class, von seiner Reise als junger Mann durch Europa in den dreißiger Jahren, kurz vor der Zerstörung des Kontinents, zu Fuß von Hoek van Holland bis Konstantinopel. Charmant, gutaussehend, klug, bestens vernetzt, hüpfte der 18-Jährige von Schloss zu Schloss, »*an aristocratic supertramp*«, wie Macfarlane ihn nennt, überall ein gern gesehener Gast, der mit leeren Händen kam und mit Vergnügen durchgefüttert wurde. Er hatte nicht viel mehr als seinen Horaz in der Tasche, ein Abschiedsgeschenk seiner Mutter.

Der Titel lässt es schon ahnen: *Die Zeit der Gaben* steckt voller Präsente und Reflexionen übers Schenken, das Buch ist durchtränkt von Großzügigkeit. Die ursprüngliche Frage: »Was es bedeuten könnte, etwas zu geben, ohne eine Gegenleistung zu erwarten, und welche Gaben jenseits der Wechselbezüglichkeit der Geldwirtschaft möglich beziehungsweise ihr überlegen seien«, hat Robert Macfarlane sofort in ihren Bann gezogen. Er ließ sich anstecken. Inzwischen ist der Brite selbst Tausende von Meilen gegangen, oft hatte er Patrick Leigh Fermors Werk dabei, um am Anfang oder Ende des Tages darin zu lesen. Auch beim Schreiben über seine Wanderungen blieb der Band sein Begleiter. »Dons Geschenk wurde somit zur Gabe, die weiter schenkt und gibt, wie es sich keiner von uns hätte vorstellen können.« Und die er weiterschenkt: Macfarlane stiftet sein Honorar für den Text der *Migrant Offshore Aid Station*, einer Organisation zur Seenotrettung von Flüchtlingen im Mittelmeer.

Kunst als Gabe

Das schönste Konzert meines Lebens hat mir Leonard Cohen beschert. Den ganzen Tag hatten wir besorgt in den Himmel geschaut, aus dem es immer wieder regnete – aber plötzlich, kurz vor dem Open-Air-Auftritt in der Berliner Waldbühne, ging die Sonne auf. An diesem Abend hat alles gestimmt. Freunde von Freunden, ganz früh vor Ort, hatten uns Plätze auf der Wiese vor der Bühne freigehalten, und dann, Punkt sechs, kam der Kanadier mit seiner Band auf die Bühne, auf der er danach fast vier Stunden lang stand. Wenn er nicht gerade kniete: jedes Mal wenn er einem der Bandmitglieder, die er alle einzeln vorstellte, den Raum gab zu glänzen. Dann stand er wieder auf, so mühelos, dass man seine knapp achtzig Jahre für einen Irrtum halten musste. Yoga. Und er sang! Sprechgesang zum Herzerweichen. Was für eine Stimme, was für eine Poesie. Seit meiner Jugend bin ich Leonard-Cohen-Fan. Während die Dämmerung sich über die Waldbühne senkte, wurde meine Bewunderung nur noch größer.

Auch wenn ich mir die Karte selbst gekauft hatte, empfand ich den Abend als großes Geschenk. Das, sagt Lewis Hyde, gilt für alle wahre Kunst. *The Gift*, so hat der amerikanische Autor seinen 1983 erstmals erschienenen Klassiker genannt, *Die Gabe* heißt er auf Deutsch. Es ist einer der Titel, über die Robert Macfarlane in *The Gifts of Reading* schreibt, eins der »gifts that keep on giving«.

Bei Büchern passiert einem das ja häufiger. Dass ein Werk einen berührt, amüsiert und inspiriert, dass es einen auf neue Gedanken bringt und alte Ansichten in Frage stellt, in fremde

Welten führt, empathischer macht – kurzum, dass es einen in der einen oder anderen Form verändert. »Motor des Wandels«, so nennt Lewis Hyde die Kunst. Beschwingt oder erschüttert komme ich aus dem Kino, Auch Ausstellungen haben mich beseelt, ohne dass ich in Worte fassen könnte, warum. Bei meinem ersten Besuch im Whitney Museum, vierzig Jahre liegt er zurück, als ich die amerikanische Malerei der Moderne für mich entdeckte, meine ersten Rothkos sah und das Gefühl hatte, in der Kirche zu stehen, ohne irgendwas über den Künstler zu wissen.

Das Geschenk der Kunst ist in Hydes Augen völlig unabhängig von Eintrittskarten und Buchpreisen. Ihre Bedeutung hat nichts mit dem Marktwert zu tun. Bei der Zu-Gabe steckt es sogar im Wort: Für die hat das Publikum nicht bezahlt, die gibt's extra, als Dankeschön fürs Dankeschön des Applauses. Dabei beinhaltet der Begriff zugleich, dass das Konzert selbst schon ein Geschenk ist, eine Gabe, die auch in der Verausgabung des Künstlers besteht. Etwas – in diesem Fall ein Erlebnis –, das man nicht kaufen, sich nicht durch eigene Anstrengung verdienen kann, sondern das einem gegeben wird. So wie der Künstler wiederum die Begabung in die Wiege gelegt bekam – im Englischen heißt Talent *gift*, genau wie das Geschenk.

Für Hyde bewegen sich Kunstwerke in beiden Ökonomien, der des Handels und der des Schenkens, die mal miteinander im Wettstreit stehen, sich im Idealfall miteinander versöhnen lassen. Sie in Einklang zu bringen sollte das Ziel sein. Aber wirklich interessant ist für ihn nur die Sphäre der Gabe.

Wobei sich die Wirkung, so ist es bei Geschenken, nicht immer und automatisch einstellt. Bob Dylan im Hyde Park zum Beispiel hat mich kaltgelassen. Es war nett, Paul McCartney mal live zu erleben. Stimme hatte er keine mehr. Und anders als Leonard Cohen mangelte es ihm an Großzügigkeit gegenüber den anderen Musikern auf der Bühne. Er stellte sie nicht mal vor.

Ein wahres Kunstwerk, argumentiert Lewis Hyde, das die Kraft hat, das Publikum zu verwandeln, ist keine Ware. Auch wenn man für ein Buch, eine Ausstellung, ein Konzert, eine Theateraufführung zahlt – der wahre Wert ist unbezahlbar. Von einer Symphonie, einem Gemälde oder Gedicht berührt, amüsiert, ermutigt, erfrischt zu werden – das ist für den Amerikaner, »ein Geschenk, das die Seele belebt«. Und es schafft als tatsächlich geschenkte Gabe eine besondere Beziehung.

Zu den schönsten Präsenten, von denen Freunde mir erzählen, zur Hochzeit beispielsweise, gehören oft Werke der Kunst, weil sie bleiben, und das Gefühl der Belebung sich immer wieder erneuert.

Ganz so hehr wie in der Theorie geht es in der Praxis natürlich nicht zu. Seit dem Erscheinen von Hydes Buch, 1983, hat die Kommerzialisierung der Kultur ein ungeahntes Ausmaß angenommen, ist der Kunstmarkt explodiert. Kein Wunder, dass zu Hydes Fans viele Schriftsteller gehören, Margaret Atwood zum Beispiel, Zadie Smith oder David Foster Wallace. Weil Hyde die Kunst vom kommerziellen Drumherum zu befreien scheint und zu deren Kern vordringt.

Es birgt allerdings auch Gefahren, zu glauben, dass es eine »pure« Kunst geben kann, als würde Geld die Reinheit der Kunst korrumpieren. Warum sollte ein Künstler akzeptieren, dass er schlechter bezahlt wird als ein Handwerker oder Investmentbanker? Auch Leonard Cohen, so hieß es, ging deshalb im hohen Alter noch mal auf Konzertreisen, weil er das Geld brauchte. Er war von seiner Managerin und Ex-Geliebten um sein Vermögen geprellt worden.

Aber die Sehnsucht ist verständlich. Vermutlich freuen sich viele Schriftsteller mehr über einen Preis oder ein Stipendium, Geschenke des Literaturbetriebs, die ihnen Freiheit und Zeit verschaffen, als über ein saftiges Honorar.

Zeit statt Zeug

Zu den schönsten Geschenken, die letztes Jahr für mich unterm Tannenbaum lagen, gehörten Streichhölzer. Die Schachteln ein bisschen dicker, die Hölzer ein bisschen länger als sonst, so dass man sich nicht so schnell die Finger verbrennt, aber sonst ganz normal. Meine Nichte Elena, die weiß, wie gern und oft ich mir Kerzen anzünde, ich hab's gern hyggelig, hatte die Schachteln beklebt, mit Fotos von besonderen Familienmomenten, in einigen taucht mein verstorbener Bruder auf (keine Sorge, nicht als Geist, als Bild im Bild). Auf einem sind Elena und ich zu sehen, wir haben uns schick gemacht, halten Gläser in die Höhe und strahlen mit unseren sonnengelben Kleidern um die Wette.

Diese Streichholzschachteln liegen nun, statt ihrer hässlichen Brüder aus dem Supermarkt, auf meinen Tischen herum und erfreuen mich jedes Mal, wenn ich draufschaue, und sei es nur im Vorübergehen. Sie sind schön, sie sind praktisch – und irgendwann sind sie verbraucht.

Was ich noch nie bekommen und nur ein einziges Mal, auf besonderen Wunsch, verschenkt habe, ist eine Uhr. Staunend blättere ich mich jedes Mal durch die Magazine, wenn sie wieder aufwendig inszenierte Fotostrecken mit Luxuszeitmessern präsentieren, man weiß nie, ist das jetzt schon Werbung oder soll das noch Journalismus sein. Und jedes Mal frage ich mich, wer kauft eigentlich solche scheußlichen, hundsschweren Dinger für Tausende, manchmal Zehntausende von Euro? Auf Statussymbole kann ich verzichten. Ich brauche auch keine Gucci-Handtasche. Noch so was, was ich nie verstanden habe: Warum soll man teuer dafür zahlen, das Werbelogo einer Marke mit sich herumzuschleppen?

Ich trage überhaupt keine Uhr. Wenn ich wissen will, wie spät es ist, gucke ich auf den Computer oder aufs Handy. Nicht nur, dass es mich stört, etwas am Handgelenk zu haben. Warum sollte ich der Zeit beim Vergehen zugucken? Ist doch gemein genug, dass sie das tut, und in fortgeschrittenem Alter immer schneller. Jemand hat mir erzählt, eine Freundin habe ihm eine Uhr geschenkt, damit er achtsamer mit seiner Zeit umgehe. Er hat sich gefreut. Mir wäre das zu bedrohlich.

Zeit dagegen, gemeinsame, und damit besonders kostbare, habe ich schon häufiger verschenkt und bekommen: Reisen, Ausflüge, Essen, Theater, Konzerte ... Scheint im Trend zu liegen. Im Radio hörte ich, dass Kinder sich in ihren Briefen an den Weihnachtsmann (auf dessen Postamt herrscht offenbar kein Briefgeheimnis) inzwischen besonders oft, nein, kein Smartphone und kein Playmobil gewünscht haben, sondern: mehr Zeit mit Papa. Oder dass die Mama am Wochenende nicht immer hinter den Akten sitzt. Den Eltern geht es nicht anders. Im verzweifelten Versuch, die Geschenkeflut etwas einzudämmen, beschwören sie die Großeltern, die Kleinen nicht zu erschlagen mit Dingen, sondern stattdessen was Schönes mit ihnen zu unternehmen.

Meiner Streichholzschachtelnichte Elena hatte ich zum Abitur eine gemeinsame Reise nach Nordspanien geschenkt. Es hat sagenhafte zehn Jahre gedauert, bis wir sie unternommen haben, irgendwie war immer was, das Leben halt. Als wir dann endlich aufgebrochen sind, war's wunderschön. Eine Woche lang haben wir es uns gutgehen lassen, unter anderem in einem Restaurant in Rioja, wo wir uns mit den erhobenen Gläsern haben fotografieren lassen. Das ist das Bild, das nun auf der Streichholzschachtel klebt, und jedes Mal wenn ich mir eine Kerze anzünde, denke ich an unsere Reise und den genüsslichen Abend und jetzt auch an Heiligabend 2019 zurück. Das ist ja das Schöne am Verschenken gemeinsamer Zeit: dass sie dank der Erinnerung noch verlängert wird.

Deswegen liebe – und verschenke – ich auch Taschenkalender. Ganz analog. Am 1. Januar liegen sie jungfräulich vor mir, ein einziges Versprechen, am 31. Dezember dann sind sie gefüllt mit Erlebnissen. Anders als bei der Uhr hab' ich beim Blick darauf nicht das Gefühl, dass mir etwas genommen wurde, sondern dass ganz viel dazugekommen ist.

Schenken heißt ja eigentlich immer, Zeit zu geben – man überlegt sich was, organisiert es, packt es ein, schreibt eine Karte dazu. Manchmal scheint das für die Beschenkten sogar das eigentliche Präsent zu sein: dass jemand sich diese Minuten oder Stunden genommen hat. »Ich hab' keine Zeit zu verschenken«, diesen Satz kann sich nur ein Geizkragen ausgedacht haben. Großzügige Menschen kommen, wenn sie gerufen werden. Und sei es, um die kaputte Heizung der Freunde zu reparieren. Sie helfen, den Abfluss im Bad wieder frei zu kriegen, hören sich eine Stunde lang Liebeskummer am Telefon an, den sie eigentlich schon auswendig kennen, lesen eine Bewerbung, einen Vortrag. »Zeit«, sagt meine Kollegin Julia, »kann jeder bekommen, der mich fragt.« Wobei man Zeit auch ungefragt verschenken darf. Übermüdete Eltern freuen sich, wenn Freunde ihren Nachwuchs mal für ein Wochenende übernehmen. Die Kinder freuen sich garantiert auch.

Unser Vater hat am Wochenende immer Ausflüge mit uns gemacht, mal ins Münsterland, mal ins Siegerland, mal an den Rhein. Er hat sich die Spendierhosen angezogen, wie wir sie nannten, und dann ging's los, im Opel Kapitän.

Im Shutdown der Coronakrise, als alle gezwungen waren, daheim aufeinanderzuhocken, empfahl ein Beziehungscoach Paaren ein besonderes »Tool«, wie er es nannte – ein Kärtchen mit einer Zahl drauf, 15 zum Beispiel. Damit könne ein Partner dem anderen eine Viertelstunde seiner Zeit schenken, »in der dieser nur über sich reden darf. Der Schenker sitzt da, hört sich das an und sagt hinterher: Danke. Es wird nicht diskutiert. Niemand muss sich rechtfertigen. Es gibt nichts zu streiten, zu argumentieren. Am nächsten Tag wird gewechselt. Dann hören wir, was der andere so auf der Seele hat.« In Familien wurde in der Krise auch Zeit zum Rückzug geschenkt – dass einer mal eine Stunde lang seine Ruhe haben konnte.

Ehrenamtler, und von denen soll es in Deutschland mehr als 30 Millionen geben, wissen es wahrscheinlich längst, die Soziologin Elizabeth Dunn und der Wirtschaftswissenschaftler Michael Norton haben es bestätigt: dass Leute, die anderen Zeit widmen, dennoch das Gefühl haben, mehr Zeit zu haben als jene, die es nicht tun. In ihrem Buch *Happy Money* empfehlen die beiden Autoren denn auch, mehr in Erlebnisse zu investieren als in Sachen, weil sie einem noch stärker das Gefühl geben, mit anderen verbunden zu sein. Außerdem gäben sie hinterher die besseren Geschichten ab, selbst wenn das Erlebnis schiefgegangen ist. Vielleicht gerade dann.

Inzwischen gibt es sogar eine Website, »Zeit statt Zeug«, auf der sich inspirieren lassen kann, wem nicht auf Anhieb was einfällt: Pilze sammeln statt Pralinen besorgen wird dort vorgeschlagen, reparieren statt neu kaufen, Konzertkarte statt CD, Kinobesuch statt DVD. Eine Freundin von mir spendiert ihrer Nichte, die es ein bisschen schwerer hat als andere im Leben, zweimal im Jahr einen Friseurbesuch und einen gemeinsamen Tag, den sie beide genießen.

Auf der Website von »Zeit statt Zeug« habe ich eine interessante Statistik gelesen: Ein Viertel aller Parfüms, die in deutschen

Bädern stehen, bleibe unbenutzt. Keine Ahnung, ob die Zahl stimmt, aufgrund meiner eigenen Erfahrung würde ich sagen: klingt realistisch, wenn nicht untertrieben. Parfüm zählt noch immer zu den häufigsten Präsenten. Und zu den sinnlosesten. Oft ist es die reine Verschwendung.

Meine große Schwester hat mir mal aus Grasse, *dem* Parfümort in Südfrankreich, einen Duft mitgebracht, weil sie meinen nicht leiden kann, wie sie mir energisch mitgeteilt hat. Aber ich *liebe* mein Le Bain! Nicht nur ich, mich haben schon Kundinnen und Verkäuferinnen angesprochen, im Bioladen ebenso wie bei Netto, und gefragt, was für ein Parfüm ich benutze, das rieche so gut. Ich nehme das Kompliment als Geschenk, Le Bain kaufe ich mir selber. Der schwere Duft aus Grasse steht mehr als zehn Jahre später immer noch in meinem Badezimmerregal. Ihn wegzuwerfen bringe ich nicht übers Herz.

Oft genug ist es nur ein Präsent der Verlegenheit. Parfüm ist teuer, also gilt es als kostbar. Man meint, sein schlechtes Gewissen damit beruhigen zu können, wenn man es als Last-Minute-Geschenk von der Dienstreise im Duty-Free-Shop erwirbt. Gefährlich, gefährlich! Düfte sind so was Intimes, Individuelles, sie riechen auch auf jeder Haut anders. Was mir an einer Freundin super gefällt, riecht bei mir selbst viel zu süß.

Eine 17-Jährige, nach ihrem schlimmsten Geschenk gefragt, sagt: Ein Parfüm, von dem ich Kopfschmerzen bekomme. Ich zum Beispiel mag kein Lavendel. Einmal habe ich Lavendelkörpermilch bekommen, sicher was Feines. Aber ich hatte das Gefühl, ich rieche von Kopf bis Fuß wie das Mottensäckchen in meinem Kleiderschrank. Die Nase ist das emotionalste Sinnesorgan, über sie laufen Erinnerungen, Sympathie und Abneigung. Ich würde meine Finger davon lassen.

Statt Parfüm zu schenken, schlägt die Website »Zeit statt Zeug« Waldluft vor: Man könnte doch einen Freund, eine Freundin zum Spaziergang einladen und dabei reden oder schweigen, auf jeden Fall tief einatmen und schnuppern. Hat garantiert was Erfrischendes. Allerdings ist die Idee, so schön sie ist, als Alternative nicht wirklich befriedigend. Den Duft der Linden und Buchen und Kiefern, den Duft von Moos kann man nicht in die Flasche stecken. Wenn man gerade nicht rauskommt und trotzdem gut riechen möchte, was macht man dann?

Anyway, je älter man wird, desto mehr Zeit kriegt man geschenkt. Die wird schließlich immer weniger, während die Wohnung eh schon zu voll ist. Gemeinsame Essen und Theaterabende, gemeinsame Ausflüge und Reisen. »Gutscheine, Gutscheine, Gutscheine«, erzählt eine 70-Jährige, habe sie zu ihrem runden Geburtstag bekommen. Die müssen dann nur noch eingelöst werden. Das kann schon mal zu Stress ausarten.

Zeit habe ich auch zuweilen aus heiterem Himmel geschenkt bekommen. Nicht von einer Person, vom Leben. Wenn ein Termin ausgefallen ist, oder gar ein ganzer Trip. Einmal habe ich ein langes Himmelfahrtswochenende abgeblasen, mir wurde die ganze Reiserei zu viel. Plötzlich hatte ich vier völlig unverplante Tage in Berlin. Wahnsinn! Wenn ich gut drauf bin, schaffe ich es sogar, das Warten als geschenkte Zeit zu betrachten – eine halbe Stunde in der Schlange ohne die Möglichkeit und daher ohne die Pflicht, etwas zu tun. Einfach nur Leute angucken.

Zeit und Liebe, das, sagt ein Bekannter, ist das Wertvollste, was man verschenken kann. Sie stecken in jedem selbstgemachten Präsent.

Für meine allabeste Lerarin:
Selbstgemachtes

Irgendwo habe ich mal einen Witz gehört, der gar keiner war, sondern eine wahre Geschichte, von einem Norddeutschen, dem eine Bekannte stolz ein Präsent überreichte mit den Worten: »selbstgemacht!« – worauf er nur antwortete: »Macht doch nichts.«

Für mich ist es das Größte. Ich bewundere Menschen, die etwas mit ihren eigenen Händen gestalten. Als Kind habe ich mich damit gequält und alle anderen mit. Was sollten meine Patentanten mit meinen missratenen Topflappen? Wobei gegen Topflappen an sich überhaupt nichts einzuwenden ist. Die Exemplare, die meine Freundin Angela mir gehäkelt hat, benutze ich fast jeden Tag, so was kriegt man in keinem Laden gekauft. Die liegen so weich in der Hand, dass sie sich an jeden Topfgriff schmiegen, und sind dabei so dicht, dass Fingerverbrennen unmöglich ist. Schön aussehen tun sie auch.

So wie es beim Essen immer zwei braucht, einen, der gut kochen, und einen, der genießen kann, ist es auch hier: Ich bin eine dankbare Abnehmerin selbstgemachter Gaben. Wenn ich von meinem Schreibtisch hochschaue, gucke ich auf einen Hängeschrank, den mein Neffe mir gebaut hat, ebenso wie meine Bücherregale, die kein Besucher zu bewundern versäumt. Ich freue mich jeden Tag daran. Die beste Sauerkirschmarmelade meines Lebens habe ich von einer Uralt-Freundin meiner ältesten Schwester bekommen. Die pure Frucht! Nicht so süß. Das Obst kam von ihrem eigenen Hof. Sie entschuldigte sich, dass die Marmelade so flüssig war, aber gerade das mochte ich – ich kann Konfitüre nicht leiden, die man mit dem Messer schneiden muss.

Ob Kuchen oder Käsegebäck, Granola oder Nackenrolle, Chutney oder Schürze, Zeichnung oder Adventskalender, Postkarte oder Tischdecke, Mixtape oder Filmchen – ich freue mich an den handgefertigten Gaben aller, die begabter sind als ich. Jedes dieser Geschenke ein Unikat, das es nirgendwo zu kaufen gibt. Die Sägearbeiten der Kinder werden alle Jahre wieder an den Tannenbaum gehängt, selbst den lustigen Halter, an dem meine Klopapierrollen hängen, hat mein Schwager geschweißt.

Ich weiß, das kann auch gnadenlos schiefgehen. Für manche ist »selbstgemacht« eher eine Drohung, sie hegen schreckliche Erinnerungen an selbstgetöpferte Vasen und Objekte aus Salzteig und wissen nicht wohin mit all den oft absurden Kollektivbasteleien, die Kinder aus der Kita als Geschenk mitbringen. Wer will sich ernsthaft die Fußabdrücke der Kleinen als Schmetterling auf Leinwand arrangiert aufhängen? Da kann man in wahre Konflikte geraten, wie die Familie, in deren Wohnung plötzlich lauter Spitzendeckchen auftauchten, von der Putzhilfe in ihrer Freizeit handgemacht. Sie haben es nicht übers Herz gebracht, ihr zu sagen, dass dies nicht ihrem Geschmack entsprach. Zum Glück haben meine Lieben von heute einen ähnlichen Geschmack wie ich. Die tiefblaue Decke, von meiner Schwippschwägerin für meinen Tisch mit Überlänge genäht, gibt den Essen daran eine festliche Grundlage

Früher gab es gar nichts anderes als selbstgemachte Gaben. Als man dann, im 19. Jahrhundert, welche kaufen konnte, waren sie zunächst verpönt, galten als leblos, lieblos, ja, kalt, weswegen sie hübsch eingepackt wurden, um ihnen auf diese Weise den Mantel der Liebe umzulegen. Weshalb auch, wie Judith Flanders in ihrer Kulturgeschichte des Weihnachtsfestes erklärt, selbstgemachte Marmeladen bis heute nicht eingewickelt werden, höchstens mit einem Tüchlein auf dem Deckel verziert. »Sie brauchen keine Verpackung, weil die Arbeit selbst die Zuneigung des Schenkenden ausdrückt.« Mit Liebe zubereitet: Kommerzielle Konfitüreproduzenten versuchen diesen Homemade-Look gern nachzuahmen.

Selbstgemachte Präsente sind nicht unbedingt perfekt, aber darin liegt oft gerade ihr Charme. Meine Jugendfreundin, die heute Sonderschullehrerin ist, bekam einmal von einer besonders schwierigen Schülerin ein Bild gemalt mit der Widmung: »Für meine allabeste Lerarin.« Es hat Martina sehr gerührt.

Meine große Schwester, im Basteln so unbegabt wie ich, hat mir letztes Jahr zu Weihnachten etwas Selbstgemachtes geschenkt, einen Scherzartikel, wie sie sagt, aber ich habe ihn voller Ernst in meine Küche gehängt. Tina war mit einem kleinen Mädchen, zu dessen Freude, in einem Laden, wo man Porzellan bemalen kann, und hat mir zum Zeitvertreib und aus Geselligkeit eine Tafel bemalt mit den Worten: »*My home is clean enough to be healthy, and dirty enough to be happy.*« Es war das Motto unserer Mutter, die übrigens andere gern mit Selbstgedichtetem beglückte (oder auch nicht), seitenlang und witzig. Das Original, eine Fliese, hängt bei Tina daheim.

Schon wieder ein Staubfänger, höre ich Sie stöhnen. Allen Gegnern des Nippes sei gesagt: Die schönsten Gaben, bei denen jemand Hand anlegt, sind oft Sachen, die gar keine sind. Die Zaubervorstellung der Kleinen, die Hilfe beim Umzug, das renovierte Bad, der bepflanzte Balkon, die reparierte Lampe, das Foto für die Bewerbung, das selbstgedichtete und -komponierte Musical der erwachsenen Kinder für die Mutter zum runden Geburtstag – der Spargelrisotto, den ein Freund einmal in meiner Küche zubereitet hat und der fertig war, als ich von der Arbeit nach Hause kam. Gesegnet seien alle hilfsbereiten Menschen mit zwei rechten Händen und künstlerischer Begabung. Wie sähe mein Leben – und meine Wohnung – ohne euch aus!

Geburtstage und andere Wendepunkte

Babys haben's gut. Erst werden sie ein Dreivierteljahr lang von der Mutter geschleppt und versorgt – und dann, kaum sind sie auf der Welt, mit Geschenken überschüttet. Strampler und Lätzchen, Plüschtiger und Mobiles, Rasseln und Maikäfer-Spieluhren, Bärchen-Bettwäsche und mehr Beißringe, als das Kind je Zähne im Mund haben wird, alles herzallerliebst, wer könnte da widerstehen. Bestimmt nicht Großmütter, Tanten und Freundinnen. Die kaufen die Läden mit einer Inbrunst leer, als sei die Sache mit den Hormonen ansteckend. (Männer sind da, glaube ich, eher immun.)

Inzwischen wird sogar die Reihenfolge auf den Kopf gestellt: Erst kommt die Präsent-Orgie – und dann der Säugling auf die Welt. *Baby shower* nennt sich der US-Import, bei dem es nicht Kinder, sondern Präsente regnet. Entsprechende Websites empfehlen Dekorationen in Rosa und Hellblau, mit Sahnetorten und Luftballons. Meist sind es die Freundinnen der Hochschwangeren, die zum infantilen Kaffeekränzchen laden. Und dann wird in großer Runde ausgepackt.

Die Schriftstellerin Elizabeth Strout hat die ganze Absurdität dieser Sitte in einer herrlichen Szene eingefangen. In ihrem Roman *Olive, Again* (dessen Titel den trockenen Humor der Autorin sehr viel besser wiedergibt als der etwas betuliche deutsche *Die langen Abende*) gerät die knötterig-barsche Olive Kitteridge, verwitwete Lehrerin im Ruhestand, zum ersten Mal in ihrem Leben auf eine solche Party. Ihr Kommentar im Rückblick: »*Stupid, stupid, stupid, stupid.*«

Sie hat es sich gerade auf dem Sofa bequem gemacht, da sieht sie den überladenen Tisch mit Geschenken, und ihr wird klar, worum es hier geht – und dass sie als Einzige nichts mitgebracht hat. Als die werdende Mutter sich im geschmückten Korbstuhl niederlässt, alle anderen im Kreis drum herum, geht's los. Die Schwangere nimmt das erste Präsent in die Hand – oh, von Ashley! –, zieht den Tesa vorsichtig ab, legt das Geschenkband sorgfältig auf einem Teller ab, entblättert das Präsent, öffnet die Schachtel und – zieht ein Pullöverchen heraus. Allgemeines Entzücken, allgemeines Raunen, der winzige Pulli wird von Hand zu Hand gereicht und bewundert, hast du ihn wirklich selbst gestrickt, ja – oh! Dann kommt das nächste Präsent, *same procedure*, dann das dritte … »Es war nicht abzusehen, wie lange es dauern würde, bis das Mädchen jedes einzelne Geschenk auf diesem gottverfluchten Tisch ausgewickelt und die Bänder so liebevoll auf dem gottverfluchten Teller festgeklebt hatte, und bei jedem Geschenk mussten alle warten – einfach *warten* – während es die Runde machte. Etwas so Hirnrissiges hatte sie in ihrem ganzen Leben noch nicht erlebt.«

Mal abgesehen von der qualvollen Albernheit der ganzen Zeremonie, die den intimen Akt des Schenkens derart schaurig auf den Kopf stellt – ich wäre für so was viel zu abergläubisch. Was, wenn bei der Geburt etwas schiefgeht? Die Horrorszene kennt man aus Filmen: ein Paar, das mit leeren Armen im fertig eingerichteten und mit Teddybären ausgestatteten Kinderzimmer steht. Wenn die Eltern sich neun Monate lang gedulden, können die Lieben drum herum auch neun Monate und einen Tag warten.

Meghan, die Duchess of Sussex, hat gleich zwei *Baby showers* gehabt. Die eine analog, dafür ist sie extra nach New York geflogen, in Großbritannien hat sich die Tradition noch nicht durchgesetzt. In der Luxushotelsuite, mit Amal Clooney und Serena Williams, hat sie allerdings, wenn man der Klatschpresse glauben darf, nichts ausgepackt. Das wollte Meghan lieber mit dem

Kindsvater machen. Recht hat sie. Die andere *Baby shower* fand digital statt, da spendeten ihre Fans, von denen sie zu jenem Zeitpunkt noch etliche hatte, an wohltätige Organisationen, die sich um weniger privilegierte Kinder kümmern.

Allein auf ihrer Tour durch Australien, Neuseeland, Tonga und Fidschi wurden Harry und Meghan neunzig Plüschwesen überreicht – Kängurus, Schnabeltiere, Koalabären, ein Ameisen-igel. Genug für einen ganzen Zoo. Keine Ahnung, warum Bundespräsident Steinmeier, als Archie endlich auf der Welt war, Großpapa Charles einen weiteren Teddy für den Enkel in die Arme drückte.

Dabei bekenne ich mich durchaus schuldig. Auch ich verfalle dem Niedlichkeitswahn, lustigen Löwenlätzchen und Paddington-Kindergeschirr. Aber die gibt's von mir erst nach der Geburt. Und ich versuche Weitsicht zu üben. Wäsche für die ersten sechs Wochen kriegt der Wicht meist eh genug, oft ja auch vererbt. Lieber überreiche ich Bücher, mit denen der Säugling dann in drei Jahren was anfangen kann. Bücher kann man nie genug haben, schon gar nicht als Kind. Neuerdings existiert nicht mal mehr ein Mindestalter. Vor kurzem wurde der jüngste Trend ausgerufen: Bilderbücher ab null Tage. Keine Ahnung, ob sie wirklich sofort zum Einsatz kommen, aber sie sind garantiert lustiger, bunter, frecher als die meiner Kindheit. Da ging es in Deutschland noch ziemlich brav zu. Wobei ich Glück hatte, meine Eltern schenkten mir Bücher, die aus England und Amerika kamen und längst nicht so betulich waren.

Also los. Und nicht die Mütter vergessen! Sie sind schließlich diejenigen, die am Ende der Schwangerschaft mit der ganzen Schlepperei auch noch die unmenschlichen Schmerzen bei der Geburt haben. Man sollte ihnen Gutes tun. Lieblingsessen, Massage, Putzhilfe, Babysitter ...

Inzwischen hat sich für sie auch etwas etabliert, was den Namen *Push Present* trägt. Das Pendant zur Morgengabe, eine Belohnung für die Mühen des Austragens und Gebärens. Bei Promis werden da offenbar gern Diamanten überreicht. Meghans Schwägerin Kate soll allerdings von ihrem Gatten zur Geburt des potenziellen Thronfolgers einen Teddybären von Harrods bekommen haben. Immerhin, beim nächsten Mal gab's Ohrringe, aber nicht zu extravagant, für 4000 Pfund. Die von Jennifer Lopez sollen zweieinhalb Millionen gekostet haben. Sie hat schließlich Zwillinge gekriegt.

Meine Kollegin, enttäuscht, dass ihr Mann sie seit geraumer Zeit nicht gerade mit Gaben überhäuft, hat ihn gezwungen (sagt sie), ihr wenigstens zur Geburt der Kinder was zu verehren – »zum Ausgleich für all die Qual«! Beim dritten Mal hat er ihr, wie sie findet, das beste »Push Present« der Welt gemacht: eine luxuriöse Bluetooth Box. So habe sie in den langen Nächten und Tagen mit Baby endlich wieder Musik hören können.

Und dann – wird alle Jahre wieder Geburtstag gefeiert. Menschheitshistorisch betrachtet, macht man das erst seit kurzer Zeit, mal abgesehen von den Römern, die sowieso in allem die Ersten und dann lange auch die Einzigen waren. Meine Freundin Karin zum Beispiel, Katholikin aus dem Sauerland, hat erst als Erwachsene richtig Geburtstag feiern gelernt. In ihrer Kindheit war der Namenstag der eigentliche Feiertag, an dem es Mokkatorte, Präsente und lustige Geschichten von Tante Else gab. Da wurde aber eigentlich nicht sie gefeiert, sondern ihre Zugehörigkeit zum Kollektiv der Glaubensgemeinschaft, personifiziert durch die heilige Karin.

Beim Geburtstag dagegen steht das Individuum im Mittelpunkt. Und das musste es erst mal geben als modernes Subjekt. Voraussetzung war zunächst, den Tag seiner Geburt überhaupt zu kennen. »Wer noch im alten Zustand als bloßer Untertan lebt«, schreibt Stefan Heidenreich in seinem Buch zum Thema, »sei es eines weltlichen, eines geistlichen oder göttlichen Herrn, kommt gar nicht erst auf den Gedanken, sich selbst zu feiern.«

Bis ins 18. Jahrhundert war das Fest daher weitgehend Adligen vorbehalten, im 19. holte das städtische Bürgertum auf (sofern es protestantisch war). Viele Bauern dagegen fingen erst später im 20. Jahrhundert damit an. Vorher fehlte ihnen schlichtweg die Zeit dazu, oft auch das Geld.

Zur Verbreitung des Geburtstagsfestes musste abgesehen von der Individualisierung der Gesellschaft allerdings noch einiges andere zusammenkommen. Die Entdeckung der Kindheit als eigenständiger Phase etwa – im 18. Jahrhundert wurde auch der Kindergarten erfunden –, die Etablierung von Weihnachten als Familienfest, das ja auch nichts anderes als ein Geburtstag, nämlich von Jesus, ist und das die Sitte des Schenkens, gerade für Kinder, erst richtig etablierte.

Das wirkte ansteckend. Genau wie Weihnachten scheint sich das Geburtstagfeiern vor allem von Deutschland aus in andere Länder verbreitet zu haben. Einwanderer brachten es in die USA mit; Queen Victoria hatte es von ihrer Mutter, Marie Louise Victoire von Sachsen-Coburg-Saalfeld.

Als junge Prinzessin hielt Victoria ihre unzähligen Gaben alle penibelst fest. Das musste sie auch, um nicht den Überblick zu verlieren. Allein mit dem, was sie zu ihrem 14. bekam, hätte sie einen ganzen Laden füllen können. Von der Mutter gab es das erste Geschenk noch vor dem Frühstück – eine Hyazinthenbrosche und eine Stiftablage aus Porzellan –, dann musste die Kleine sich erst mal stärken für das, was danach alles kam – »eine entzückende selbstgemachte Tasche, ein schöner Armreif, zwei entzückende Féronières, eine mit einem rosa Topas, die andere mit Türkisen; zwei Kleider, zwei Drucke, einige Bücher, ein paar Handtücher und eine Schürze«. Was auch immer sie damit gemacht hat. Bestimmt nicht kochen. Im Anschluss folgten Tanten, Onkel, Königin, Kammermädchen, Ladys und Herzoginnen mit ihren Gaben. Die Duchess of Gordon etwa bescherte ihr eine kleine mit Edelsteinen besetzte Krone, die »God save the Kind« spielt. Nur Bruder Karl war mit seinem Präsent nicht fertig geworden.

Interessanterweise verteilte die junge Victoria auch einige Gegengaben. Die Mutter zum Beispiel bekam einen Ring. Einen kleinen, so gut war ihr Verhältnis nicht. Hat sich eigentlich nicht viel geändert seitdem: Auch das Geburtstagskind von heute gibt einen aus, backt Kuchen fürs Büro, steckt den kleinen Gästen Goodiebags zu.

Schon im 18. Jahrhundert galt das Schenken als durchaus erzieherisch wertvoll, wie Stefan Heidenreich schreibt. So berichtete der Pädagoge Christian Gotthilf Salzmann 1784 über seine Erziehungsanstalt in Thüringen, dass es dort Sitte sei, Geburtstag zu feiern und Geschenke zu machen, nicht nur den Kleinen, auch den Erwachsenen. »Es lässt sich bei solcher Gelegenheit gar viel Gutes weit besser sagen und empfinden, als zu anderen Zeiten, es werden da alle Herzen teilnehmender und zur Freude gestimmter.« Jedes Kind wisse den Geburtstag von jedem großen und kleinen Mitglied der Gesellschaft. Wenigstens eine Woche vorher bemerke er, »dass die Kinder zusammenstehen, lachen, einander in die Ohren lispeln, in die Hände schlagen, springen, und wenn der Geburtstag eintritt, sind gewiss Geschenke vorhanden und Anstalten zu einer kleinen Feierlichkeit gemacht. Das alles ist Erfahrung. Wie kann man denn glauben, dass Kinder, die so gestimmt werden, filzig (d. h. geizig, Anm. der Autorin) würden!«

Bei den Herrschern wurde das Fest der eigenen Geburt zur Demonstration von Macht. Herzog Karl Eugen von Württemberg zum Beispiel ließ es richtig krachen. Für seinen 35. Geburtstag baute er eine eigene Orangerie, mit Olymp und 20 000 Kerzen. Gegen Ende des Festmahls teilte sich plötzlich die Tafel, und Venus stieg heraus, mit 16 Liebesgöttern im Schlepptau. Eine Mauer wurde niedergeschossen, um den Gästen einen spektakulären Zugang zum Ballsaal zu eröffnen, und zur Krönung gab's ein Feuerwerk mit 14 000 Raketen. Auch Hitlers Geburtstag wurde ja bekanntlich zum pompösen Feiertag. All die armen Menschen, die am 20. April geboren wurden. Ihnen hat der Diktator den Tag vergiftet.

Ich persönlich liebe Geburtstage! So wie ich Sonntage liebe: weil sie was Besonderes sind. Bis heute wache ich mit Hochgefühlen auf. Um keine Minute zu verpassen, nehme ich mir den Tag immer frei. Zuverlässig, seit 31 Jahren.

Schon in meiner Kindheit habe ich ihn mit Begeisterung gefeiert. Endlich mal Hauptperson und Bestimmerin sein, statt wie sonst ein Fünftel von fünf Geschwistern! Die Aufregung war groß, man wurde auf den Stuhl gesetzt und hochgehoben, dreimal hoch, hoch, hoch, es gab einen Tisch mit Blümchen, Kerzen, Kuchen und Präsenten. Das Geburtstagskind durfte sich sein Lieblingsessen wünschen (Hähnchen! Pommes! Nudelauflauf!) und Freunde einladen zu Sackhüpfen und Kalter Hundeschnauze. Als Maître de Plaisir lief unser Vater zu Höchstform auf.

Es gibt Menschen, die möchten nicht daran erinnert werden, dass sie schon wieder ein Jahr älter, aus ihrer Sicht, dem Tod ein Stück näher gerückt sind. Weswegen sie das Datum am liebsten ignorieren, das sei ein Tag wie jeder andere, basta. Ich kenne jemanden, der sogar Zahnarzttermine auf dieses Datum legt. Morgens um sieben. Als wäre das Fest nicht die reine Verjüngungskur! Ganz ohne Botox: Auch die 80-Jährige wird ja als

Geburtstags*kind* bezeichnet. Die Rituale sichern die Kontinuität, stellen die Verbindung zu früher her, zur vorangegangenen und kommenden Generation. So wie der Marmorkuchen von Oma. Die ist längst tot, aber die Tradition wird fortgeführt.

Die indisch-britische Autorin Priya Basil, seit Jahren in Berlin zu Hause, erzählt, wie überrascht sie war, dass in Deutschland selbst Erwachsene Geburtstag feiern. Sie dachte, das sei Kindersache. Sie hat sich schnell daran gewöhnt. Zu ihrem 40. bekam sie von allen Nachbarn ihrer Hausgemeinschaft ein Kochbuch mit Lieblingsrezepten und Familienfotos geschenkt.

Wer wie ich aus einer Familie kommt, in der so viele jung gestorben sind, für den ist es vor allem ein Fest des Lebens. Zweiundsechzig geworden zu sein ist für mich kein Grund zur Trübsal, sondern zur Freude. Und die soll man ja bekanntlich teilen.

Mein Schwager, der Geburtstage eher zum Weglaufen findet, was er auch schon mal tatsächlich tut, sagt, er hasse es, im Mittelpunkt zu stehen. Ich sehe es genau umgekehrt: von innen nach außen. Es ist der Tag, an dem ich Menschen, die ich gernhabe, um mich versammle, wie eine wärmende Wolldecke der Sympathie. Nicht um das Ego zu feiern, sondern die Gemeinschaft.

Genauso hat Alexander Kluge mal erklärt, warum wir überhaupt Geburtstag feiern: als Schutzmaßnahme. Weil ein Neugeborenes (im Unterschied zum Igel, O-Ton Kluge) unbewaffnet auf die Welt komme, müsse es gegen Gefahren und böse Geister geschützt werden. Und das werde als Ritual weiter zelebriert: »Der Clan schart sich um das Neugeborene, und das wird dann Jahr für Jahr wiederholt, mit Eltern und Paten und Onkeln und Tanten und Großeltern.« Kluge ist allerdings der Meinung, dass Erwachsene dieser Zusicherung nicht mehr bedürfen. Finde ich nicht.

Für die meisten bedeutet der 30. das erste richtig große Fest. Christian Marchetti hat ein kleines Buch darüber geschrieben: »Dreißig werden«, in dem er vor allem aus den Beobachtungen und Gesprächen seiner engeren und weiteren männlichen Bekanntschaft schöpft: »Viele«, weiß der junge Kulturwissenschaftler aus eigener Erfahrung, »sehen dem neuen Jahrzehnt mit gemischten Gefühlen entgegen. Die einen reagieren mit angestrengtem Desinteresse und Wut – die anderen feiern zum ersten Mal groß, laden alle ein, die sie kennen.«

Das hab' ich verpasst. Aber ich habe meine Lehre aus dem 30. gezogen, dem Geburtstag, an dem man (zumindest zu meiner Zeit) endgültig die Schwelle vom jungen Menschen zum Erwachsenen überschreitet oder glaubt, überschritten haben zu müssen: Mein Job, mein Haus, mein Mann, mein Kind, mein Baum, all das sollte man bis dahin möglichst erledigt haben. Und ich? Hatte weder festen Job noch Haus, noch Mann, noch Kind, noch Baum. (Letzteres vielleicht ein Segen, bei meinem braunen Daumen.)

Weil ich am nächsten Tag für vier Wochen zum Sprachkurs nach Paris fahren wollte und als freie Journalistin noch alle möglichen Artikel schreiben musste (was ich natürlich nicht geschafft habe), bin ich an jenem Tag im August nur mit meinen Schwestern essen gegangen. In Paris dann habe ich mit dem Rauchen aufgehört, von zwei Packungen Marlboro (am Tag!) auf null. Die Zäsur des 30. schien der richtige Zeitpunkt zu sein, um – ja, eben: erwachsen zu werden, auch in Bezug auf die Gesundheit. Ich dachte, fern von Alltag und Schreibtisch lässt sich das leichter überleben. Irrtum. Alles zusammen hat mich in eine tiefe Depression und die erste massive Schreibblockade meines Lebens gestürzt. Von Ende August bis Weihnachten habe ich keinen gescheiten Satz mehr hingekriegt, hab' mich gequält wie eine Analphabetin.

Von da an habe ich die Schwelle zum nächsten Jahrzehnt immer in großer Gesellschaft übertreten. Ich hatte mir geschworen, fortan wird jeder runde Geburtstag gefeiert, dass es kracht – weil es was zu feiern gibt oder gerade nicht. Ein halbes Jahr vor meinem 40. ist mein Bruder gestorben, ein Dreivierteljahr vor meinem 50. meine älteste Schwester. Dann erst recht.

Ich kenne viele, die runde Geburtstage ganz besonders hassen, als Gast genau wie als Gastgeber. Sie fühlen sich unter Druck gesetzt: Jetzt muss es aber, auch beim Präsent, was ganz Besonderes sein! Kann ich verstehen, aber ich bin da anders gestrickt. Ich brauche, nicht nur beim Schreiben, immer Deadlines, Termine – etwas Druck eben. Und ich habe gemerkt: Auch andere laufen erst dann zur Hochform auf.

Zu runden Geburtstagen wird gesungen, gedichtet und musiziert, werden Liebeserklärungen in aller Öffentlichkeit vorgetragen. Da halten Söhne Reden auf ihre Mütter, Töchter auf ihre Väter – oder umgekehrt – und Geburtstagskinder auf ihre Gäste, Freunde schreiben vierzig Worte über den 40-Jährigen, fünfzig Worte über den 50-Jährigen … Sie setzen sich hin und halten in Briefen fest, was ihnen die Freundschaft der anderen bedeutet, was sie an ihm, an ihr schätzen, Kleinigkeiten, die von großer Aufmerksamkeit zeugen.

Die Leute lassen sich so viel einfallen: organisieren Ausstellungen und Feste, stellen Fotobücher zusammen, sind so großzügig wie nie, besorgen Gutscheine für Ballonfahrten und Luxushotels, die man sich nie selbst leisten würde, schenken gemeinsame Reisen, Gemälde. Lieblingsrezepte zum Nachkochen, die dann ins eigene Standardrepertoire aufgenommen werden und immer an den Schenkenden erinnern. Wenn man sie bittet, bringen sie auch gern ihre besten Gerichte fürs Buffet mit.

Wer trotzdem noch Anregungen benötigt, kann sich vom Bauhaus inspirieren lassen. Ob Studenten oder Professoren, die

Künstler der Avantgarde waren Meister auf diesem Gebiet, haben einander auch zwischendurch Präsente mit einer Lust und Leidenschaft gemacht, die ansteckend ist. Geklebte Küsse gab es da, Bilderbücher und Collagen, vor allem Direktor Gropius wurde mit Witz und Liebe geradezu überschüttet. Da wurde gedichtet und gemalt, gekritzelt, geklebt und gewebt, dass es eine Wonne ist, zum Geburtstag, zu Weihnachten, zum Abschied, im Krankheitsfall und einfach so, zwischendurch, was vielleicht die schönste Gelegenheit ist. Eins der berührendsten Präsente hat Max Ernst dem Emigranten Gropius überreicht, einen Vogel im Käfig, auf einen zerbrochenen Dachziegel gemalt. Vom Bauhaus lernen heißt schenken lernen.

Ich bekenne: Ich hab' mal eine Geburtstagsliste gemacht, eine ganz kleine, zu meinem 40. Nicht im Kaufhaus, sondern in dem Laden der besten Freundin meiner Schwester (win-win), und habe mir ein paar Sachen ausgesucht, die ich schön fand, an denen die Gäste sich beteiligen konnten. Die Wolldecke in leuchtenden Farben von Tricia Guild (eine Arbeit der britischen Designerin hätte ich mir damals nicht selbst geleistet) liegt heute noch auf meinem Sofa und wärmt. So wie das sonniggelbe Bollhagen-Frühstücksgeschirr, ebenfalls ein Gruppenpräsent zum 40., das mich jeden Morgen anlacht. Wenn ich nicht zum Gien-Bleu greife, das mich, wenn ich es benutze, jedes Mal in französische Urlaubsstimmung versetzt. Hab' ich zum 60. gekriegt.

Seit dem 40. organisiere ich runde Geburtstage als Fest der Bescherung – für mich wie für alle, die kommen. Zu einem solchen Anlass machen sich eben auch viele auf den Weg. Schon die ganze Planung, die sich über Monate hinzieht, das Suchen nach Orten und Ideen, ist für mich ein Vergnügen. Vor allem die, die extra anreisen, und der enge Kreis vor Ort kriegen ein Vergnügungsrahmenprogramm. Das immer viel mit Berlin zu tun hat, der Stadt, in der ich lebe und die ich liebe: einen Daumenkinoabend, eine Führung durch die Beelitzer Heilstätten, eine Busfahrt auf den Spuren Berliner Drehorte, eine Führung durch die Kunstsammlung Freyer mit Kaffeetrinken im Wintergarten. Auf den Spaziergängen, Bootsfahrten und Führungen, den Vor- und Nachfeiern zu Hause, mischen sich erfahrungsgemäß alle, auch die, die sich nicht oder nur flüchtig kennen.

Für das Fest selbst gibt's eine Tischordnung, immer mit heißer Nadel gestrickt, mein Neffe hilft dabei, bei der die Paare, Kollegen und alle anderen, die sich eh dauernd sehen, auseinandergesetzt werden. Die verschiedensten Lebenswelten und -abschnitte zusammenzubringen, das ist die Idee dahinter. Es geht um das Gemeinschaftstiftende des Festes, darum, dass sich »die soziale Landschaft des ›Geburtstagskindes‹ immer wieder neu konstituiert«, wie Christian Marchetti schreibt. Die Feier werde »zum kollektiven Gedächtnis der Teilnehmer«. Ein sozialer Akt, der das Ego kitzelt. Denn zu diesem Anlass, so der Kulturwissenschaftler, »kann der Einzelne sein eigenes Idealbild in Szene setzen oder bekommt es von anderen zugeschrieben«.

Mit den Jahrzehnten wird der runde Geburtstag immer wichtiger: als freudiger Anlass, zusammenzukommen – bevor man zu klapprig wird oder sich irgendwann nur noch auf Beerdigungen trifft. Klar, die Frage des Geschenks wird nicht einfacher. Der Haushalt ist ausgestattet, das Regal voll, für Nippes wirklich kein Zentimeter Platz mehr. Mit 60 fängt man eher an auszumisten, statt aufzustocken. »Ich will mehr Luft zum Atmen und Platz im Schrank«, sagt eine Schulfreundin mir. Im Sommer lässt sie sich gern Pflanzen schenken, im Winter Bücher. »Und zum 80. würde ich mich sehr über einen kleinen Film freuen. Mit Bildern aus meinem Leben. Aber so was wünscht man sich nicht, man kriegt es oder nicht.«

Das, was die meisten sich wünschen – Gesundheit, noch ein paar gute Jahre –, können die anderen einem nicht schenken. Angesichts der eigenen deutlicher werdenden Vergänglichkeit kommen vergängliche Geschenke bestens an. Wein, selbstgemachte Marmelade, Schokolade, Kraftbrühe nach eigenem Rezept. Die belasten weder die Schränke noch das Gemüt. Am Ende kehrt man zum Anfang zurück: Lebens-Mittel gehörten zu den ersten Gaben überhaupt. In Japan sind sie immer noch sehr beliebt. Außerdem Bücher, Bücher, Bücher, die kann man ja weiterreichen, die werden nicht schlecht. Und Spenden.

Was das Alter allerdings nicht ist, ist eine Erlaubnis zur Beliebigkeit. Man sollte aufmerksam sein gegenüber den Vorlieben und Abneigungen des anderen. Präsent heißt auch Präsenz. Es soll schon ein Gedanke dahinterstecken.

Der runde Geburtstag ist einfach eine gute Gelegenheit, einen Moment innezuhalten und – Bilanz zu ziehen klingt so kleinkrämerisch, aber sich doch, als Gastgeber wie als Gast, zu besinnen, sich seiner selbst und derer, die einem wichtig sind, zu vergewissern. Zu gucken, was auf der Habenseite alles steht, ohne die kritischen Punkte auszusparen. Ehrlichkeit kennt viele Formen. Auch hier bewährt sich Großzügigkeit.

Weihnachten:
Der Marsch in Himmel und Hölle

Wie die Buddenbrooks Weihnachten feierten, ist allseits bekannt: prächtig. Die Familie hatte das Gefühl, durch die geöffnete Flügeltür »direkt in den Himmel hinein« zu marschieren. Das Flirrende, Opulente, Ritualisierte, Feierliche, Musikalische, Komische, Duftende, Glitzernde, Marzipanige, Leuchtende dieser großbürgerlichen Feier, den ganzen »Überfluss des Glücks« hat Thomas Mann in einer der berühmtesten Szenen der deutschen Literatur wortgewaltig eingefangen. Allein Hannos gespannte Erwartung: Kriegt er sein Puppentheater? Wie groß wird es sein, wie wird der Vorhang aussehen? Und dann die Freude, dass es noch doller ist als erträumt, die herablassende Ironie der Erwachsenen – und Onkel Christian, der als Einziger seine Freude aus vollem Herzen teilen kann, weil er sich das Kindliche bewahrt hat.

Es gibt nur zwei Sorten von Menschen: Weihnachtshasser und Weihnachtsfans. Thomas Mann und ich gehören zu den Anhängern. Selbst im Exil wurde bei den Manns ausgiebig gefeiert und nicht an Präsenten gespart, da gab's Schlafrock, Jazz und Schnaps. »Es ist doch merkwürdig, welche Verklärung die Dinge durch das Weihnachtskerzenlicht erfahren«, schrieb der Meister. »So ein Spazierstock, eine Frühstückstasse, ein Taschenmesser oder was es sei, hört auf Ware zu sein, und wird ›Gabe‹, etwas vom Himmel und von der Liebe Kommendes, das einem lieb bleibt durch die Art des Empfanges.« Ob Tochter Erika tatsächlich so entzückt war über die zehnbändige Werkausgabe der väterlichen Schriften als Gabe, weiß ich nicht. Aber auch das gehört zum Fest dazu: Enttäuschungen, Verletzungen, Dramen.

Auch bei uns ist Weihnachten – bis heute Höhepunkt des Jahres – immer ein wenig *over the top* gewesen, nur nicht so gesittet wie bei den Buddenbrooks. Die Feierei fing schon Wochen vorher an. (Aber nicht wie heute, kurz nach den Sommerferien.) Am 11. November wurde die Saison eröffnet mit St. Martin und der Gans. Mein Bruder trug den Namen des Heiligen, der teilte, was er hatte, und unser Martin verstand den Namen als Programm. Das ging weiter mit dem Adventskalender (übrigens, wie so vieles an dem Fest, eine deutsche Erfindung), von unserer Mutter befüllt, jeden fünften Tag durften wir ein Streichholzschächtelchen öffnen. Auch da hieß das Prinzip: teilen. Als Nächstes kam der Nikolaus, manchmal sogar persönlich, und legte in der Nacht was in die Pantoffeln auf der Fensterbank. Der Duft von Mandarinen und Marzipan, in den sechziger Jahren beides Kostbarkeiten, beamt mich noch heute in die Weihnachtszeit von einst zurück.

Meine Schwester füllt ihren inzwischen über 30-jährigen Kindern noch immer die Adventskalender, darauf bestehen sie, und als ich mich einmal beschwert habe, warum ich keinen kriege!, hat sie Freunde und Familie zusammengetrommelt, mir 24 Päckchen zu packen, was meine andere Schwester albern fand, ich sei doch erwachsen. Aber wozu ist Weihnachten denn sonst da als dazu: wieder Kind zu sein. Inzwischen gibt es eine regelrechte Adventskalender-Inflation, in allen Preisklassen zu kaufen bei Aldi oder Tiffany's, die Luxusvariante für 100 000 Euro, aber kommerzielle Konfektionsware, gefüllt mit Gin, Parfüm und Diamanten, zählt nicht.

Unseren Eltern war jeder Anlass recht für ein Fest, und der Advent war ein besonders guter. »Wir erwarten Sie um 4 Uhr nachmittags und rechnen mit Ihrem Bleiben bis in die Nacht«, heißt es in der Einladung zum großen Adventsfest 1962, zu dem sich mehr als hundert Gäste aufs ganze Haus samt Nebengelassen verteilten, zum »Basteln, Kleben, Dekorieren, Backen, Bemalen, Anziehen, Arrangieren, Photographieren« unter Anleitung von Hausherr und -dame, Künstlern und anderen Freunden. Der Kirchenposaunenchor trat im Treppenhaus auf, und die Gäste sollten mit vollen Händen kommen: »Nebenbei wollen wir für die Alten und Bedürftigen in unserer Gemeinde und für Pakete in die Ostzone Kleidungsstücke, Spielzeug, Lebensmittel usw. sammeln.« Das kann man paternalistisch finden, aber es war gut gemeint, und auch dazu ist Weihnachten schließlich da: zum Spenden. In keinem Monat wird so viel gestiftet wie im Dezember, dem Monat der Barmherzigkeit.

»Niemand soll sagen, er habe keine Zeit für die Weihnachtsvorbereitungen«, meinte unsere Mutter einmal. »Ich würde sagen, er hat kein Herz und keine Phantasie.« Wochen vorher – das Fest war nur der Höhepunkt – wurden Päckchen gepackt, Plätzchen gebacken und Geschenke gebastelt.

An Heiligabend hat meine Mutter uns samt Vater immer weggeschickt, damit wir was Sinnvolles taten, statt ihr bei den letzten Vorbereitungen im Weg zu stehen. Also zogen wir nach dem Frühstück gemeinsam los, alte Leute besuchen. Sie gehörten wie wir zur evangelischen Gemeinde Essen-Frillendorf, wir brachten ihnen Plätzchen und die Blockflöte mit, sangen ein bisschen – schief – und hörten zu. Wir waren eine unheilige Familie, deren Mitglieder langsam in die Jahre der Pubertät kamen, die Röcke wurden kürzer, die Haare länger, aber solange wir in Frillendorf wohnten, blieb es dabei. Der Rundgang am Morgen war ein so festes christliches Ritual wie der Gottesdienstbesuch am Nachmittag. Eine Übung in Demut vor der großen Bescherung.

Ich kann mich an den Geruch von alten Leuten und saurer Milch erinnern, an ihre Geschichten, oft von der Flucht aus Ostpreußen, dessen Klang ihre Erzählungen immer noch färbte, und ihre Freude über unseren kurzen Besuch. Am liebsten mochten wir Oma Haupt, zu der wir als Letztes gingen und die uns Neujährchen buk, aufgerollte Waffeln, die man mit Sahne füllen konnte. Mit ihrem trockenen Humor war sie die Lustigste von allen. Einmal, sie war über neunzig, lag sie auf dem Sofa, es ging ihr nicht gut, und stöhnte leise, Aah!, als sie sich selbst unterbrach und energisch aufforderte: Sag doch mal B!

Die Dienstwohnung, in der wir unsere Kindheit erlebten, war in Wirklichkeit ein Haus, das zur Zeche gehörte, auf der unser Vater arbeitete. Früher war es mal ein Bauernhof gewesen, deswegen hatten wir noch eine halbe Scheune dazubekommen, einen nackten Saal, der zu groß und zu kalt war, um ihn richtig zu bespielen. Nur im Dezember fand er seine Bestimmung und wurde zum Weihnachtszimmer, in dem unsere Mutter sich ungestört hinter verschlossenen Türen ausbreiten und Päckchen packen konnte, bis an Heiligabend das Glöckchen klingelte und wir, ganz wie die Buddenbrooks, das Gefühl hatten, in den Himmel zu marschieren. Auch wenn der sehr irdische Züge trug.

Einmal bekamen meine Schwester Bine und ich – die »Ös«, wie wir Kleinen genannt wurden – ein ganzes Haus dort reingestellt. Die Villa Ö war vorher eine Voliere gewesen. Unser Vater hatte mal wieder eine Idee gehabt – er war Bergmann von Beruf, aber Künstler im Herzen und im Kopf, beglückte uns mit Fantasie und Kunstwerken – und exotische Vögel angeschafft, die uns erwartungsgemäß nicht überlebten.

In dieser Villa Ö stand nun der Kaufladen, frisch gefüllt. Mit ihm habe ich als Kleinkind das Shoppen gelernt, das An-den-Mann-und-die-Frau-Bringen ebenfalls. Den Kaufladen habe ich innig geliebt. Wenn gerade niemand zum Spielen da war, habe ich einfach die Seiten der Theke gewechselt und mit mir selbst gesprochen, das aber sehr angeregt. Wobei der Part der Händlerin eindeutig der reizvollere war, da konnte man Schubläden öffnen, Silberlinge abwiegen, in spitze Tüten füllen und kassieren.

Wie groß ich mir vorkam! Statt in die Hocke zu gehen wie bei der Puppenstube, stand ich aufrecht als Bestimmerin an der klingelnden Kasse. Alles wirkte so lebensecht, selbst wenn es Spielgeld war, das ich zählte, und die Schächtelchen alle nur Puffreis enthielten. Komisch, dass man als Kind so gern erwachsen sein spielt und mit Wonne das tut, was die Großen widerwillig machen, weil sie es müssen: Patienten verarzten, Schüler unterrichten, Kunden bedienen …

Jaja, der Kapitalismus, werden Sie denken, da werden schon die Kleinen zum Konsum angetrieben. Falsch gedacht. Im Sozialismus haben die Kinder nämlich das Gleiche gespielt. Neulich habe ich den Reprint einer Packung Ost-Kaufladen-Waren in meiner Geschenkkiste gefunden: »Für den kleinen Kaufmann«. Sogar Markenbewusstsein wurde da gepflegt. Statt Nutella und Bonduelle-Erbsen und -Möhren gab's halt Ata und Kathi-Tortenmehl in Schächtelchen. Als die Mauer fiel, habe ich mir als erstes Ata-Packungen und Karo-Zigaretten gekauft, nicht wegen des Inhalts, sondern wegen der Verpackungen, die mich so an meine Kaufladenkindheit erinnerten. Scheuermittel und Rauchwaren habe ich mir dann ins Regal gestellt.

Der Kaufladen war ein Saisongeschäft. Zu ahnen, dass er im Advent wieder aus dem Keller geholt und abgestaubt würde, um frisch gefüllt unter dem Tannenbaum zu stehen, hat die Vorfreude auf Weihnachten noch gesteigert. Irgendwann wurde er wieder uninteressant. Spätestens, wenn man seinen ganzen Warenvorrat selbst aufgegessen hatte. Heute, in Zeiten von Discountern und Onlinehandel, hat es der stationäre Kaufladen etwas schwerer. Die Kinder einer Kollegin spielen, wenn, dann eher Apotheke. Vielleicht weil man dort wirklich noch von jemandem hinter der Theke bedient wird.

Heute, in meiner eigenen Wohnung, habe ich kein separates Weihnachtszimmer. Ich mache einfach das Wohnzimmer zur großen Packstation, so dass es ein paar Wochen lang für andere Zwecke nicht mehr zu gebrauchen ist. Im letzten Jahr hatte mir die *New York Times* dringend dazu geraten, alle Weihnachtsgeschenke bis zum 15. Dezember zu besorgen, um die Feiertage stressfrei zu überleben. Das sage ich mir auch immer. Klappt bloß nie. Dabei fange ich schon im Sommer an mit dem Einkaufen und Gedankenmachen. Seit ich die Notizfunktion in meinem Handy entdeckt habe und jede Geschenkidee sofort aufschreibe, ist Weihnachten eigentlich ganz easy. An Ideen mangelt's nicht. Nur an Zeit, alle rechtzeitig umzusetzen und einzeln einzuwickeln. Am Ende ist der Advent doch immer zu kurz, der Feiern zu viele, die Zahl der zu Bedenkenden hoch, so dass ich erst auf den allerletzten Drücker fertig werde. Wenn überhaupt.

Als Mittel gegen ein solches Chaos empfiehlt die Produktivitätsexpertin der *New York Times*, Ms Morgenstern, sich das Besorgen der Geschenke wie einen Geschäftstermin in den Kalender einzutragen und ein Budget festzulegen, was man für wen ausgeben will. Da hätte ich einen anderen Ratschlag parat: Lassen Sie das Schenken bleiben, wenn Sie keinen Spaß dran haben! Ohne Vergnügen wird das nichts.

Dabei geht's doch darum, Freude zu schenken. Komisch, man traut sich das Wort kaum noch auszusprechen, es klingt so altmodisch, sentimental. Wahrscheinlich, weil es so überstrapaziert wird beim Eintreiben von Spenden oder beim Antreiben des Konsums. Im Onlineshop kann man wählen zwischen den Kategorien »Freude schenken bis 30 Euro«, »Freude schenken bis 50 Euro«, weiter geht's mit 100, 200 – bei welcher Summe hört die Freude eigentlich auf?

Es gibt natürlich noch eine Radikallösung gegen den ganzen Feiertagsstress: »*Let's not go shopping!*«, singt Robbie Williams auf seinem Album *The Christmas Present*. »*We don't need shopping.*« Seine Anti-Stress-Empfehlung: zu Hause bleiben, Vorhänge zuziehen, Kamin und Kerzen anzünden, Musik hören, es sich gemütlich machen. Und dem Weihnachtsmann das Besorgen der Geschenke überlassen. »*Thank you, Saint Nick!*«, mit diesen Worten endet der Song.

Von wegen, Saint Nick. Mrs Williams ist es, die sich darum kümmert! Das hat der Sänger in einem Interview verraten. Für alles, was seine Frau besorgen wolle, unterschreibe er nur die Schecks. (Die hat er wahrscheinlich auch vom Weihnachtsmann. Wo gibt's denn heute noch Schecks?) Unsere Vorfahren waren da schon weiter. Bis 1880 haben sich Männer und Frauen zumindest in den USA die emotionale Weihnachtsarbeit 50:50 aufgeteilt. Was die Geschenkeproduktion anging, war es eine echte Kooperation. Also: *Back to the roots!*

Was den Tannenbaum angeht, herrscht bei uns in der Familie bis heute die klassische Rollenaufteilung. Das Aufstellen am 23. ist Männersache und geht nicht ohne Fluchen ab, das (stille) Schmücken ist Frauensache, mit Ornamenten, die sich im Laufe von Jahrzehnten angesammelt haben, viele davon Geschenke. Am Ende stehen wir alle da und singen im Chor, was unsere Mutter schon jedes Jahr zu sagen pflegte: So einen schönen Baum hatten wir noch nie!

Aber Vorsicht! Wenn dann am 24. die Kerzen (immer echte) angezündet werden, ist es möglicherweise vorbei mit der ganzen Freude und Feierlichkeit und Harmonie. Weihnachten ist gefährlich. Das weiß jeder, der es überlebt hat. Das Öffnen der Geschenke kann – muss nicht! – Dramen auslösen. Was natürlich nicht an den Gegenständen selber liegt, sondern an den Beziehungen und Emotionen, die damit verbunden sind, all dem, was plötzlich, angefeuert durch die ganze Anspannung, den Stress der Wochen zuvor, herausplatzt wie ein Springteufel aus der Box. Und dann das tagelange Aufeinanderhocken, der Rückfall in alte Rollen, die Erwartung der Katastrophen …

So friedlich wie in Bethlehem geht es selten in Familien zu. Zu den Ritualen unseres Festes in der Kindheit gehörte neben dem großen Weihnachtsbaum ein Wutanfall unseres Vaters am Heiligen Abend, weil er mit der jeweiligen Maschine, die er geschenkt bekam, sagen wir: dem Diaprojektor, nicht zurechtkam. Außerdem ging dann gern mal die veraltete Kohleheizung kaputt, die das Haus eh nicht wärmer als 18 Grad kriegte. Deswegen war es auch so gut, dass am ersten Weihnachtstag die ganze Großfamilie anrückte, Großeltern, Onkel, Tanten, Vettern, Freunde und Kusinen, um mit uns Pute zu essen. Anders als bei den wohlerzogenen Buddenbrooks ging es laut und deftig zu, einmal wurde die Verlobte unseres Onkels in die Flucht geschlagen, nachdem dessen Brüder ordinäre Witze erzählt hatten – in diese Familie wollte sie dann lieber doch nicht einheiraten.

Nie liegen Hoffnung und Enttäuschung so nah beieinander, Freude, Wut und Neid. Gerade das Kollektive macht das Fest so stürmisch, weil sich, anders als bei Geburtstag, Hochzeit oder Schulabschluss, jeder mit jedem vergleicht. Der Blick auf den Gabentisch der Geschwister kann in Tränen enden. Denn anders als sonst findet der Geschenketausch nicht zeitversetzt statt, sondern gleichzeitig. Die Frage des richtigen Maßes, der Gerechtigkeit wird hier besonders brisant. Es gibt ganze Bibliotheken voller Bücher über die Tragikomödien, die sich an den Weihnachtstagen entfalten, einschließlich des immer wieder gebrochenen Versprechens: Wir schenken uns nichts mehr.

Ein Freund von mir bekam 1969, nachdem er schon alle Päckchen geöffnet hatte, von seinen beiden älteren Schwestern, die gerade mit dem Studium begonnen hatten, ein Buch in die Hand gedrückt. An den knallgelben Umschlag kann Edmund sich noch genau erinnern. »Und an die Innenseite, in der neben dem Bild einer nackten Frau eine Anleitung zur Selbstdefloration gegeben wurde.« Dann entriss ihm der Vater auch schon die *Sexfront* von Günter Amendt, und es gab einen Riesenkrach. »Der Rest von Weihnachten war richtig scheiße. Mit diesem Datum verbinde ich das erste Ende meiner Kindheit.«

Schenken ist riskant. Man kann danebengreifen, verletzen, ärgern, langweilen – aber eben auch erfreuen, überraschen. Weihnachten soll's schließlich was ganz Besonderes sein. Das dachte auch mein Neffe, als er in der dritten Klasse war. Monatelang hatte Benjamin geschwiegen, obwohl er so gern damit herausgeplatzt wäre: Mama, ich hab Gold! Stattdessen schrieb er die Worte auf ein Zettelchen, das er in eine Streichholzschachtel steckte, um seine Mutter an Heiligabend damit zu überraschen. Ist ihm gelungen. Obwohl meine Schwester sich immer mal wieder danach erkundigt hatte, behielt er die bestandene Schwimmprüfung für sich. Er wollte sie doch unterm Tannenbaum damit bescheren.

»Weihnachten war herrlich und nahm überhaupt kein Ende«, las ich mal im Brief eines britischen Schriftstellers. Komisch, ich finde, es ist immer ganz schön schnell vorbei, das ist ja das Gemeine daran, auch gemessen an den Wochen der Vorbereitungen. Mit denen ich am Ende natürlich doch nicht fertig werde, weshalb ich am 28. Dezember schon mal noch ein Weihnachtsgeschenk kaufen muss. Einmal traf ich dabei im Buchladen einen früheren Kollegen, der mir von seinem Fest vorschwärmte. Sein kleiner Sohn sei mit einem Jahr alt genug, sich von Weihnachten verzaubern zu lassen, aber noch nicht so alt, dass er von Geschenkeerwartungen und -enttäuschungen verdorben wäre. Ihm genügte tatsächlich das Strahlen der Lichter am Tannenbaum.

Die Zeit lässt sich nicht zurückschrauben, und Krabbelkind muss ich auch kein zweites Mal sein. Aber die Sehnsucht nach dem Zustand der Unschuld bleibt.

Weihnachten lebt von der Fülle. Doch die Flut der Geschenke ein bisschen runterzudimmen wäre vielleicht auch nicht schlecht. Da gibt's verschiedene Methoden, neue Rituale, die Familien im Laufe der Jahre entwickeln. Dann machen die erwachsenen Söhne den Eltern zum Beispiel keine physischen Präsente mehr, sondern übernehmen die Küche. Stellen das Menü zusammen, kochen – und räumen nach dem Essen auch wieder auf.

Mein Freund Paul erzählt von der Tradition an Sinterklaas, praktisch dem holländischen Weihnachten. In seiner Familie gab es am 5. Dezember eher bescheidene Geschenke, »deren Reiz aber das jeweils zugehörige, selbstgeschriebene Gedicht war«. Jedes Poem wurde vorgelesen, »das oft darin versteckte Geheimnis erraten (oder auch nicht), und dann ausgepackt«. Mit Genuss zelebriert, hielt das die vierköpfige Familie einen ganzen Abend lang beschäftigt.

Manche stellen Regeln zum Downsizing auf wie: Nicht mehr als ein Geschenk pro Person. Nichts für die Erwachsenen. Oder ausschließlich Selbstgemachtes. Eine Geschichte zum Beispiel. Wie viele Kinderbuchklassiker begannen als Präsent für den eigenen Nachwuchs: *Der Hobbit, Pippi Langstrumpf, Pu der Bär*. Auch *Paddington* nahm seinen Anfang als Weihnachtsgeschenk in Form eines Teddys, den Michael Bond am Bahnhof Paddington gekauft hatte und für den er sich dann ein Leben und viele Abenteuer ausdachte. Einige Familien schenken sich tatsächlich nur noch Geschichten, Erlebnisse aus dem Jahr, Spiele, Ideen. Oder sie entziehen sich völlig dem ganzen Rausch. »Seit dem 16. Lebensjahr bin ich raus aus dem Weihnachtsgeschäft!«, erzählt mir jemand. »Freude – Friede – Eierkuchen!«

Allerdings ist der berühmteste Boykotteur des Weihnachts-festes derjenige, der am Ende den ganzen Rummel erst richtig entfacht hat: Ebenezer Scrooge, der reiche Miesepeter und Geiz-kragen aus Charles Dickens' *Christmas Carol*. 1843 erschienen – im selben Jahr, in dem die erste moderne Weihnachtskarte in Großbritannien gedruckt wurde, die es bald millionenfach gab –, erzählt die Geschichte von der Wandlung des gnadenlosen Ego-isten und gierigen Kapitalisten zum barmherzigen Wohltäter, der plötzlich mit Vergnügen am Familienfest teilnimmt, wo ge-gessen und getrunken, getanzt und gespielt wird. Die Entde-ckung der Großzügigkeit.

An Heiligabend 1843, fünf Tage nach Erscheinen, war die erste Auflage, immerhin 6000 aufwendig gestaltete Bücher, aus-verkauft. Es wurde nachgedruckt und nachgedruckt, Dickens' öffentliche Lesungen der Geschichte waren so erfolgreich, dass er sie jahrzehntelang, bis zu seinem Tod, fortsetzte.

Der Schriftsteller selbst war erst kurz zuvor auf den Weih-nachtsgeschmack gekommen, und zwar in Amerika. Vorher hatte er am liebsten Silvester gefeiert. Dickens hat Weihnachten nicht erfunden – aber er hat es auf der Britischen Insel erst rich-tig populär gemacht. Der Autor war ein cleverer Mann. Seine Geschichte war das ideale Weihnachtsgeschenk, er schrieb für einen wachsenden Markt, das Geld konnte er brauchen.

Dickens hatte einen Riecher für den Zeitgeist. Die Briten fin-gen gerade an, Gefallen an Weihnachten zu finden, der Tan-nenbaum zog in ihre Wohnzimmer ein. Den hatte Prinz Albert, zusammen mit anderen Traditionen, aus Deutschland mitge-bracht. Mehr als einen. In der Königsfamilie bekamen die Kin-der einen eigenen Baum, die Queen, der Prinzgemahl, die Du-chess of Kent ... Die Tradition etablierte sich schnell auch in bürgerlichen Kreisen.

Es kam vieles zusammen, das zur Popularisierung des Festes

beitrug: die Industrialisierung, die nicht zuletzt dazu führte, dass nun Spielzeug billig en gros produziert werden konnte, die Wandlung von der landwirtschaftlichen zur städtischen Gesellschaft, in der die wachsende Entfremdung kompensiert werden musste. Dazu kamen die verbesserten Transportmöglichkeiten – Päckchen gelangten schneller und günstiger an ihr Ziel – und der Fortschritt der Druckmöglichkeiten, nicht nur für die Weihnachtskarte, sondern auch für Bücher, die, gerade in ihrer erbaulichen Form, erst mal zu den beliebtesten Präsenten gehörten. Selbst das Festessen wurde jetzt gekauft, nicht mehr selbst angebaut und geschlachtet.

Viele Figuren in Dickens' Geschichte dagegen haben Angst zu verhungern. Die Gassen schildert er als dreckig und eng, die Menschen sind hässlich und betrunken, es stinkt und wimmelt nur so von Verbrechen. Die mehr als 500 Adaptionen seiner Weihnachtsgeschichte aus dem 20. Jahrhundert dagegen, in den unterschiedlichsten Medien, sind fast alle süßlich harmonischer Art. Mit der Moderne stieg die Sehnsucht nach einer heilen Welt.

Charles Dickens prangerte Armut und soziale Ungerechtigkeit an, ohne das System in Frage zu stellen. Scrooge wird zum privaten Wohltäter, der, rein theoretisch, wenn auch nicht in der Logik der Geschichte, wieder zum alten misanthropischen Geizkragen werden könnte. Die Interpreten sind sich nicht einig, ob Dickens' Geschichte nun eher sozialkritisch oder sentimental ist. In ihrem Buch *Christmas: A Biography* liest Judith Flanders die Parabel als kapitalistische Anweisung: »Er machte den Konsum durch Scrooges ›Bekehrung‹ zur heiligen Pflicht. Seinem Beispiel folgend, wurden das Braten der Pute, die Spiele, das Zuprosten oder das Kaufen eines Spielzeugs fürs Kind zur quasireligiösen Beachtung der neuen Häuslichkeit der Mittelschicht.« Es war die Zeit, da der Weihnachtsmann zum ersten Mal in der

Werbung auftauchte, die Schaufenstergestaltung wurde zu einer neuen Kunst entwickelt. Ganze Tableaus wurden in New York und Berlin gezeigt, an denen vorbei die Städter lustwandelten.

Früher dienten die Weihnachtsgaben in hierarchischen Verhältnissen der Versorgung. Wenn die Arbeiter, Angestellten und Dienstboten was bekamen, vor allem nützliche Dinge wie Essen und Kleidung, dann war das im Grunde genommen Lohn, der ihnen zustand. Dieses hierarchische Schenken setzte sich fort, wie Judith Flanders in ihrem Buch schreibt. Nur dass es immer weniger die Feudalherren waren, die den Abhängigen etwas gaben, sondern die Eltern den Kindern, und: die Männer den Frauen.

»Noch im 17. Jahrhundert war in Sachsen das Schenken zu Weihnachten und Neujahr verboten«, schreibt der Kultursoziologe Gerhard Schmied, es war als zu weltlich, wenn nicht gar heidnisch verpönt. Aber Mitte des 19. Jahrhunderts, in der Biedermeierzeit, wurde die bürgerliche Schenkkultur als Ausdruck persönlicher Beziehungen, familiärer wie freundschaftlicher, dank Weihnachten endgültig in der Gesellschaft etabliert. Es war auch damals mehr ein säkulares als religiöses Fest; im Zentrum stand eher die eigene als die heilige Familie.

Wie die Buddenbrooks. Die Konsulin als Familienoberhaupt empfing die Gäste »in schwerer, grau und schwarz gestreifter Seide, mit geröteten Wangen und erhitzten Augen, in einem zarten Duft von Patschouli«. Die alte Dame zitterte vor Erregung. »›Mein Gott, du fieberst ja, Mutter!‹, sagte der Senator, als er mit Gerda und Hanno eintraf … ›Alles kann doch ganz gemütlich vonstatten gehen.‹«

Weihnachten und gemütlich? Das ist vielleicht die größte Herausforderung. Unsere Mutter legte sich am zweiten Weihnachtstag vor Erschöpfung mit Migräne ins Bett. Auf Silvester hatte sie keine Lust mehr.

In dem Jahr, in dem sie starb – im September, nach einem Verkehrsunfall –, ich war gerade neunzehn und nach Tübingen zum Studieren gezogen, schickte mir eine Freundin von ihr im November einen Adventskalender. Ich weiß noch, dass es für mich etwas sehr Tröstendes hatte, die Versicherung, dass es weitergeht. Wir haben nie aufgehört, Weihnachten zu feiern, mit allem Drum und Dran, selbst – ja: gerade mein Bruder, der ständig in der Welt unterwegs war, ohne festes Zuhause, legte größten Wert darauf, dass alle Traditionen eingehalten wurden, die Familie zusammenkam, es Pute am 25. gab. Und er natürlich die Keule kriegte. Später kamen noch andere Traditionen dazu, das Zedernbrot und die Zimtsterne aus dem anderen Teil der Familie, die heute die nächste Generation backt. Das größte Geschenk, das Martin unserem Vater machte, ein paar Monate vor dessen Tod, war, an Heiligabend unerwartet vor der Tür zu stehen.

Das (leere) Versprechen. Gutscheine

Des Deutschen liebstes Weihnachtsgeschenk anno 2019, wenn man Umfragen glauben darf: Geld und Gutscheine. Danach kamen Lebensmittel im Allgemeinen und Süßigkeiten im Besonderen, gefolgt von Büchern. Vor allem die Älteren sprachen von ihrer Angst, den Geschmack der Jungen nicht zu treffen – die Lebenswelten hätten sich zu weit voneinander entfernt. Also wollten sie auf Nummer sicher gehen.

Sie sind nicht allein mit ihrer Furcht, die alle Generationen, ja, auch beide Seiten des Schenkens kennen. Früher eine Rarität, haben Gutscheine inzwischen, wie es ein Freund höflich ausdrückt, etwas überhandgenommen. Dabei bergen sie ihre ganz eigenen Gefahren. Wer kann sich denn zwei Monate später noch daran erinnern, wo er sie abgelegt hat? Ich nicht. Wenn ich mich überhaupt noch daran erinnere, *dass* ich sie irgendwohin gelegt habe.

Der Handel freut sich über Schussel wie mich, kassiert hat er ja schon. Wobei ich blöderweise schon welche weggeschmissen habe, weil das Verfallsdatum überschritten war, obwohl das gar nichts zu bedeuten hat. Was ich nicht wusste: dass Gutscheine nach europäischem Recht drei Jahre lang gültig sind, egal, was draufsteht. Vorausgesetzt, es gibt den Laden noch. Sonst hat man Pech gehabt.

Wobei Gutschein ja nicht gleich Gutschein ist. Es gibt zwei Arten, mit dem einen bezahlt man was, mit dem anderen kann man was erleben. Was den Betrag angeht, den der Spender ausgegeben hat, ist der Einkaufsgutschein genauso nackt wie ein Geldschein. Nur ein bisschen persönlicher, da auf den eigenen

Geschmack zugeschnitten. Der Designer freut sich, wenn er bei Molitor, dem Berliner Schlaraffenland für alle Bastler und Gestalter, zuschlagen kann, meine Schulfreundin sagt, sie genießt es, in einen Laden zu gehen, sich etwas auszusuchen, was ihr gefällt – und dann, ohne zu zahlen, damit abziehen zu können.

Ich find's ein bisschen einfallslos und langweilig. Vor allem, wenn man ein Guthaben für einen Laden bekommt, in den man eh regelmäßig geht, oder für ein Yogastudio, in dem man Stammgast ist. Wo bleibt denn da die Überraschung, das Besondere?

Der einzige Einkaufsgutschein, der mich wirklich freuen würde, ist jener der Dubliner Buchhandlung Dubray. Dort kann man einen Voucher (ohne jegliches Verfallsdatum!) für ein persönliches Shopping-Erlebnis kaufen. Kostet nur 80 Euro. Man sagt vorher grob, wofür sich der Beschenkte interessiert, damit der optimale Buchhändler abgestellt werden kann, der auch schon mal überlegt, was denjenigen interessieren mag. Dann darf sich der glückliche Empfänger eine geschlagene Stunde lang mit dem Experten unterhalten und Bücher im Wert von 60 Euro aussuchen, die in einen Leinenbeutel gepackt werden, dazu gibt's noch ein Moleskine-Notizbuch zum Selberschreiben. »*Delightful!*«, beschrieb eine Irin das Erlebnis. Ob es für das Geschäft wirklich lukrativ ist – keine Ahnung. Aber es ist die charmanteste Form der Kundenwerbung, die ich kenne.

Ansonsten, finde ich, sollte es schon richtig persönlich sein. Meine Schulfreundin Susanne, glückliche Mutter von vier mittlerweile erwachsenen Kindern, die in einem Vorort von München lebt, beschert sich an ihrem Geburtstag immer einen Verwöhntag in der Stadt. Ganz allein spaziert sie durch die Viertel, radelt herum, geht Kaffee trinken, Window shoppen, ins Museum … Zu ihrem 60. bekam sie von ihren Kindern ein selbstgestaltetes Gutscheinheft geschenkt, »Mama S. in München«. Lauter Coupons für Cafés, Restaurants, Fahrradladen, Eierlöffel, die ihr gefallen. Jeder Stadtbesuch, sagt sie, sei eine Erinnerung. Das schönste Geschenk ihres Lebens.

Die zweite Sorte Gutschein ist mir noch sympathischer: Gemeinsame Ausflüge, Reisen, Essen, Konzerte, Kochkurse, Käseseminare. Es dürfen bloß nicht zu viele auf einmal sein. Ihr Stern scheint ein wenig zu sinken. Laut einer Umfrage von Weihnachten 2019 wurden Eventgutscheine weniger häufig verschenkt als zuvor. Vielleicht sind die ja schon zu verbindlich.

Oft genug werden natürlich auch diese Versprechen nicht eingelöst. Nur sind da meist die Geber die Vergesslichen. Wenn man selbst sich dran erinnert – da war doch noch was –, kann anstelle der Freude ein Stachel der Enttäuschung bleiben. Ich würde diesen Vouchers, ohne juristische Gewähr, einen längeren Haltbarkeitswert zuschreiben: bis ans Lebensende. Die Spanienreise mit meiner Nichte habe ich ja auch mit zehn Jahren Verspätung angetreten. War immer noch schön. Vielleicht erinnern Eltern ihre mittlerweile erwachsenen Kinder auch mal an all die Zusagen, die sie ihnen als kleine Kinder gegeben haben. Meist schriftlich, mit Bildern verziert, also handfestes Beweismaterial: zehnmal Tisch decken, fünfmal Spülmaschine ausräumen … Nie passiert.

Deswegen sage ich allen Aktivitätsgutscheinverschenkern (auch mir): *Just do it!* Redet nicht drüber, feiert euch nicht selbst, macht eure Versprechen einfach wahr.

Liebe schenken

Weg mit dem Valentinstag! Alle Jahre wieder werden die Liebenden (und erst recht die gar nicht so Liebenden) unter Druck gesetzt, tief in die Tasche zu greifen, um die Kassen Dritter zu füllen. Und warum? Weiß keiner so genau. Es steht nicht mal fest, welcher Valentin mit dem Tag gemeint ist, da gibt's verschiedene Kandidaten und diverse Geschichten, die einfach in einen Topf geworfen werden, aus dem sich dann jeder nimmt, was er brauchen kann. Die Floristikbranche etwa jenen Valentin, der frisch Verheirateten Blumen geschenkt haben soll, nachdem er sie trotz Verbots christlich traute, wofür er am 14. Februar geköpft wurde. Na, herzlichen Glückwunsch. St. Valentin wird übrigens auch gern bei Wahnsinn, Pest und Epilepsie angerufen.

Dennoch sind die teuren Restaurants alle Jahre wieder am 14. Februar ausgebucht. Keine Ahnung, worin das Vergnügen bestehen soll, mit dem Liebsten inmitten einer Horde von Paaren zu sitzen, von denen sich mit Sicherheit einige anschweigen werden. Auch die Grußkartenbranche macht fette Beute. Vor allem im Angelsächsischen, wo der ganze Terror herkommt. Wobei man fairerweise sagen muss, dass es in der Anfangszeit auf der Insel liebevoller und poetischer zuging, da gaben Shakespeare und Chaucer den Ton an.

25 Millionen vorgestanzte Botschaften sollen allein in Großbritannien zum Valentinstag verschickt werden. Auf Kommando! Als hätten die wahrhaft Verliebten das nötig. Niemand schreibt so zauberhaft wie sie, lange Briefe, selbstgestaltete Karten, versteckte Zettelchen, die den anderen überraschen sollen. Sogar Lieder verfassen sie – und tragen sie dann noch selber vor!

Verliebte holen Eigenschaften aus sich heraus, von denen sie gar nicht wussten, dass sie in ihnen stecken, zeichnen Bilder und basteln Daumenkinos, formen Marionettenfiguren und reparieren Regale, an denen das Herz hängt, das man für immer erobern will. Oder organisieren die Patenschaft für ein Seepferdchen namens Gertrud, um dieses dann mit der Liebsten zusammen immer wieder im Zoo besuchen zu gehen.

Abgesehen vielleicht von kleinen Kindern gibt keiner so hingebungsvoll, spontan und originell wie sie. Nicht die Not – die Liebe macht erfinderisch. Wobei diese zugegebenermaßen oft mit Not einhergeht, mit dem Ungleichgewicht der Gefühle oder dem Trennungsschmerz. Aber dann lässt man sich etwas zum Troste einfallen. Zum Beispiel eine Perle für jeden Tag, den man in der Phase größter Verliebtheit nicht zusammen sein kann.

Die Liebe ist die Hohe Schule des Schenkens – so spielerisch und leicht, zugleich mit großer Bedeutung aufgeladen. Auf diesen mühelosen Erfindungsreichtum sollten wir uns alle immer wieder mal besinnen, vor allem die Männer, die, erst einmal verheiratet und in der Sicherheit des Familienverbands angekommen, diese soziale Tätigkeit gern den Gattinnen überlassen.

Dabei haben sie es doch mal gekonnt! Haben Mixtapes zusammengestellt und Reisen ausgetüftelt, haben Telegramme, die sie sich als Fünfzehnjährige eigentlich gar nicht leisten konnten, geschickt formuliert: Ichbinammeerichhabdichlieb. Locken haben sie sich vom eigenen Schopf geschnitten und Blumen auf der Wiese gepflückt, statt überdimensionierte Sträuße zu kaufen, mit denen sie später ihr schlechtes Gewissen zu beruhigen oder zu vertuschen suchen. Sie haben die Liebste bekocht, ihre innigsten Wünsche eruiert und erfüllt: endlich ein Fahrrad, nach dem sie sich als Mädchen so gesehnt und das sie nie bekommen hat! Es gibt sogar Jungs, die im Kino eine Rose aus der

Plastiktüte holen und der Auserwählten ihre Gefühle gestehen – vor den eigenen pubertierenden Freunden! Ja, doch, diese Geschichte ist, genau wie alle anderen und im Unterschied zu der des heiligen Valentin, tatsächlich verbürgt.

Und das muss gar kein Ende nehmen. Max Ernst hat seiner vierten und letzten Ehefrau Dorothea Tanning jedes Jahr ein Bild gemalt, mehr als drei Jahrzehnte lang. Eine »Zeitreise der Liebe« hat das Max-Ernst-Museum in Brühl eine Ausstellung dieser 36 kleinen »D-Paintings« genannt, von denen keins wie das andere ist. Oder Queen Victoria und Prinz Albert – die beiden haben einander ihr Leben lang mit Präsenten überschüttet, mit so viel Schmuck, Gemälden, Skulpturen (für Haus und Garten), Porzellan und Möbelstücken, bis die Schlösser vollgestopft waren. Selbst für mich als Maximalistin beklemmend voll. Dass wohl die meisten Ausgaben aus einer Kasse kamen, nämlich der royalen Schatulle der Königin, spielt eine untergeordnete Rolle dabei. Was zählt, ist die Geste, der Ausdruck des Gefühls. Dass man dem anderen etwas gibt, was beides enthält, das Ich und das Du, was sie miteinander vereint.

Der amerikanische Paartherapeut Gary Chapman hat Geschenke, die von Herzen kommen, als eine der fünf »Sprachen« der Liebe definiert, neben Lob und Anerkennung, Zeit füreinander, Hilfsbereitschaft sowie Zärtlichkeit. Wobei er ausdrücklich darauf hinweist, dass der Preis eines solchen Präsents keine Rolle spielt. Selbst die Tränen der Liebsten beim Abschied am Bahnhof kann der andere als Geschenk empfinden.

Was Verliebte auf jeden Fall nicht brauchen, ist ein Termin im Kalender, der sie daran erinnert, großzügig zu sein. Voll von Gefühlen, geben sie im Überschwang. Natürlich nicht ganz uneigennützig, sie wollen ja etwas zurück: Liebe, was sonst. Aber wer wollte das nicht. Darum geht's doch immer. Gelungene Geschenke sind deshalb so gut, weil sie liebevoll ausgedacht und eingepackt sind. Weil sie bei allem Eigennutz tatsächlich darauf zielen, einem geliebten Menschen eine echte Freude zu machen. Die schlechten enttäuschen, ja, verletzen, weil sie lieblos ausgewählt und dargereicht werden. Wenn man Menschen nach ihren schlimmsten Präsenten fragt, dann sind es nicht nur die richtig missglückten, die beleidigenden und verletzenden, von denen sie erzählen – sondern mindestens so sehr die gleichgültigen, sinnlosen, die jemand aus reinem Pflichtgefühl gibt, weil man das zu einem bestimmten Anlass macht. Dann lieber gar nichts.

Vor allem nicht am Valentinstag. Der wirkt eher tödlich für die Liebe: weil man am 14. Februar Präsente als Beweise der Gefühle erwartet. Da ist die Enttäuschung vorprogrammiert. Denn Liebe, Aufmerksamkeit, ein Lächeln – all das kann man nicht einfordern. Man kann nur darauf hoffen.

Hochzeitsgeschenke

Aller Liebe zum Trotz: Mit der Hochzeit tritt oft eine merkwürdige Ernüchterung ein. Statt Liebesbotschaften unter vier Augen kommen jetzt, nach Verlassen der intimen Zweisamkeit, Bügelbretter und Dampfkochtöpfe. Früher war der Einschnitt noch tiefer, da zog man überhaupt erst mit Trauschein zusammen. Während man sich bis dahin nur in der Freizeit, zum Vergnügen traf, begann nun der Alltag mit Kochen, Waschen, Putzen. Das abrupte Ende des emotionalen Ausnahmezustands.

Als meine Schwester in den siebziger Jahren heiratete, bekam sie fünf Eierkocher und sechs elektrische Zitruspressen. Ich bezweifle, dass sie auch nur eins der Geräte je benutzt haben. Selbst heute ist die Zahl der Haushaltsgegenstände, die vor allem ein junges Brautpaar bekommt, verdammt hoch. Im schlimmsten Fall wechselt der eigene Partner jetzt von der verspielten zur praktischen Fraktion. Eine amerikanische Bekannte hat ihrem Mann irgendwann verboten, ihr noch mal was mit Stecker dran zu schenken. Es war immer ein Gerät, ja, genau, zum Kochen, Waschen, Putzen. Wobei Spülmaschinen oder Waschmaschinen durchaus ihren Beitrag zum Erhalt der Romantik leisten können. Sie taugen nur nicht als Beziehungspräsent. Wenn, dann sollte man sich das gemeinsam schenken.

Bei Brautpaaren sehr beliebt, aber schöner und erinnerungsträchtiger als Bügelbrett und Dampfkochtopf: Porzellan. Ein Service beschert allen, die ich kenne, anhaltend Freude, macht aus dem Alltag ein Fest. »Jedes Mal wenn ich den Tisch mit diesem Porzellan eindecke«, erzählt eine Freundin, »denke ich an die Hochzeit und an unsere Freunde, die uns dieses Geschenk gemeinsam gemacht haben.« Das würde Ludwig Bamberger sehr gefallen. »Ein Geschenk soll weder etwas ganz Überflüssiges noch etwas ganz Nützliches sein«, hat der Politiker und Banker schon 1888 festgestellt. Nicht schlecht, die Definition.

Was sie sich zu ihrer Hochzeit gewünscht hat, will ich von meiner Kollegin wissen, die schon drei Kinder mit ihrem Bräutigam hatte, als sie zum Standesamt gingen. Nichts – nur einen schönen Tag. – Und was hast du tatsächlich bekommen? – Einen wunderschönen Tag. Und ganz, ganz viele Gutscheine.

Eine 79-Jährige erzählt, sie habe sich damals gewünscht, dass die Liebe hält. Hat sie.

Ein Deutsch-Bolivianer sagt, er habe sich die geliebte Frau zur Hochzeit gewünscht. Bekommen habe er »eine tolle Frau«.

Auf der Wunschliste der meisten Brautpaare steht heute oft, ganz pragmatisch: Geld. Fürs Fest, das Service oder den Honeymoon. Dann kriegt man von den Tanten keine hässlichen Vasen. Voraussetzung ist allerdings, dass die Gäste zum Zeitpunkt der Hochzeit überhaupt noch was auf dem Konto haben. In der Generation Erasmus und Easyjet wird gern an fernen Orten gefeiert, möglichst auf dem Land, und bis die jungen Gäste Flug, Mietwagen und Unterkunft bezahlt haben, sind sie schon ein Vermögen los. Ist das noch eine Einladung oder schon eine Zumutung? Mal sehen, wie die Generation Fridays for Future feiern wird.

Und dann müssen die ausgebluteten Freunde sich auch noch eine Performance einfallen lassen, was Lustiges oder was Rührendes, am besten beides. Denn beim Hochzeitsfest müssen nicht mehr die Liebenden originell sein (wozu sie nach den Vorbereitungen sowieso zu erschöpft sind), sondern die anderen.

Was in meiner Jugend völlig verpönt war – wie spießig! – und heute umso beliebter ist: die Hochzeitsliste. Gibt's sogar für den

Honeymoon – »Traveler's Joy« übernimmt. Die Hochzeitsliste ist weniger Wunschzettel als Bestellung und kommt inzwischen eher online daher denn als real aufgebauter Gabentisch im Kaufhaus oder Haushaltsgeschäft. Kann man auch auf Amazon anlegen. »Bei einer Auswahl von 250 Millionen Produkten ist es kinderleicht, Ihre ganz persönliche Hochzeitsliste zu erstellen«, heißt es dort. Kinderleicht? Bei 250 Millionen Produkten würde ich kapitulieren.

Interessant, was auf der Amazon-Hochzeitsbestsellerliste so steht. Neben dem Erwartbaren wie Bügeleisen, Weingläser und KitchenAid auch eine Anleitung zum Steuersparen, eine Nagelhautschere und eine Nostalgiehupe.

Natürlich gibt es romantischere Gaben. Gemälde, die noch Jahrzehnte später erfreuen. Oder familiäre Erinnerungsstücke, die weitergereicht werden. Nicht nur Schmuck. Es dürfen auch Servietten sein, die die Urgroßmutter der Braut zu ihrer Hochzeit bekommen hat. Und wahre Freundschaftsgaben: Hilfe bei der Vorbereitung des Fests. Respektvoll, ohne selbst die Zügel in die Hand nehmen zu wollen. Soll ich Saxofon spielen? Ja! Beim Fest fotografieren? Jaa! Spiele vorbereiten? Nein danke.

Das schlimmste Hochzeitsgeschenk: die Sitte, die Braut dem Bräutigam in der Kirche zu übergeben. »To give away the bride« – als wäre sie tatsächlich ein Präsent für den Mann. Ganz zu schweigen von der Ablösesumme, die in manchen Kulturen gefordert und bezahlt wird.

Das liebevollste Hochzeitsgeschenk hat eine Freundin von mir bekommen, und es hat weder Stecker noch Schleife. Nachdem ihre erste Ehe in die Brüche gegangen war, ruft der Trauzeuge der zweiten jedes Jahr am Hochzeitstag an, ob alles in Ordnung ist oder ob er etwas tun soll. Muss er nicht, alles prima. Aber die Aufmerksamkeit und Fürsorge tun ihr gut.

Emotionale Arbeit: Frauen und Männer

Neulich war ich in Magdeburg, im Dom und im Museum, das dazugehört, und habe zum ersten Mal von einer Sitte gelesen, die offenbar alle kennen außer mir: der Morgengabe, dem Präsent nach vollzogener Hochzeitsnacht. Otto der Große schenkte seiner Frau Edgitha, die er tatsächlich geliebt haben soll und nicht nur aus machtstrategischen Gründen heiratete, am Tag nach der Trauung, nein, keinen Kochtopf und auch keinen Ring, sondern gleich ganz Magdeburg. Das war zwar noch keine Industrie- und Hochschulstadt von ein paar Hunderttausend Einwohnern, aber trotzdem – spendabel.

Damals diente das Präsent wohl nicht zuletzt der materiellen Versorgung der Gattin, falls der Mann vor ihr verstarb. So wie die vielen Goldgaben, die meine Freundin Karin aus Teheran zur Hochzeit empfing, für den Fall der Trennung. Immer hatte es aber auch was Sexistisches – das Geschenk als Belohnung für die aufbewahrte Jungfräulichkeit und deren Hingabe. (Interessant: steckt auch die *Gabe* drin.) Heute, da die Unschuld in der westlichen Welt auf beiden Seiten in der Regel schon lange passé ist und die Versorgung im Falle der Scheidung einigermaßen gesetzlich geregelt, kann die Morgengabe zur romantischen Überraschung werden. Von Mann zu Frau, von Frau zu Mann.

Aber dann! Mit der Hochzeit scheint häufig zementiert zu werden, was sich genau genommen wohl oft schon vorher im Alltag des Zusammenlebens angedeutet hat: der Rückfall in alte Rollenmuster, die sich, wenn Kinder hinzukommen, noch vertiefen: *Sie* wird zur Kümmerin. Meist sind es die Frauen, die Geschenke besorgen, selbst für die Familie des Mannes, sind diejenigen, die überhaupt daran denken, dass jemand Geburtstag hat, etwas kaufen und einpacken, eine Karte schreiben, sie sind diejenigen, die den Kuchen backen und die Blumen auf den Gabentisch stellen …

Die Rollenverteilung lässt sich leicht erklären: als Überbleibsel alter Zeiten, als die Herren das Haus verließen, um das Geld zu verdienen, und die Damen am Herd blieben, sich um alle häuslichen und familiären Dinge kümmerten. Ein solches über Jahrhunderte eingeübtes Verhalten lässt sich offenbar auch im Zeitalter der berufstätigen Frau ganz schwer wieder entlernen. Dabei ist dieses garantiert nicht von der Natur und Gott gegeben. Ausgerechnet in Mexiko zum Beispiel, der Heimat des Machismo, erzählt der Kultursoziologe Gerhard Schmied, beteiligen sich beide Geschlechter an der Auswahl von Geschenken. Oft kaufen sie auch gemeinsam ein. Allerdings wird dabei seine Familie stärker bedacht als ihre. Ohne Hierarchie geht's nicht.

Umso stärker ist dann offensichtlich auf Seiten der Frau das Bedürfnis, auch mal an der Reihe zu sein und wahrgenommen zu werden. Und schon kommt das Weibchenschema wieder hoch: Frau erwartet, dass Mann an den Hochzeitstag denkt und ihr was schenkt, Mann vergisst den Tag, Frau ist enttäuscht.

Die französische Soziologin Marie-Françoise Hans hat beobachtet, dass selbst Frauen, die sehr gut verdienen, von ihrem Ehemann immer wieder Geschenke fordern als Zeichen dafür, dass er an sie denkt. »Und vor allem: als Zeichen ihrer Weiblichkeit.« Sie ist die Schwache, die was bekommt, die erwartet, dass er im Restaurant zahlt. *Diamonds are a girl's best friend*, hat Marilyn Monroe gesungen. Wobei Mädchen aller Altersgruppen sich heute eigentlich ihre Freunde gern selbst aussuchen. Und inzwischen gibt es wohl auch einige Frauen, die sich Schmuck eigenhändig kaufen, statt darauf zu warten, dass ihnen den jemand zu Füßen legt.

Wie steht es umgekehrt? Marie-Françoise Hans erzählt von einer Werbekampagne, schon einige Jahre her, in der ein Mann einen Diamanten trägt, von dem er sagt, *sie* habe ihm den geschenkt. Die Kampagne ist gefloppt. »Männer weigern sich, Diamanten-Geschenke zu bekommen. Wenn schon, so wollen sie sich diese selber kaufen. Anders gesagt: Ihre Männlichkeit wäre in Frage gestellt.«

Seine Vergesslichkeit, übrigens, gerade beim Hochzeitstag, kompensiert Mann gern mit überdimensionalen Gaben. Überhaupt neigt *er* zum Großen, das haben Umfragen immer wieder ergeben: Männer schenken seltener, dafür wertvoller. Frauen geben häufiger und dann eher viele, weniger kostspielige Präsente. Und wenn sie eine teure Sache kaufen, dann legen sie zumindest noch ein paar Kleinigkeiten hinzu.

Inzwischen hat das Ungleichgewicht der Geschlechter sogar einen Namen. Oder zwei. »Mental load« besagt, dass immer *sie* an alles denken muss. Eine 66-Jährige erzählt, das enttäuschendste Präsent ihres Lebens habe sie zum 40. Geburtstag bekommen. Von ihrem Mann: Groß ausführen wollte er sie. »Leider hatte er vergessen, dass unsere Kinder während dieses Abends eine Betreuung gebraucht hätten …«

»Emotionale Arbeit« ist der andere Begriff, unter den auch die Organisation des Schenkens fällt. Denn was einmal Vergnügen war, mutiert im immer komplexeren Geflecht des Kosmos Familie mit all den sozialen Verpflichtungen zu einer zeitfressenden Tätigkeit. Für lau. Und die alten Muster werden durch *gender gap* verstärkt: Weil sie immer noch weniger verdienen, sind Frauen auch diejenigen, die eher um der Kinder willen ihre Stellen reduzieren, also mehr zu Hause sind und sich wieder um die Gaben kümmern … »Die Tatsache, dass Frauen auf der ganzen Welt so viel Arbeit erledigen, die nicht kompensiert, nicht wahrgenommen und bei der sie nicht unterstützt werden, ist Teil des Problems«, erklärte Gawain Kripke, Direktor für Strategien bei Oxfam America anlässlich des Davoser Wirtschaftsgipfels 2020.

In Japan gehört das Kümmern und ganz explizit das Schenken als Gabe zur Tugend einer guten Ehefrau, die sich den Geschenkgepflogenheiten der Familie, in die sie einheiratet, anzupassen hat. Auch dort ist sie die Hauptkümmerin, ihr Charakter wird, zumindest in traditionellen Kreisen, beurteilt nach ihrer Fähigkeit zu geben. Und natürlich zu verpacken.

Das bleibt dem japanischen Mann erspart, obwohl es vor allem um seine Beziehungen geht, die auf diese Weise gepflegt werden. Von hinten durch die Brust ins Herz: Indem eine Frau der Gattin des Bosses oder Vermieters ihres Mannes beziehungsweise Sohnes etwas schickt und nicht er selbst, wird die Gabe weicher, sanfter – und riecht weniger nach der Bestechung, die man als Westler darin sehen würde. So hat das Präsent mehr von einem Dankeschön dafür, dass der andere sich um den Gatten oder Sohn gekümmert hat, verbunden mit der unausgesprochenen Bitte, das auch weiter zu tun. »Es sind Frauen«, so die Forscherin Katherine Rupp, »die Objekte an Frauen schicken, zum Wohle der Beziehungen zwischen den Männern.«

Männer bewegen sich traditionell in der Welt des Warentauschs – Frauen in der sogenannten »*gift economy*«. Das bedeutet auch, so Lewis Hyde in seinem Klassiker *Die Gabe*, dass das Geben einen Mann nicht männlich macht. Das Nehmen ebenso wenig. Hyde zitiert aus Emily Posts Ratgeber *Etiquette* von 1922, einen Benimmführer, der heute noch in aktualisierter Form erscheint, dass »*gift showers*«, Feste, deren einziger Sinn darin besteht, Präsente zu überreichen, für drei Personengruppen angemessen seien: werdende Mütter, werdende Bräute und den

neuen Pfarrer. Ein Mann also, der weibliche Aufgaben übernimmt, indem er sich um andere kümmert. Hyde nennt so etwas
»*labor*«, im Unterschied zu »*work*«. Interessante Wortwahl. *Labor* kann man mit *Mühe* übersetzen. Es ist aber auch das Wort
für Wehen. Zum Glück ist die Formulierung »Sie hat ihm einen
Sohn geschenkt« nicht mehr gebräuchlich.

Was aber schenkt man nun einem echten Mann?

Im Kreuzberger Männergeschenkeladen »Herrlich«, der sich
jetzt schon seit 2002 gut hält, gibt es die Kategorien Accessoires
(Gürtel …), Wohlfühlen (Rasierwasser …), Arbeiten (Rollcon-
tainer …), Zuhause (Spiele …), Kochen (Grillzange …), Outdoor
(Multifunktionstool). Im Prospekt eines gehobenen Gift-Shops
werden »die Lieblingsstücke« nach Geschlechtern getrennt auf-
geführt. Für Sie: Blumiger Regenschirm nach einem Motiv von
Monet, bunte Kette, Seidenschal »Der Kuss«… Für Ihn: Schreib-
schatulle, eine Skulptur, Metall auf Marmorsockel, mit dem Titel
»Erfolgsspirale«, Herrenschal, farbige Stierfigur. Kraftstrotzend.

Wer im Internet nach Männergeschenken sucht, stößt auf:
Fallschirmspringen & Bungeejumping, Outdoor Survival Camp,
Baggerfahren, Ferrari-Spritztour, Golfschläger, Edel-Füllhalter,
Grillset, Whiskeygläser, alles aus Leder, alles, was schwarz ist,
Multitool, Taschenmesser, überhaupt: Messer, je schärfer, desto
lieber, Alkohol, je höherprozentig, desto männlicher, die Gin-
Mode scheint immer noch nicht passé zu sein, Craftbeer geht
zur Not auch, aber da hat man mehr zu schleppen. Besser noch:
das Set zum Selberbrauen. Überhaupt, DIY-Ausrüstung. Außer-
dem findet man im Internet bumsende Karnickel als Salz- und
Pfefferstreuer, selbstumrührende Kaffeebecher und Eiertrenner
»Rotznase«.

Mannomann – so werden wir nie erreichen, dass Jungs Blumen kriegen.

Ob die Herren schwerer zu beschenken sind, darüber gehen die Meinungen auseinander. »Auf jeden Fall« sagt Julia, die Anfang dreißig ist. »Weil man sich oft nicht traut, sie sinnlich zu beschenken: mit gutem Essen, schönem Tuch, edlem Duft oder Blumen. Da muss man an sich selbst als Schenkendem arbeiten.«

»Nö!«, meint die eine. »Finde ich nicht«, sagt die andere: »Es ist ja immer eine Frage der Zeit, die man investiert, um über ein passendes Geschenk nachzudenken.« Kommt auf den Mann an, sagt die Vierte. Darauf, wie gut sie ihn kennt, was für Interessen er hat. Da fangen die Probleme aber schon an. Was für Interessen? Statistisch gesehen lesen sie zum Beispiel weit weniger als das weibliche Geschlecht. Und wenn Bücher – dann vorzugsweise was Historisches, auf jeden Fall Sachliches. Wenn Belletristik, dann Thriller oder Science-Fiction.

Männer sind leichter, findet mein Neffe: Ihre Präsente sollen praktisch sein oder Spaß bringen. Auf seinem Wunschzettel steht seit ungefähr dreißig Jahren ein ferngesteuertes Flugzeug. Technisches Spielzeug, Autozubehör – auch Benjamins Vater findet, Männer zu erfreuen sei ganz einfach: »Denen kannst du immer was aus dem Baumarkt schenken.«

Aber ich hab' doch mit Dübeln, Bohrmaschinen und Motoren jedweder Art nix am Hut! Gut, dass es sie gibt und dass Menschen sie beherrschen (da lasse ich mich auch zu gern in Form von Hilfeleistungen großzügig beschenken) – aber ich verbinde keine Gefühle damit. Und ich kann nichts geben, womit ich nichts anfangen kann, was mir nicht gefällt. (Ausnahme: bei Kindern und Jugendlichen.) Schade, dass viele Männer mit hübschen Schüsselchen, schönen Vasen und duftenden Zitronenseifen so wenig anfangen können. Ein Geschenk muss für mich immer etwas sein, was uns beide verbindet.

Das hält der Soziologe Helmuth Berking für einen weiblichen Makel. In seiner Habilitationsschrift zum Schenken, die in den neunziger Jahren (wohlgemerkt: des 20., nicht des 19. Jahrhunderts) auch als Buch erschien, erklärt er: Nachdem in der Phase des Werbens der Mann als der potentere Schenker auftritt – für ihn vor allem eine Sache des erfolgreichen »impression managements« –, wende sich mit der Etablierung der Beziehung das Blatt. Jetzt »beginnt die zivilisatorische Pädagogik des weiblichen Geschlechts und mit ihr die als Fürsorglichkeit getarnte ästhetische Erziehung der Männer. Von nun an bis der Tod euch scheidet oder ihr bessere Gründe findet, auseinanderzugehen, beherrschen die Frauen das Stück mit eher überraschungsarmen, aber zielbewussten Interventionen, in denen vor allem Kleidung und körperbezogene Gegenstände als Geschenke fungieren.«

Noch mehr Stereotype gefällig?

Männer besorgen ihre Gaben oft last minute.

Frauen sind aufmerksamer und machen sich mehr Gedanken.

Männer, sagt ein 37-Jähriger, schenken praktisch, schlecht oder gar nicht.

»Männer sind süß«, sagt die 52-Jährige, »weil sie im Schenken bisschen trottelig sind.«

»Frauen schenken emotionaler, überlegter, dekorativer«, sagt der eine, »Frauen sind oft fantasievoller und die Geschenke herzlicher«, der andere.

Männer lassen sich eher beraten.

Frauen informieren sich geduldiger.

Frauen sind wählerischer.

Frauen machen sich mehr Gedanken.

»Frauen haben einen höheren ästhetischen Anspruch«, glaubt ein 30-Jähriger, »legen Wert auf Farbkonzepte und Pipapo, ganz zu schweigen von Anforderungen an Klamotten.«

Männer sind spontaner.

Männer freuen sich anders.

Tut mir leid, Sie müssen hier durch die ganze Klischeekiste.

Männer, so heißt es, sind klarer in ihren Wünschen. Irgendwo habe ich gelesen, dass sie sich auch besonders über Dinge freuen, die sie sich gewünscht haben. Was ich ja eher langweilig finde. Umgekehrt brauchen sie allerdings auch dringend konkrete Hinweise.

Frauen, glaubt eine Freundin, trauen sich mehr. »Hat ja auch etwas damit zu tun, zu zeigen, dass man sich um jemand anderen Gedanken macht, sich Mühe gibt, ihn oder sie zu erfreuen. Was Männer vielleicht mit Schwäche verwechseln.«

Ja, selbst bei der Übergabe soll es Unterschiede geben, glaubt meine Kusine. »Männer wollen es loswerden, Frauen freuen sich über den Moment, zelebrieren ihn.« Ein Geschenk von Mann zu Mann kommt schon mal direkt von Amazon oder wird in Zeitungspapier eingewickelt überreicht.

Was unser Geschlecht vielleicht doch vom andern lernen kann, ist Gelassenheit.

Wenn ein Geschenk von Mann zu Mann danebengeht, hat mein kleiner Bruder beobachtet, ist es nur halb so schlimm. »Weil es nichts macht, wenn es nicht passt. Dann lacht man drüber und ist auch okay.« Bei Frauen, glaubt mein Freund Edmund, ist es schwerer, den Geschmack genau zu treffen. »Man wandelt immer auf einem schmalen Grat, rechts und links tiefe Gräben des Nichtgefallens.« Man kann, glaubt ein 37-Jähriger, bei Frauen so viel falsch machen. Weil sie selbst die Gaben mit so viel Herz und Gefühl aussuchen, nähmen sie auch alles als Zeichen von Liebe. Oder umgekehrt als deren Mangel.

Gelassenheit ohne Gleichgültigkeit, Herz ohne Schmerz – was für eine Herausforderung!

Trennung

Und was, wenn die Ehe in die Brüche geht? Im Iran denkt man am Anfang das Ende schon mit. Als meine Freundin Karin ihren Freund aus Teheran heiratete, bekam sie von seiner Verwandtschaft, vor allem der weiblichen, viele kleine Schmuckstücke aus Gold. Eine übliche Vorsorgemaßnahme zur Absicherung der Frau, wie sie erzählt. Ohrringe, Ringe, eine Kette – das meiste nicht Karins Geschmack. Dreißig Jahre lang schlummerte der Schatz in einer Schachtel ganz hinten im Schrank. Bis sie am Hals einer Goldschmiedin eine wunderschöne Gliederkette entdeckte. Wie viel? 3000 Euro. Zu viel. Dann fragte die Juwelierin, ob sie nicht noch altes Gold zu Hause habe. Das könne sie einschmelzen und in die Kette einarbeiten. Eine Stunde später stand Karin bei ihr im Laden. Das Gold reichte für Kette *und* Arbeitslohn. »Heute ist sie mein liebstes Schmuckstück, sehr elegant und schlicht, und die Erinnerungen an all die iranischen Frauen, die mein Leben begleitet haben und heute zum Teil verstorben sind, trage ich nicht nur im Herzen, sondern sichtbar bei mir. Nach dreißig Jahren waren diese Hochzeitsgeschenke endlich ein großer Erfolg.«

Happy End. In jeder Hinsicht: Nach einer sehr schmerzhaften Trennung sind sie und ihr Ex inzwischen engste Freunde.

Schwieriger wird es mit den Beweisen der gegenseitigen Zuneigung. Was macht man damit, wenn die Liebe vergeht, der andere einen betrogen hat, nun eine neue Flamme mit Aufmerksamkeiten füttert? Schmeißt man die Relikte weg, weil man den anderen nicht mal mehr in der Erinnerung ertragen kann, der Anblick eines Präsents so wütend macht oder schmerzt, eben weil nur noch die Vase da ist, nicht aber der Mann? Darf man die Wolldecke, die einem die Ex einst schenkte, immer noch mögen, wenn diese unschuldige Decke die aktuelle Partnerin eifersüchtig macht?

Die New Yorker Künstlerin und Autorin Leanne Shapton, von der Umschlag und Vorsatzpapier dieses Buches stammen, hat 2009 einen wunderbaren Fotoroman geschaffen, in dem sie die Geschichte eines fiktiven Paares von dessen Anfang bis zum Ende in Form eines Auktionskataloges erzählt – »Bedeutende Objekte und persönliche Besitzstücke aus der Sammlung von Lenore Doolan und Harold Morris, darunter Bücher, Mode und Schmuck«. Vorneweg hat sie ein Zitat von Novalis gestellt: »Wir suchen überall das Unbedingte, und finden immer nur Dinge.«

Durchnummeriert, von 1001 bis 1332, werden ebendiese Dinge, viele davon ausgefallene Gaben, Karten und Botschaften, im nüchternen Katalog-Ton beschrieben. Nummer 1008 zum Beispiel, »ein hell gemustertes Baumwollshirt mit auffälliger Pailletten-Applikation (…). Anbei befindet sich eine Postkarte aus dem Museum of Modern Art, die eine Fotografie von Wolfgang Tillmans zeigt und das Shirt als Geschenk ausweist. Darauf eine kurze Kugelschreiber-Notiz von Morris an Doolan. Wortlaut: ›Nie kauft mir jemand was zum Anziehen.‹«

Sie schickt ihm zu Weihnachten ein kleines Stoffkänguru, das *er* sich auf den Nachttisch stellt. Und ein selbstgebackenes Buttercremetörtchen, das er umgehend verschlingt. Dazu gibt's Musik, Lektüre und ein lavendelfarbenes Hemd. So was dürfen wirklich nur schwer Verliebte schenken, in jener Anfangszeit, wo alles Bedeutung hat, selbst der Zettel aus dem Industrie-Glückskeks. Es werden Küsse verschickt, Badehosen und Unterwäsche.

Bis irgendwann Beschwerden kommen: »Ich liebe meinen neuen Pyjama, aber ich hab langsam zu viele davon«, schreibt *sie* an *ihn*. Ihm ist der Reisewecker zu schwer, den sie ihm, der eigentlich nur noch unterwegs ist, überreicht. Es ist die Zeit, in der die Präsente schal, zum Ersatz für wahre Gefühle werden. So wie die Uhr von Hermès als Entschuldigung, der belehrende Geschenkgutschein für einen Kochkurs zum 40. Geburtstag: »Der Ketchup ist für den Hal der Vergangenheit, das Hemd für den Hal der Gegenwart, der Kochkurs für den Hal der Zukunft.« Spätestens da weiß man, dass es aus ist, selbst wenn es noch ein paar Jahre weitergeht. Besser gesagt, läppert. Geschenke, die den anderen erziehen sollen, sind nicht erlaubt. Schon gar nicht in einer Beziehung. Der Gutschein wird nie eingelöst. Irgendwann ist es aus. Am Ende wird selbst die Mix-CD versteigert.

Im wirklichen Leben ist das Auktionshaus keine Option, da muss man sich einigen. Genauso wenig die Reklamation. Geschenkt ist geschenkt, wiederholen ist gestohlen, heißt es bekanntlich. Wer es doch tut, womöglich gar seinen Ring zurückverlangt, macht sich unmöglich.

Und dann gibt es ja noch all die anderen Präsente, um die man sich bei einer Trennung kümmern muss: die man als Paar bekommen hat, zur Wohnungseinweihung, zur Hochzeit, als Dankeschön für Gastfreundschaft. Das Nymphenburger Geschirr, das meine Eltern zur Verlobung erhielten, haben sie bei der Scheidung fifty-fifty geteilt. So sauber lässt sich das Gut selten separieren. Meine Freundin Corinne und ihr Gatte ließen sich zur Hochzeit von Freunden und Verwandten einen Beitrag zu einem Gemälde schenken, das sie sich ausgesucht hatten. Ihr Pate gab den Rahmen dazu. Bei der Trennung entschied *sie* sich für das Bild – *er* fürs gemeinsame Auto. Die Prioritäten waren klar verteilt, vielleicht auch ein Indiz für die Inkompatibilität der beiden. »Das Bild habe ich heute noch. Es hängt in meinem Schlafzimmer, und ich sehe es jeden Tag. Das Auto ist schon lange weg.«

Die Allerbesten

Soziologen neigen zum Pessimismus, zumindest wenn es ums Schenken geht. Elfie Miklautz zum Beispiel spricht von einer »romantisierenden Idealisierung des Gabentausches«: »Die solcherart konstruierte soziale Mythologie, in der Altruismus, Freiwilligkeit, Großzügigkeit und Freiheit über kalkulativen Eigennutz dominieren, sagt mitunter mehr über die Wunschträume der Untersucher als über das soziale Leben der Untersuchten aus.«

Peng.

Meine eigenen Erfahrungen und all die Geschichten, die ich erzählt bekam, sprechen eine andere Sprache. Ja, es gibt sie, die verletzenden und die berechnenden Präsente, von ihnen ist schon die Rede gewesen, einige haben sich auch tief ins Herz gebohrt. Aber noch mehr gibt es die anderen, die schönen, originellen, berührenden, überraschenden, lustigen, nachhaltigen, jene, die man – Derrida hin oder her – niemals vergessen wird.

Was die allerbesten Gaben fast alle gemeinsam haben: dass man sie sich nicht hätte kaufen können. Zum Beispiel, weil man gar nicht auf die Idee gekommen wäre, so naheliegend sie auch ist – wie bei dem Toaster, den mein Schwager mir einmal zu Weihnachten übergab, womit er mir anhaltende Freude bescherte. Toast war für mich bis dahin immer mit Englandurlaub verbunden. Wenn ich zu Hause mal welchen machen wollte, habe ich das Brot im Ofen geröstet. Schön dumm. Ich liebe meinen Toaster, der mich immer wieder nach England beamt.

Vielleicht ist die Überraschung am gelungensten, wenn man gar nicht weiß, dass es so etwas wie die kleinen Väschen gibt, die meine Schwester mir mal geschenkt hat und die meine Tafel schmücken, wenn Gäste kommen. Oder wie der Stempel, den meine andere Schwester mir zu Weihnachten gab, mit dem ich jetzt das Wort »Geschenkt« überall draufdrucken kann.

Möglicherweise liegt der Laden, aus dem eine Gabe stammt, in einer anderen Stadt, einem fernen Land. In Kairo beispielsweise. Dort hat meine Freundin Karin einmal ihren Sohn besucht, als er da studierte. Es war, aus irgendeinem Grund, eine Zeit der Spannungen. »Wir hatten es nicht leicht miteinander.« An einem Tag gingen sie in einen Künstlerladen, wo sie eine Holzbox sah, wunderschön bemalt. Sie hat ein Faible für Holzkisten, anstelle von Schränken hätte sie am liebsten nur Kisten um sich rum. So gut diese ihr gefiel, schweren Herzens entschied sie sich dagegen. Sie wusste ja nicht mal, wie sie sie nach Deutschland schleppen sollte. Ein paar Monate später kam ihr Sohn zurück – und brachte ihr die Kiste mit. »Ich spürte, dass es ihm nach unserer kleinen Krise besonders wichtig war, mir eine echte Freude zu machen. Dieses Geschenk, das in meinem Wohnzimmer einen Ehrenplatz einnimmt – in der Box hebe ich wichtige Briefe auf, vor allem die meiner verstorbenen Mutter an mich –, hat mich sehr gerührt.«

Oder man könnte sich das Objekt der Begierde gar nicht kaufen, weil einem schlichtweg das Geld fehlt. Wie dem Schüler und angehenden Grafiker, der ein brandneues MacBook Pro mit 15 Zoll Bildschirmdiagonale, für sagenhafte 2500 Euro, sein Traum, von seinem Vater tatsächlich zum Abitur erhielt, nachdem er erwähnt hatte, dass er so was eigentlich zum Arbeiten bräuchte, woraufhin der Vater dann, ganz nebenbei, meinte, dann kaufen wir das jetzt. Damit war die Berufswahl besiegelt.

Es gibt auch Dinge, die erst als Präsent ihre Bedeutung bekommen. Die zweite Frau meines Vaters erzählt von dem Bilderrahmen, den sie von ihrem hochbetagten Schwiegervater bekam, für sie ein Zeichen, dass dieser sie endlich akzeptierte. »Hat lange gedauert.«

Aber die allerbesten Geschenke, das sind die, die es nirgendwo zu kaufen gibt. Das schönste Präsent ihrer Kindheit, sagt eine 17-Jährige, seien die Geschichten ihres Vaters gewesen, und später der Auslandsaufenthalt in Costa Rica, der ihr eine ganz neue Welt eröffnet hat. Oder der Patenonkel, der am Ende der Hochzeitsfeier einfach bleibt, während alle anderen schon ins Bett gefallen sind, dann Helene Fischer aufdreht und gutgelaunt die Reste der langen Nacht aufräumt. (Am Ende war er dann leider doch so erschöpft, dass er in der S-Bahn einschlief und beklaut wurde.)

Die ganzen Reisen, die ich bekam und dann gemeinsam mit den Gönnern unternahm, hätte ich so nirgends kaufen können. Der Ausflug an den Stechlinsee, den mir eine Freundin geschenkt hat, wo ich nur einmal kurz nach der Wende und dann nie wieder war, obwohl ich mich, die Fontane so liebt, immer wieder dahin gesehnt habe. Die Fotobücher, die meine Schwippschwägerin von meinen Festen gemacht hat, die Alben, die meine Freundin von unseren Reisen füllte, die Kalender, die meine Nichte mit Bildern zusammenstellte – ich hätte sie in keinem Laden gefunden. So viel Zeit und Arbeit, um mir eine Freude zu machen, Erinnerungen für immer zu schaffen.

All die Geschichten übers Schenken, die mir Freunde und Familie anvertrauten, gehören zu diesen schönsten aller Gaben. So erzählte meine Schwägerin, wie sie, noch zu DDR-Zeiten, einen Professor für Erziehungswissenschaften aus dem Westen in Prag kennenlernte. Sie hatten nur einen Tag Zeit zum Reden in einem schönen Café, danach reisten beide zurück in ihr jeweiliges Land. Eines Tages bekam sie ein Päckchen von ihm. Er hatte ihr ein leeres Tagebuch gestaltet. Die Seiten von außen vergoldet, die Cover wild bemalt. Und auf der ersten Seite der Satz: »Eines Tages, nach einem unruhigen, aber erträglichen Sommerabend, es duftete nach Kaffee im Haus, begann Steffi folgenden ersten Eintrag in ihr Tagebuch.«

»Was für ein Geschenk! Nie zuvor hatte ich ein Tagebuch geführt. Wie kam er darauf? Ich traute mir nicht einmal zu, den kürzesten Satz zu schreiben.« Es war wie eine Befreiung. »Ein Weg in meine eigene Kreativität. Ich begann tatsächlich, ungelenke Einträge zu machen. Und ein Weg in die Freiheit, von einem flüchtig getroffenen Westler, der später eine wichtige Rolle auf meinem Weg ins andere Deutschland spielen sollte.«

Das ungeheuerlichste Geschenk, das ich selbst je bekam, haben mir meine Kollegen gemacht. Ich benutze den Superlativ mit Bedacht. Kein anderes wird es je toppen.

Eine Überraschung zu meinem 60. war das. Eigentlich hatte ich ihnen gesagt, sie bräuchten sich nichts Besonderes für mich auszudenken, wirklich nicht. Sie hatten mich ja schon zwei Mal so reich beschert. Zum 50. hatten sie mir eine Zeitungsseite gestaltet, in der sie mich zur Nachfolgerin der britischen Königin geadelt hatten, Queen Sunny I., und in der eine Kollegin von einem außergewöhnlichen Feuerwehreinsatz berichtete, bei dem eine Schönebergerin aus einem Geschenkbandknäuel geschnitten werden musste. »Die Frau, die dafür bekannt ist, unter Zeitdruck zu stehen, hatte sich beim eiligen Einpacken von Präsenten derart verheddert, dass sie sich nicht mehr selbst befreien konnte.« Dem Hausmeister sei die Frau schon länger verdächtig gewesen: »Kann jemand so viele Freunde haben, wie diese Frau Päckchen packt?«

Und dann bei meinem großen Fest der Befreiung, mit dem ich mich selbst beschenkte nach einer drei Jahre währenden, äußerst schmerzhaften Schreibkrise, unter der meine Umgebung so schwer zu leiden hatte wie ich: Da traten sie als Guerillatruppe zu meiner Rettung auf, im passenden T-Shirt mit meinem Konterfei samt Schießgewehr, und drohten jedem, der es wagte, noch mal mit einer Idee für ein Buch auf mich zuzukommen, mit dem sofortigen Entzug von Essen und Trinken. Wenn nicht Schlimmerem. Siehe Gewehr.

Meine Kollegen hielten sich nicht an meine Vorgaben.

Zwei Tage nach meinem eigentlichen 60. Geburtstag, einen vor dem großen Fest, sollte ich mir am Nachmittag die Stunden von drei bis fünf freihalten, hatte meine Schwester Bine gesagt. Ich dachte, die Familie will mich mit was beglücken, Teatime oder so, von der Tageszeit her kam es ja hin. Aber große Gedanken habe ich mir nicht gemacht, dazu hatte ich gar keine Zeit, es gab so viel vorzubereiten. Ich hatte nur gefragt, ob ich mich feinmachen sollte. Bine sagte: Nö. Also wohl doch keine Teatime.

Zu viert packten wir uns dann in meinen alten Punto, Schwester, Nichte, Neffe und ich, und fuhren durch Berlin, um alle Baustellen herum, wir kamen ins Schwitzen, so schwül war es an diesem Tag im August, und vertrieben uns die Zeit mit ein bisschen Rätselraten. Bungeejumping? Nee, ich wusste, dass niemand so gemein sein würde, mir so was zu schenken. Erst kurz bevor wir vor der Galerie ankamen, die meinen Bruder vertritt, ahnte ich, dass sie das Ziel sein würde, wusste aber noch immer nicht, was dort stattfinden könnte. Auf das Naheliegendste – eine Ausstellung – kam ich nicht. Ich bin nämlich künstlerisch hoffnungslos unbegabt. Auf dem Zeugnis hatte ich immer eine Vier, selbst als ich Arbeiten meines Künstler-Bruders als meine ausgab, änderte sich nichts daran. Mein Ruf war da schon ruiniert.

Wir waren angekommen, die Galerietür ging auf, der Herausgeber unserer Zeitung trat heraus, um nach Luft zu schnappen, die Schwüle setzte ihm zu. Immerhin, da wusste ich, es hat was mit der Redaktion zu tun. Wir traten ein – ich liebe das Ausstellungsgebäude, ein gläserner Pavillon aus den fünfziger, sechziger Jahren der DDR –, der Blick ging hoch, dort standen sie, Kollegen und Ex-Kollegen, Freunde, Familie, Nachbarn, Kinder, Verlagsleute. Mir kamen die Tränen. Ich ahnte noch immer nichts.

Und dann stand ich mittendrin: in meiner eigenen Ausstellung, deren Titel lautete: »Late Delivery/Last Minute. Eine Retrospektive«, kuratiert von der Redaktion Sonntag. Laufzeit: vier Tage, 1. bis 4. September 2017. Ich wurde zu einer der wichtigsten Vertreterinnen der »Office Art« im deutschsprachigen Raum erklärt. »Ihre Installationen an der Schnittstelle von Journalismus und Kunst verhandeln Herausforderungen und Unübersichtlichkeit der post-fordistischen Epoche.« Der Titel, so hieß es in dem Erklärblatt, sei ein ironisches Spiel mit meiner Tendenz zur Selbstausbeutung. Andere, ich zum Beispiel, würden sagen: mit meiner Neigung, immer erst auf den letzten Drücker mit meinen Texten fertig zu werden.

Im Mittelpunkt stand die Installation »The Desk«, 1989 –, ein Reenactment meines überbordenden Schreibtisches in der *Tagesspiegel*-Redaktion, in der ich seit jenem Jahr arbeitete: »Der berühmteste Teil von Kippenbergers Œuvre«, so die Erklärung, »steht emblematisch für die Welt, in der wir leben. Als langfristig angelegte und bis heute unvollendete Studie befindet sich ›The Desk‹ im Werden und Vergehen: Büchertürme und Papierberge wachsen, werden immer wieder abgeräumt und durch Neues ersetzt; der Strom der Informationen und Produkte hat kein Ende.«

Alles war da, alles war echt! Bis hin zu den Kirschtomaten zwischen den Papierstapeln – und dem oberen Teil des Kopfes meines Gegenübers, Björn, den sie gezeichnet hatten, wie ich ihn über dem Computer herausragen sah.

Außerdem gab es eine Fettecke, Anspielung auf Beuys wie auf meine Süßigkeitenschublade im Büro, mit reichlich Lakritz, sowie eine Videoinstallation »One Finger Method«: Ich tippe alles – auch dieses Buch – mit einem einzigen, dem Zeigefinger. Der linke Daumen ist für die Großschreibung zuständig. »Ist Perfektion nötig, um Höchstleistungen zu vollbringen?«, so fragte der Begleittext. »›One Finger Method‹, eine Meditation über die Arbeit als einzige Sisyphos-Übung, verneint diese Frage. Auch ein Finger kann – Energie und Hartnäckigkeit vorausgesetzt – sehr lange Texte produzieren. Ein Plädoyer für die Unvollkommenheit.«

Damit nicht genug. Esther, Julia, Björn, Andreas, Moritz, Ulf, Mine und Sabrina hatten meine gesammelten Werke aus 28 Jahren *Tagesspiegel* eins zu eins ausgedruckt und damit einen ganzen Raum in der Galerie Capitain Petzel tapeziert, Wände, Decke, Fußboden, alles war bedeckt. Mein ältester Kollege gab eine Einführung in mein »Frühwerk«.

Es gab Reden und Sekt, von meinem Lieblingswinzer aus der Pfalz, und noch eine Überraschung: eine ungeladene Gästin (aber das wusste ich nicht, ich dachte, wer ist diese Frau, an die ich mich mal wieder nicht erinnern kann, sie muss doch was mit mir zu tun haben), die ebenfalls eine Rede hielt, die keiner so richtig verstand – eine Fremde, so stellte sich raus, die einfach den Namen Kippenberger gesehen hatte und in die Galerie hineinmarschiert war. Die Kinder machten sich über die Fettecke her – nicht ohne vorher gefragt zu haben –, meine Kollegin Elisabeth, in der Zeitung zuständig für die Gesellschaftsberichterstattung, machte sich Notizen für einen Vernissagebericht, und abgesehen davon, dass ich für meine eigene Ausstellungseröffnung underdressed und unterfrisiert war – meinen Geburtstagsfriseurtermin hatte ich unmittelbar im Anschluss –, war alles wunderwunderschön.

Heimlich, ohne dass ich irgendwas ahnte, hatten sie mit Gisela Capitain Kontakt aufgenommen – und siehe da, just in diesen

Tagen war die Galerie tatsächlich frei –, hatten all die Mailadressen potenzieller Gäste recherchiert und angeschrieben. Alle, die eingeweiht worden waren, hatten dichtgehalten, niemand, wirklich niemand, hat was verraten. So viel Zeit hatten sie sich genommen – allein das ganzseitige Drucken der Zeitungsseiten hat Stunden über Stunden gedauert, im Schichtdienst haben sie sich an den Kopierer gestellt. Sie haben mir glaubhaft versichert, dass ihnen das Ganze wahnsinnig Spaß gemacht hat.

Gesehen zu werden: Das, haben mir viele Menschen gesagt, sei für sie das Wichtigste, Wertvollste bei einem Geschenk. Ich war gesehen worden, mit all meinen Macken und Unzulänglichkeiten, über die andere sich aufregen würden, meinem Chaos, meinem technischen Nichtkönnen, meiner Schreibwut, meinem Immer-erst-auf-den-letzten-Drücker-Fertigwerden. Aber ich war mit den Augen der Großzügigkeit gesehen worden. Meine Kollegen hatten meine Schwächen in ein kreatives Feuerwerk verwandelt, hatten eine Ode an die Unzulänglichkeit, eine Hommage an den Teamgeist geschaffen.

Diese unglaubliche Überraschung ist der endgültige Gegenbeweis zu der Theorie, dass Schenken immer nur Austausch ist: Gibst du mir, so geb ich dir. Wenn nicht gleich, dann irgendwann. Die Gift-Economy ist ein Wirtschaftsmodell. »Late Delivery/Last Minute« aber ist ein Geschenk, auf dass es gar keine Antwort, keine Gegengabe geben kann. Außer: Danke!

Danke!

Julia Graf, für das liebevolle und kluge Lektorat und die Geduld (ich sage nur: Late delivery/Last minute), Barbara Wenner, für den Mut, trotz aller Drohungen der Guerilla-Fraktion, wieder ein Buch mit mir zu machen, und die treue Begleitung, Leanne Shapton for the beautiful design,

Esther Kogelboom und Julia Prosinger für die Idee, dass ich eine Kolumne im Tagesspiegel über das Schenken schreibe, als mir selbst noch gar nicht klar war, was für ein großes Thema darin steckt, Katja Blomberg und David Wagner für die anregenden Gespräche.

Dem *Tyrone Guthrie Center* für zwei wunderbare Schreibaufenthalte im irischen Nowhere, mit vielen Unterhaltungen, Spaziergängen und köstlichem Essen.

Last but not least meiner Familie, meinen Freunden, Kollegen, und den Unbekannten, die ihre oft sehr persönlichen Geschichten des Schenkens, auch schmerzhafte Erinnerungen mit mir geteilt und den langen Fragebogen ausgefüllt haben: Bine, Andreas, Benni, Charlotte, Elena, Marc, Tina, Petra, Steffi P., Moritz, Nina, Carola, Bettina (als Erste!), Nicola, Karin, Irene, Monika, Heike, Martina, Susanne H., Susanne Z., Bernadette, Corinne, Edmund, not, Sigrid, Sibylle, Heini, Steffi J., Esther, Julia, Katja, Tomas, Adelheid, Paul, Christine, Caroline, Ute, Uta, Doro, Birgit, Karen A., Karen S., Beate, Martin, Bärbel, Christiane O., Dorothea, Andreas D., Kati, Klaus, Jonathan, Iris, Johannes, Gesine, Christian, Ansgar, Brigitte, Christel, Barbara, Elke, Franz, und jenen, die ungenannt bleiben wollen – oder einfach vergessen haben, ihren Namen auf den Bogen zu schreiben.

Fragebogen zum Schenken

Wenn nach Geschenken gefragt wird, muss das kein Objekt sein – das kann auch Zeit, Aufmerksamkeit, eine Reise, Unternehmung, ein Brief, ein Essen, ein Gutschein sein.

Ein besonders schönes Geschenk, das Sie bekommen haben

....

Was war so schön daran? ....

Ein ganz schlimmes Geschenk

....

Was war so schlimm daran? ....

Ein Geschenk, das etwas in Gang gesetzt hat, etwa einen Berufswunsch, Sehnsucht nach einem Land, Liebe zu einem Autor, Lust am Kochen ...

....

Ein besonders schönes Geschenk der Kindheit

....

Gelungene Überraschung (Lassen Sie sich gern überraschen?)

....

Große Enttäuschung

....

Eine Aufmerksamkeit, die Sie besonders gerührt hat

....

Besondere Schenkerlebnisse in Phasen des Verliebtseins

....

Falls verheiratet: Was haben Sie sich zur Hochzeit gewünscht?

....

Und was haben Sie tatsächlich bekommen? ....

Gab es eine Hochzeitsliste? ....

Ein besonderes Geschenk zu Anlässen wie Einschulung, Kommunion/
Konfirmation, Schulabschluss ...

....

Ein kleines Geschenk, das Sie langfristig erfreut

....

Ein Geschenk, das Ihnen mal Trost gespendet hat

....

Ein Geschenk von jemandem, bei dem Sie nicht damit gerechnet haben

....

Haben Sie schon mal ein Geschenk zurückgegeben?
(Im Moment des Geschenktbekommens oder später, zum Beispiel
nach einer Trennung?)

....

Wann & wem verschenken Sie Blumen? Gibt es bestimmte Kriterien
(bunt, elegant ...)

....

Bekommen Sie gerne Bücher? ....

Besonders tolles Buch ....

Schlimmes Buch ....

Ein Buch, das Sie gern verschenken ....

Wie finden Sie Geld als Geschenk?

....

Wie sollte man es am besten überreichen? ....

Und Gutscheine? ....

Was würden Sie gern zu Ihrem 30., 40., 50., 60., 70., 80., 90., 100.
kriegen/hätten Sie gern gekriegt?

....

Etwas, was Sie zu einem runden Geburtstag bekommen haben,
was Ihnen in besonderer Erinnerung geblieben ist

....

Verschenken Sie gern Selbstgemachtes – wenn ja was?

....

Was haben Sie an Selbstgemachtem bekommen, was Sie
besonders schön oder schrecklich fanden? ....

Was machen Sie mit unerwünschten Geschenken, solchen,
die Sie scheußlich finden?

....

Ein Geschenk, das besonders intensive Erinnerungen weckt.
(Kann auch ein Souvenir sein.) ....

Wie wurde das Schenken in Ihrer Familie in der Kindheit gepflegt –
oder nicht gepflegt? Gab es jemanden, der es besonders gut oder gar
nicht konnte? ....

Und heute, in Ihrer eigenen Familie? ....

Sind Männer schwerer als Frauen zu beschenken?

....

Erleben Sie Unterschiede, was und wie Frauen und Männer schenken?

....

Wenn Sie Kinder haben: Wie dämmen Sie die Flut der Präsente ein?

....

Was stand/steht auf deren Wunschzettel? ....

Ein Geschenk, das Sie beleidigt hat? (Möglicherweise mit erzieherischem Impetus, etwa zum Ordnunghalten. Oder etwas, wo Sie sich völlig unverstanden gefühlt haben.)

....

Haben Sie schon mal ein besonderes Abschiedsgeschenk bekommen oder gemacht?

....

Wie erleben Sie Weihnachten?

....

Traumatische Schenkerlebnisse

....

Wann haben Sie das letzte Mal erlebt, dass sich jemand so richtig, aus vollem Herzen über ein Präsent gefreut hat?

....

Haben Sie Briefe bekommen oder geschrieben, die Sie als Geschenk empfunden haben? (Zum Beispiel Kondolenzbriefe)

....

Schreiben Sie (gern) Dankesbriefe? Erwarten Sie welche?

....

Gibt es etwas, wofür Sie besonders dankbar sind?
(Muss kein Objekt sein)

....

Ein Gag-Geschenk, das wirklich lustig war oder in die Hose
gegangen ist

....

Schenken Sie sich manchmal was?

....

In welchen Situationen und was? ....

Wie packen Sie ein?

....

Können Sie sich an besondere Geschenke erinnern, die Sie als kleines
Kind gemacht haben?

....

Oder die Sie von Ihren Kindern bekommen haben, als diese klein waren?

....

Ein Geschenk, das Sie besonders berührt/gerührt hat

....

Spenden Sie? Geld? Zeit?

....

Wie reagieren Sie auf Bettler vor dem Supermarkt, in der U-Bahn?

....

Was bedeutet Großzügigkeit für Sie?

....

Ist die Frage der Gerechtigkeit für verschiedene Familienmitglieder
ein Problem, etwa an Weihnachten?

....

Worüber haben Sie sich als Jugendliche(r) besonders gefreut?

....

Was schenken Sie sich im Büro, unter Kollegen?

....

Haben Sie mal ein Präsent gemacht, bei dem Sie selbst überrascht
waren, dass es auf so viel Freude stieß?

....

Ein Geschenk, auf dass Sie stolz sind

....

Was lieben Sie am Schenken?

....

Was hassen Sie?

....

Was ist schwieriger: Schenken oder Beschenktwerden?

....

Bibliographie

Helmut Berking, *Schenken. Zur Anthropologie des Gebens*, Frankfurt/New York 1996.

Rutger Bregman, *Im Grunde gut. Eine neue Geschichte der Menschheit*, übersetzt von Ulrich Faure und Gerd Busse, Hamburg 2020.

Alain Caillé, *Anthropologie der Gabe*, Frankfurt/ New York 2008.

Elizabeth Dunn und Michael Norton, *Happy Money. The New Science of Smarter Spending. Oneworld Publications*, London 2013.

Robert A. Emmons, *Das kleine Buch der Dankbarkeit. Bewusst das Leben wertschätzen für mehr Zufriedenheit und Glück*, übersetzt von Karin Weingart, München 2018.

Jeremy David Engels, *The Art of Gratitude*, Albany 2018.

Regine Falkenberg, »Kindergeburtstag. Ein Brauch wird ausgestellt«, *Schriften des Museums für Deutsche Volkskunde Berlin (Band 1)*, Berlin 1984.

Judith Flanders, *Christmas. A Biography*, London 2017.

Christian Härtel und Petra Kabus (Hg.): *Das Westpaket. Geschenksendung, keine Handelsware*, Berlin 2000.

Stefan Heidenreich, *Geburtstag. Wie es kommt, dass wir uns selber feiern*, München 2018.

Patricia Snell Herzog und Heather E. Price, *American Generosity. Who Gives and Why*, Oxford/New York 2016.

Gerald Hüther und André Stern, *Was verschenken wir unseren Kindern? Eine Entscheidungshilfe*, München 2019.

Lewis Hyde, *The Gift. How the Creative Spirit Transforms the World*, Edinburgh/London 2012.

Colin Jones, *The Smile Revolution in Eighteenth Century Paris*, Oxford 2014.

Bettina Keß, *Geschenkt! Zur Kulturgeschichte des Schenkens. Begleitbuch zur gleichnamigen Ausstellung in den Volkskundlichen Sammlungen in Schleswig*, Heide 2001.

Robert Macfarlane, *The Gifts of Reading*, London 2017.

Robert Macfarlane, *Die Gaben des Lesens*, übersetzt von Andreas Jandl und Frank Sievers, München 2019.

Christian Marchetti, *Dreißig werden. Ethnographische Erkundungen an einer Altersschwelle*, Tübingen 2005.

Marcel Mauss, *Die Gabe. Form und Funktion des Austauschs in archaischen Gesellschaften*, übersetzt von Eva Moldenhauer, Berlin 2016.

Linsey McGoey, *No Such Thing as a Free Gift*, London/New York 2015.

Elfie Miklautz, *Geschenkt. Tausch gegen Gabe – Eine Kritik der symbolischen Ökonomie*, München 2010.

Cele Otnes und Richard F. Beltzramini (Hg.), *Gift Giving. A Research Anthology*, Bowling Green, Ohio 1996.

Marguerite Rumpf, »*Pantoffeln gebe ich Dir mit auf den Weg*«. *Schenken in den Konzentrationslagern Ravensbrück, Dachau, Sachsenhausen und Buchenwald*, Würzburg 2017.

Katherine Rundell, *Why You Should Read Children's Books, Even Though You Are So Old and Wise*, London 2019.

Katherine Rupp, *Gift-Giving in Japan. Cash, Connections, Cosmologies*, Stanford, California 2003.

Wilhelm Schmid, *Vom Schenken und Beschenktwerden*, Berlin 2017.

Gerhard Schmied, *Schenken. Über eine Form sozialen Handelns*, Opladen 1996.

Christian Smith und Hilary Davidson, *The Paradox of Generosity*, Oxford/New York 2014.

Leanne Shapton, *Bedeutende Objekte und persönliche Besitzstücke aus der Sammlung von Lenore Doolan und Harold Morris, darunter Bücher, Mode und Schmuck*, übersetzt von Rebecca Casati, Berlin 2010.

Georg Simmel, »Dankbarkeit. Ein soziologischer Versuch«, *Der Morgen*, 18.10.1907, http://socio.ch/sim/verschiedenes/1907/dankbarkeit.htm (abgerufen am 12.06.2020).

Konstanze Soch, *Eine große Freude? Der innerdeutsche Paketverkehr im Kalten Krieg (1949–1989)*, Frankfurt/New York 2018.

Miriam Ströing, *Reichtum und gesellschaftliches Engagement in Deutschland. Empirische Analyse der Determinanten philanthropischen Handelns reicher Personen*, Wiesbaden 2015.

Fabian Vogt, *Die Kunst des Schenkens. Von der Lust, Freude zu bereiten*, Frankfurt am Main/Leipzig 1997.

William B. Waits, *The Modern Christmas in America. A Cultural History of Gift Giving*, New York/London 1993.

Merve Winter, *Psychologie der Lebendorganspende. Eine qualitative Studie zu Spendenmotivationen, Spendenimperativ und der Relevanz von Geschlecht im Vorfeld einer Lebendorganspende*, Bern 2015.

Überraschung, Erwartung, Glück, Enttäuschung, Kränkung – warum reagieren wir so emotional auf Geschenke – unabhängig von jedem materiellen Wert? Susanne Kippenberger, selbst eine leidenschaftliche Schenkerin, erkundet das Schenken als Universum der Gefühle und komplexe Form der Kommunikation. Mit Leichtigkeit und Eleganz fächert sie die vielfältigen Aspekte auf, geht der Frage nach, warum es vor allem Frauen sind, die sich um Geschenke kümmern, und die schönsten Präsente jene sind, die man in keinem Laden kaufen kann. Dabei erzählt sie überraschende und berührende Geschichten vom Schenken zwischen Seligkeit und Desaster. Vor allem aber zeigt sie, wie viel Freude die Kunst der Großzügigkeit bereitet.

Susanne Kippenberger, 1957 geboren, wuchs in Essen auf. Sie ist seit 1989 Redakteurin beim Berliner Tagesspiegel, und ist die Autorin des Porträts *Kippenberger. Der Künstler und seine Familien* (2007) über ihren Bruder Martin. 2009 erschien von ihr *Am Tisch*, 2014 *Das rote Schaf der Familie* über Jessica Mitford und ihre Schwestern.